JN108088

小さな会社の SDGs 実践の教科書

1冊で基礎からアクション、マネジメントまでわかる

青柳仁士
Hitoshi Aoyagi

SE
SHOEISHA

はじめに

SDGsという商売の魔法

「値段と質がほぼ同じなら、お客さんは絶対に社会や環境によい方を選ぶ」

　これは、障害者を雇用してお花の包み紙をつくっている、ある小さな会社の経営者が、「なぜ競合の多いありふれた商品を不利な条件でつくっているのに、小さな会社が生き残れるのですか？」という質問に答えたときの言葉です。
「今の日本はもうそういう場所。私のような会社が生き残れていることが、まさにその証拠です」
　そう笑って答えていました。みなさんの周りにも「なんであの商売のやり方で儲《もう》かるのだろう？」という会社があるはずです。

　企業が売上を増やすには、普通は製品やサービスの「値段を下げるか」「質を上げるか」の二つの道しかありません。できれば値下げはしたくないはずです。利益が減るし、こちらが値段を下げればライバルも値段を下げてくるので、長い目で見るとどんどん苦しくなります。
　しかし、品質を高める努力は今もやっています。これ以上となると、さらに工夫を重ねて、働く人を増やしたり、設備をよくしたりしなくてはいけません。毎日忙しく、ほかにやりたいこともたくさんあるのに、これらをかなえるのは簡単なことではないですよね。値引き合戦をすることなく、無理な品質向上もせず、小さな企業が売上を増やして会社を成長させる方法はないのでしょうか？

　それが「SDGs（エスディージーズ）」という魔法です。SDGsとは、Sustainable Development Goals（持続可能な開発目標）の略で、国際連合（国連）で合意された

2030年までの世界の17個の目標のことです。

「なぜ突然国連!?」と思われるかもしませんが、現在、SDGsはビジネスセクターにおいて世界的な潮流となっており、**ビジネスを通して社会や環境によい影響を与えることが商売繁盛につながる時代**が到来しているのです。「そんなバカな。利益だけを追求した方が商売は儲かるに決まっている！」と感じるかもしれません。しかし、環境に悪いインクや紙を使わないことで大きな受注を呼び込んでいる小さな印刷会社があります。女性や高齢者を積極的に雇用することでファンを増やし、売上を伸ばしているお菓子屋さんがあります。地域の人々と一緒に子どもを育てることで成長を続けている保育園があります。冒頭の例のほかにも、そうした会社はここ数年で次々と増えています。

企業が社会や環境にとってよい影響を与えることを考えて商売をすると、売上や成長を高めることができます。なぜなら、今は十分に活用できていない**世間からの信用や共感という財産をビジネスに最大限に生かすことができる**からです。これらは、あなたの会社が持つ最も強力な武器なのです。

お客さんや取引先は、安くてよいものだという理由だけで、あなたの会社や商品を選ぶわけではありません。その背景には、あなたの会社がお客さんや世間に対して対価以上の価値を与えてきたことで、社会や市場の中に積み上げてきた信用や共感という土台があります。今の時代は、目に見えないこれらの財産こそが、企業にとっての強力な競争優位性を高めています。そして、それらを最大化する方法がSDGsに取り組むことなのです。

そうはいっても、小さな会社で働くあなたは「経営が苦しいから新しいことを考える余裕がない」と感じているかもしれません。しかし、経営が苦しいからこそ、将来にわたって会社を成長させていくための筋道を見いだす必要があります。それは小手先の商売のやり方を変えることではなく、**長期的に人々と社会に必要とされる会社であり続ける**ために芯を強めることにほかなりません。そして、その最も効果的な方法が、本業でSDGsに取り組み、社会や市場の共感を積み上げていくことです。SDGsは生き残りの厳しい小さな会社こそ、取り組む価値があるのです。

大企業の認知度はほぼ100%

SDGsがビジネスにもたらす魔法の力は、大企業では既に広く認識されています。年金積立金管理運用独立行政法人（GPIF）が、日本の上場企業向けに行ったアンケート調査によれば、2019年時点で、日本の上場企業の99.5%がSDGsを認知していました。SDGsが成立した2015年時点では、0%だったという前提を考えると、SDGsは成立から数年で驚異的なスピードで日本のビジネスセクターに浸透してきたことが伺えます。

また、同じ調査で、「取り組みを始めている」、または「取り組みを検討している」と答えた企業は9割を超えています。**単に知っているだけでなく、SDGsの魔法の力を理解し、具体的な取り組みを行っている企業が急速に増えてきています。**

● 日本の上場企業のSDGsへの取り組み状況

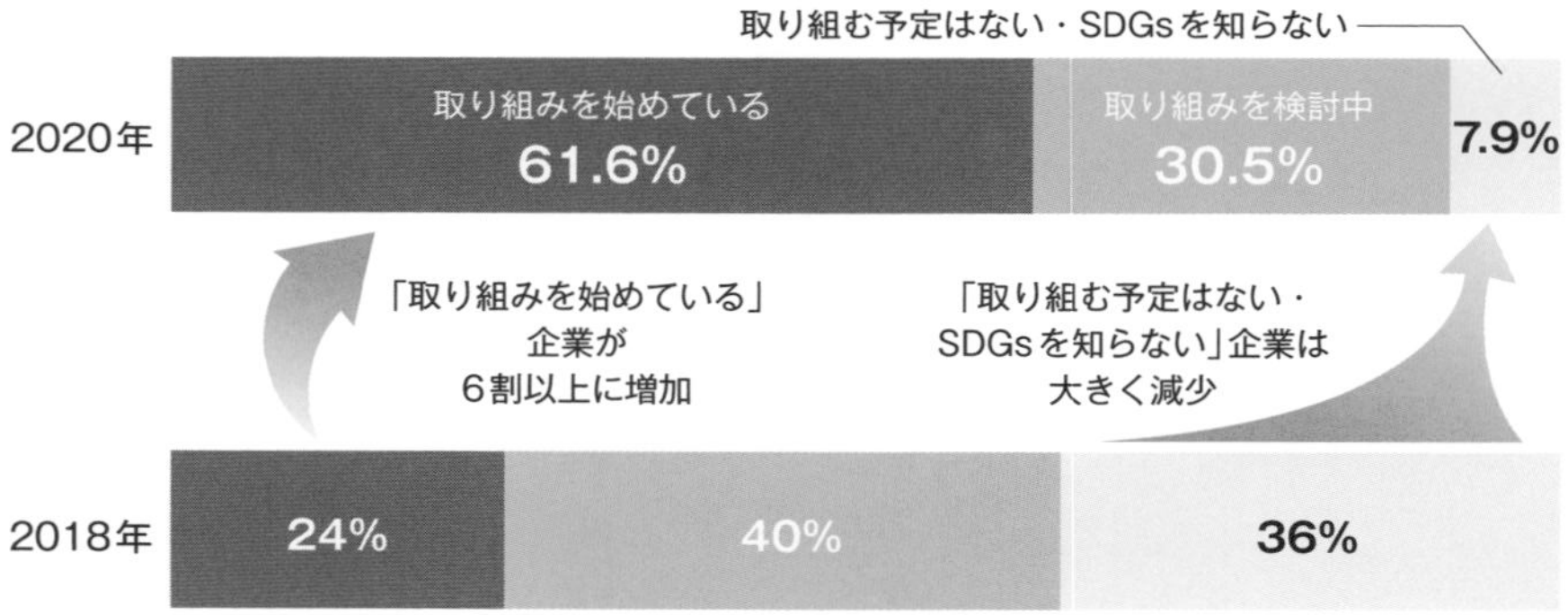

出所：（上段）年金積立金管理運用独立行政法人『第４回　機関投資家のスチュワードシップ活動に関する上場企業向けアンケート集計結果』 https://www.gpif.go.jp/investment/stewardship_questionnaire_04.pdf（2020年12月14日）、
（下段）年金積立金管理運用独立行政法人『第５回　機関投資家のスチュワードシップ活動に関する上場企業向けアンケート集計結果』 https://www.gpif.go.jp/investment/stewardship_questionnaire_05.pdf（2020年12月14日）、中段のテキストは著者が加筆

小さな会社は、今がチャンス

ところが、日本の企業数にして99%、従業員数にして7割を占めている中小企業では、その認知度はほんのわずかしかありません。同じ時期の調査では、8割を超える企業が「全く知らない」と回答しています。しかし、前述のとおりビジネスにおいてSDGsに取り組むことは欠かせないものになってきているのです。

●中小企業におけるSDGsの認知度

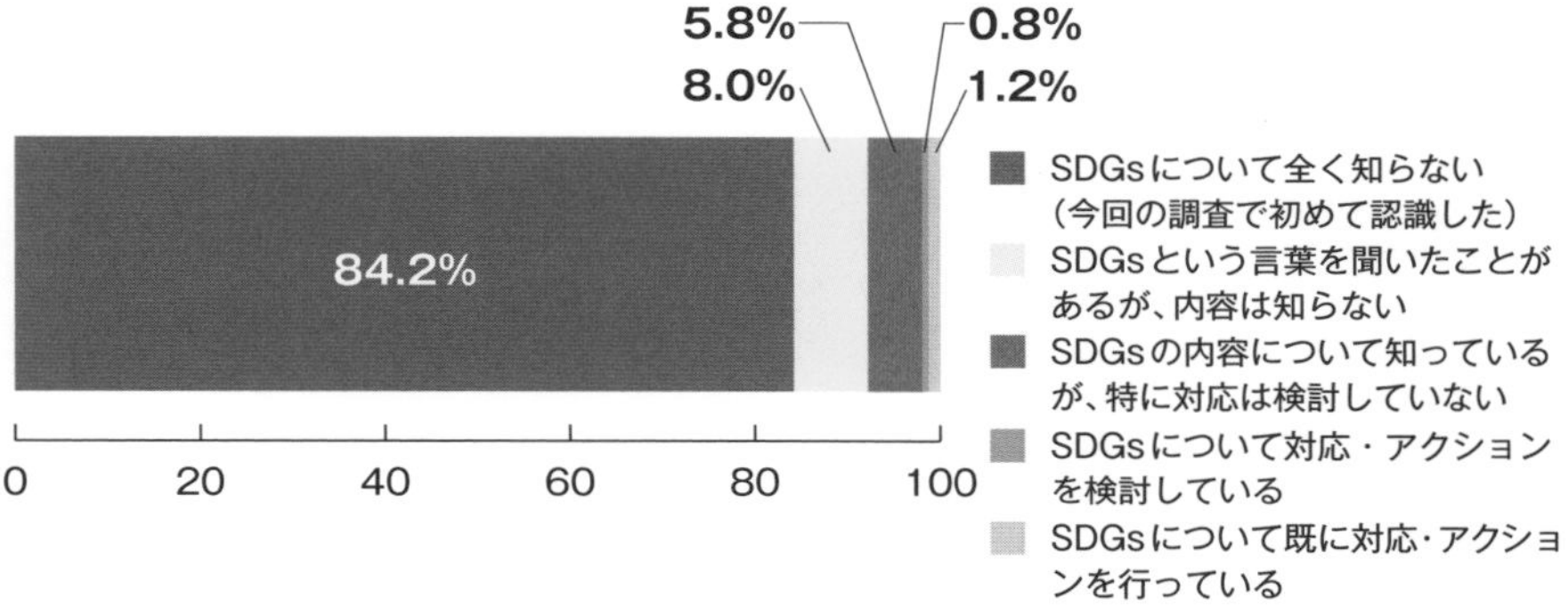

出所：関東経済産業局 一般財団法人日本立地センター『中小企業のSDGs認知度・実態等調査 結果概要（WEBアンケート調査）』
https://www.kanto.meti.go.jp/seisaku/seichou/data/20181213sdgs_chosa_houkoku_gaiyo.pdf（2020年12月14日）

SDGsの持つ力は会社の規模にかかわらず活用できるのに、多くの中小企業がSDGsに取り組めていない理由は簡単です。大企業はもともと市場環境を広く見渡す仕事をしており、SDGsなどの社会や環境への取り組みに関する専門の部署を持っている上、コンサルタントなど高価な外部専門家を雇っています。しかし、ほとんどの中小企業にとってそんな余裕はありません。どうしたら、お金も時間もない中小企業でもSDGsの力を活用できるようになるのでしょうか？

それは、何をすればいいのか具体的に教えてくれて、必要なときに何度も読み返せる本が1冊机の脇にあればよいのです。本書では、小さな会社がビジネスを通してSDGsに取り組むための専門的な方法を、七つのステップに分けて、わかりやすく網羅的に解説しています。

どのような理解度や取り組みの段階にある企業でも参照できる構成になっています。全く初めてという方はステップ1からはじめてください。ある程度取り組みを進めている会社の方は、今いる段階に近いステップから読み進めてみてください。

この本さえあれば、小さな会社でも簡単にSDGsに取り組めます。さあ、今すぐはじめましょう！

目次

各STEPの使い方

STEP 1～7では概要とともに具体的なActionを解説しています。SDGsに取り組む際に、大切なのはとにかく「やってみること」です。ぜひ、自社での取り組みの参考にしてください。

▶概要ページ

まずは、それぞれのSTEPの概要をつかみましょう。そのSTEPの意図を理解することで、スムーズな実践へとつながります。

SDGsに取り組むことを目に見える形で宣言する

あなたも持続不可能な世界の中にいる

2020年の夏、統計史上初めて7月の日本列島に台風が来ませんでした。一方、同じ時期に熊本では記録的な大雨が降りました。8月は全国的に猛暑となり、静岡県浜松市では国内最高気温の41.1度を記録しました。海外では、アメリカのデスバレーで54.4度を記録し8月の世界史上最高気温を更新、700万人が暮らすイラクの首都バグダッドでも51.8度に達し同市の観測史上最高気温を記録しました。

ここ数年、「100年に一度の」、「記録的な」、「観測史上初の」といった言葉を、毎年聞くようになっています。猛暑、ゲリラ豪雨、季節外れの大雪や台風の発生など、地球温暖化の影響と見られる気温上昇や異常気象は増え続けています。

24

STEP1　SDGsをはじめよう!

こうした世界規模の気候変動と、私たちの生活スタイルが地球に与えている影響を切り離して考えることは、もはや感覚的にも難しくなってきています。環境省によると、国内において農作物の発育の変化、渇水と洪水の両方のリスク上昇、大雨の増加、熱中症患者の増加などが科学的なデータとしても確認されています。私たちは今、SDGsの示す社会課題の真っただ中にいるのです。

今こそSDGsをはじめよう!

バグダッドに住む700万人の人々は、気温があと少し上昇したら安全に暮らせる場所を失います。日本でも、夏の平均気温が40度を超えるようになったらどうなるでしょうか。この地球規模の課題の前では、一人の力では何もできず、小さな会社は無力でしょうか。持続不可能な地球で私たちの子どもたちや孫たちといった次の世代は不安を抱えて暮らしていくしかないのでしょうか。そんなことはありません。今、私たちにできることがあります。それが、**今すぐSDGsに参加すること**です。

SDGsの参加に必要なのは決意だけ

本書のはじめからここまで説明してきたように、SDGsと自身や自社の関係を正しく理解すれば、「よし、SDGsに取り組むぞ！」という気持ちがある程度は自然に湧いてくると思います。しかし、SDGsに取り組む決意をしても、具体的に何をしたらよいかがよくわからない場合が多くあります。SDGsは仕切ってくれる主催者もおらず、国連などが公的な参加資格を与えてくれるわけではないためです。

「SDGsに参加するには、どうしたらいいのでしょうか？」という質問をよく耳にします。その答えは、「まず『やります』と内外に宣言すること」、それだけです。**決意さえあれば誰でも参加できるのがSDGsです。**そして、やれることからはじめればよいのです。少しでもSDGsに参加したい気持ちになった人や会社が具体的に行動をはじめていく最初のステップとして、「My SDGsを見つける」、「目に見えるカタチで宣言する」、「社内のみんなでやってみる」の三つの方法を次ページから解説していきます。

25

▶ Action

実際に「どのようなことをすればいいのか」の解説ページです。各STEPに三つのActionが掲載されています。一つひとつのActionを実践すれば、SDGsを自社に着実に取り入れることができます。

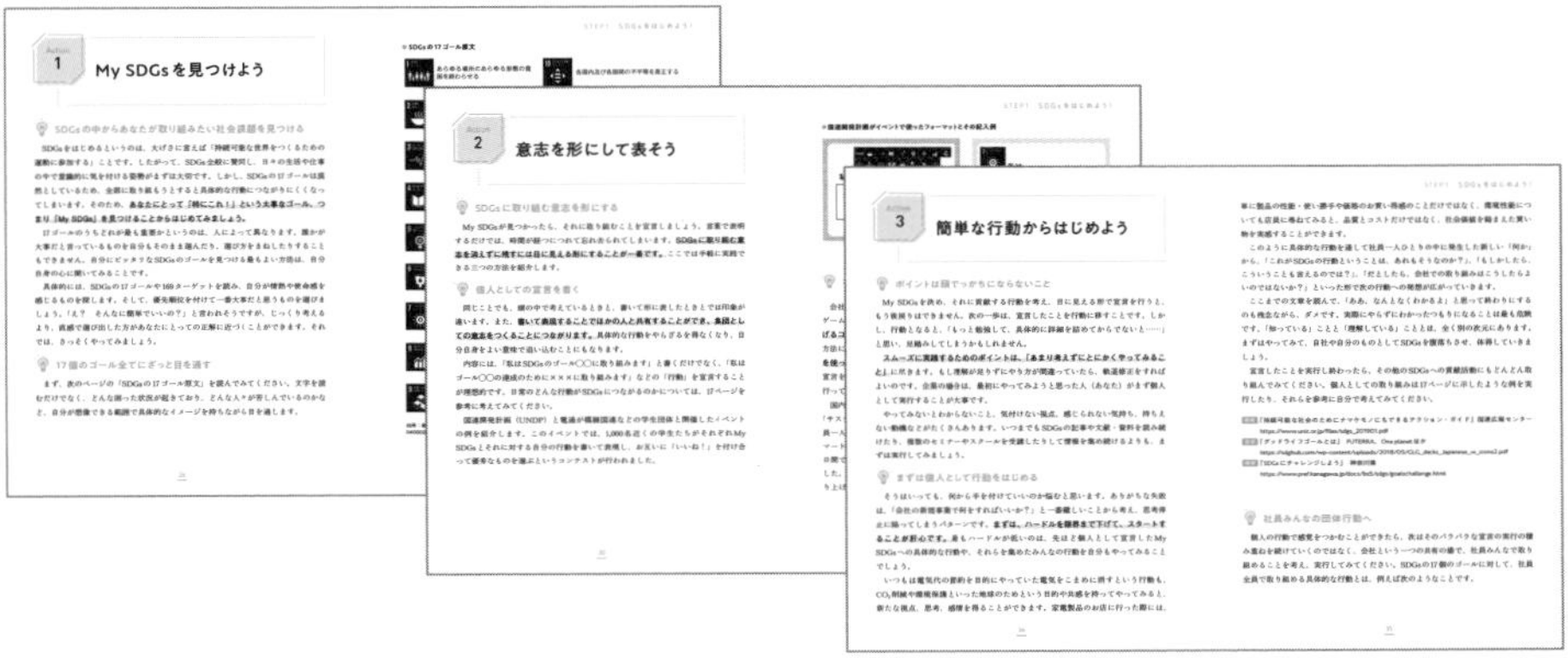

▶ チェックポイント

各STEPのまとめをリスト形式で掲載しています。要点を押さえながら、自社の取り組みや理解を振り返りましょう。

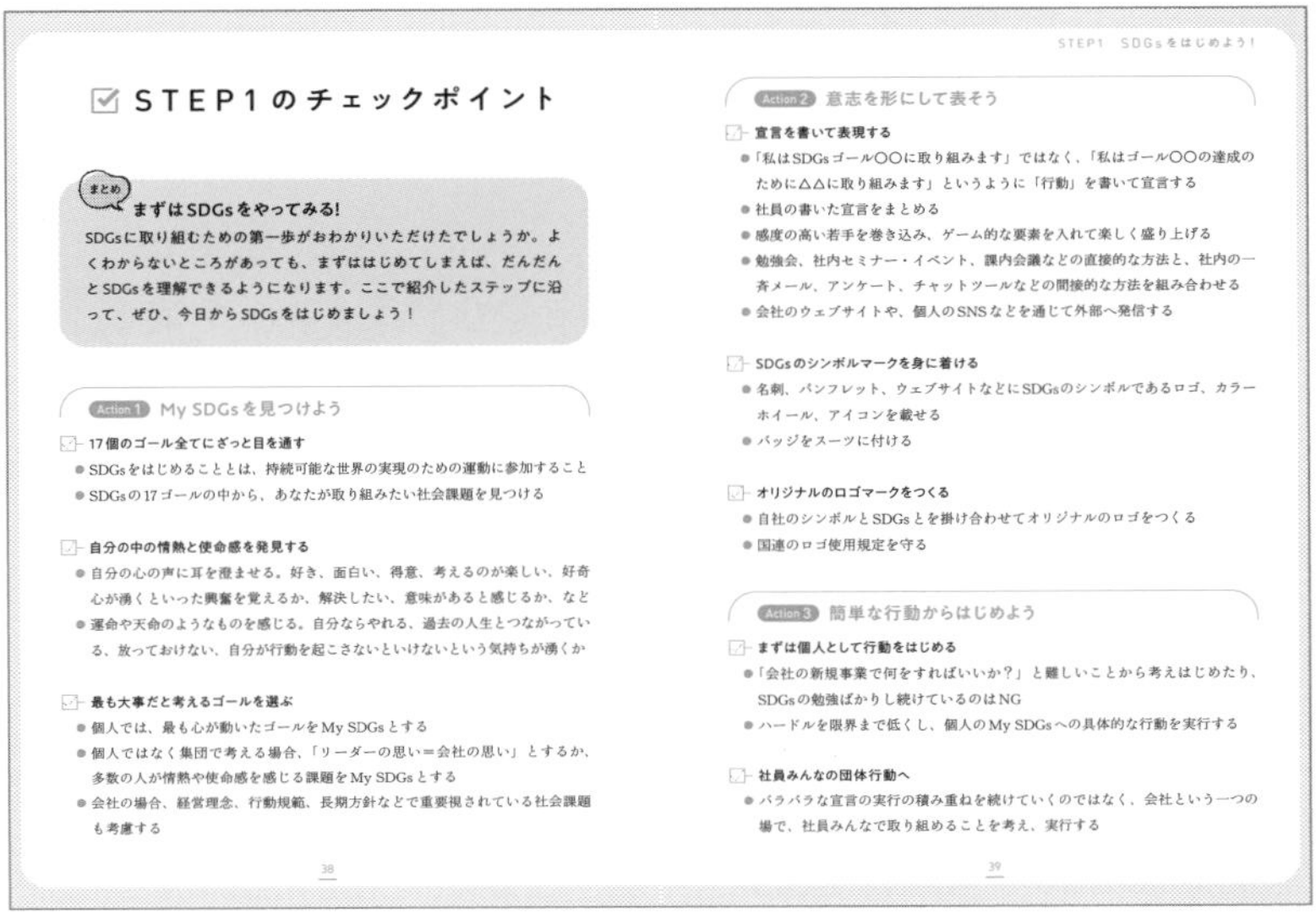

STEP1 SDGsをはじめよう!

☑ STEP1のチェックポイント

まとめ
まずはSDGsをやってみる!
SDGsに取り組むための第一歩がおわかりいただけたでしょうか。よくわからないところがあっても、まずははじめてしまえば、だんだんとSDGsを理解できるようになります。ここで紹介したステップに沿って、ぜひ、今日からSDGsをはじめましょう！

Action 1 My SDGsを見つけよう

17個のゴール全てにざっと目を通す
- SDGsをはじめることとは、持続可能な世界の実現のための運動に参加すること
- SDGsの17ゴールの中から、あなたが取り組みたい社会課題を見つける

自分の中の情熱と使命感を発見する
- 自分の心の声に耳を澄ませる。好き、面白い、得意、考えるのが楽しい、好奇心が湧くといった興奮を覚えるか、解決したい、意味があると感じるか、など
- 運命や天命のようなものを感じる。自分ならやれる、過去の人生とつながっている、放っておけない、自分が行動を起こさないといけないという気持ちが湧くか

最も大事だと考えるゴールを選ぶ
- 個人では、最も心が動いたゴールをMy SDGsとする
- 個人ではなく集団で考える場合、「リーダーの思い＝会社の思い」とするか、多数の人が情熱や使命感を感じる課題をMy SDGsとする
- 会社の場合、経営理念、行動規範、長期方針などで重要視されている社会課題も考慮する

38

Action 2 意志を形にして表そう

宣言を書いて表現する
- 「私はSDGsゴール〇〇に取り組みます」ではなく、「私はゴール〇〇の達成のために△△に取り組みます」というように「行動」を書いて宣言する
- 社員の書いた宣言をまとめる
- 感度の高い若手を巻き込み、ゲーム的な要素を入れて楽しく盛り上げる
- 勉強会、社内セミナー・イベント、課内会議などの直接的な方法と、社内の一斉メール、アンケート、チャットツールなどの間接的な方法を組み合わせる
- 会社のウェブサイトや、個人のSNSなどを通じて外部へ発信する

SDGsのシンボルマークを身に着ける
- 名刺、パンフレット、ウェブサイトなどにSDGsのシンボルであるロゴ、カラーホイール、アイコンを載せる
- バッジをスーツに付ける

オリジナルのロゴマークをつくる
- 自社のシンボルとSDGsとを掛け合わせてオリジナルのロゴをつくる
- 国連のロゴ使用規定を守る

Action 3 簡単な行動からはじめよう

まずは個人として行動をはじめる
- 「会社の新規事業で何をすればいいか？」と難しいことから考えはじめたり、SDGsの勉強ばかりし続けているのはNG
- ハードルを限界まで低くし、個人のMy SDGsへの具体的な行動を実行する

社員みんなの団体行動へ
- バラバラな宣言の実行の積み重ねを続けていくのではなく、会社という一つの場で、社員みんなで取り組めることを考え、実行する

39

Introduction

まずはSDGsを知ろう

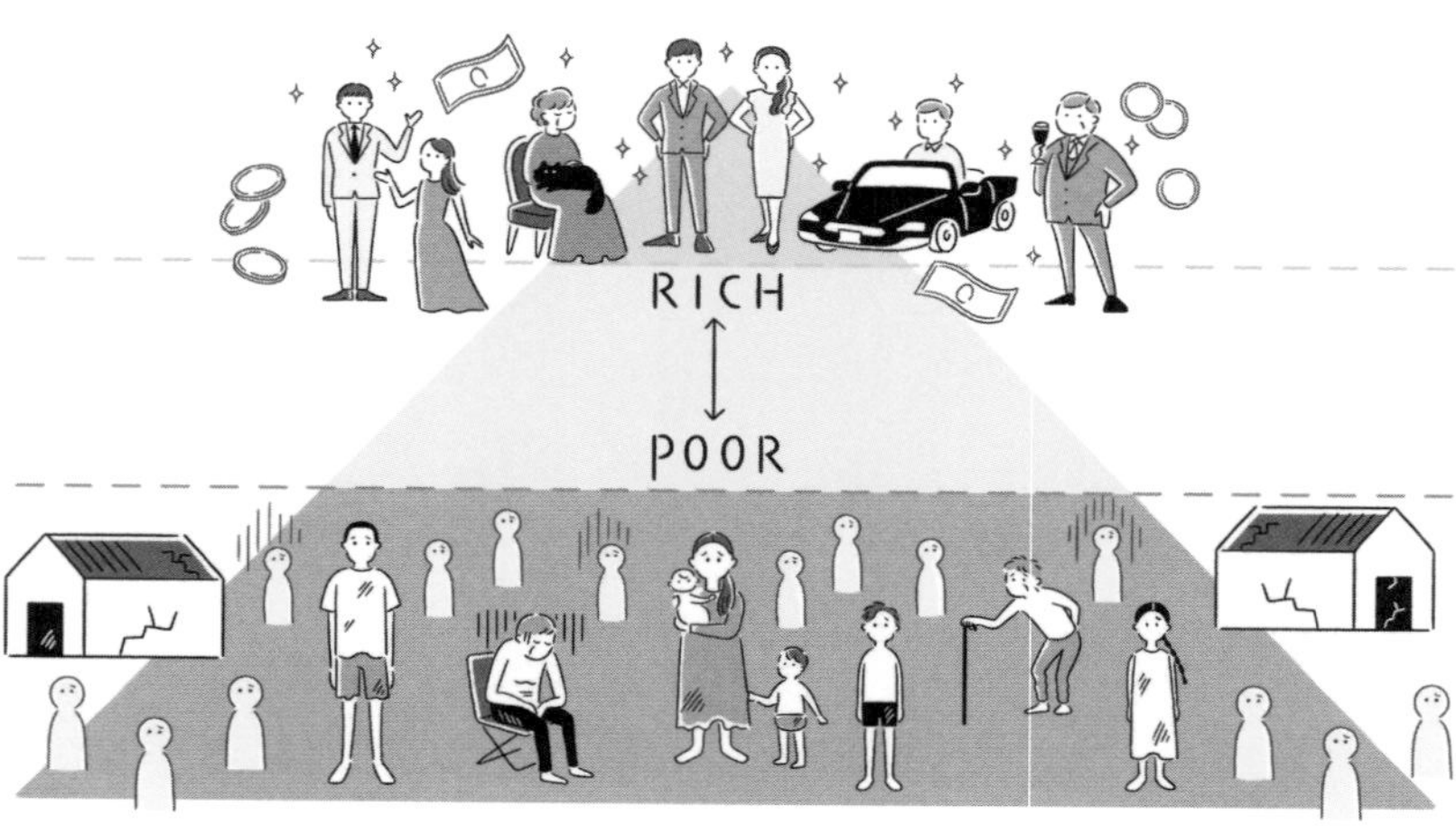

「この本を手に取って初めてSDGsを知った」、「言葉は知っているけど何なのかはよく知らない」という人のために、まずはSDGsの基本を簡単に解説します。そもそもSDGsとはどのようなもので、なぜ小さな会社にとって重要なのでしょうか？　きっとあなたの想像よりも、一歩先にSDGsはあります。

そもそもSDGsって何?

SDGsのシンボルマークを見たことがありませんか?

みなさんは、次のロゴに見覚えがないでしょうか?

● 私たちの身近で見かけるSDGsのロゴマーク

これらは、SDGsのシンボルマークです。今、このロゴは、新聞やテレビ、街中、交通機関の中、学校の教科書、職場の業務資料、企業の商品、パンフレット、ウェブサイトなど、私たちの身近なあちこちで見つけることができます。ビジネスパーソンが胸元にバッジを付けているのを見たことがある人も多いと思います。2021年に予定されている東京オリンピックや2025年の大阪万博においても、シンボルとして使われています。

SDGsとは?

SDGsとは、2030年までに地球と人類が目指すべき17個の目標のことです。

『我々の世界を変革する：持続可能な開発のための2030アジェンダ』という2015年の国連総会において193カ国で合意された外交文書にまとめられています。SDGsの17ゴールのそれぞれにはより詳細なターゲットが定められており、全部で169個あります。また、世界全体の達成度を測るための指標が設定されています。

● **SDGsとは?**

SDGs《エスディージーズ》：Sustainable Development Goals

＝

持続可能な開発目標

➡2016年から2030年までの人類と地球の目標

持続可能とはどういう意味か?

シンボルマークは普及していますが、SDGsの意味をきちんと理解している人は多くありません。SDGsは、単に世界にとって大切な目標を並べているのではなく、世界を持続可能にするために必要な要素を並べているのです。裏を返せば、その前提には、**「今の世界は持続可能ではない」**という意味が込められています。

例えば経済面では、人々の間の収入の格差が拡大を続けています。国際NGOオックスファムの調査によれば、2019年時点で、世界の上位26人のお金持ちは、世界人口の下位半分である約38億人の全財産と同じだけの資産を持っています。その下位にあたる人々は保険や年金にも加入できず、うち7億人は1日150円程度で暮らす絶対的貧困層です。貧富の格差の拡大は人々の間に不公平感と不満を生み出し、多くの国で紛争や犯罪の温床となり、社会不安の要因となっています。

社会面では、世界のほとんどの都市において、許容量を超えた人口の増加と流入が起きています。東京や大阪など日本を含む大きな都市に住む住民の9割は医学的に見ても汚染された空気の中で居住しています。半数はゴミ収集や便利な交通アクセスがなく、4人に1人はスラム街に似た環境で生活しています。環境面では、世界の天然資源の消費量の伸び率が人口や経済の増加率を超えている状況にあります。毎年、800万トンのゴミが海に捨てられ、36億ヘクタールの土地が砂漠化し、1,300万ヘクタールの森林が消えています。

●社会不安の大きな要因となっている貧富の格差の拡大

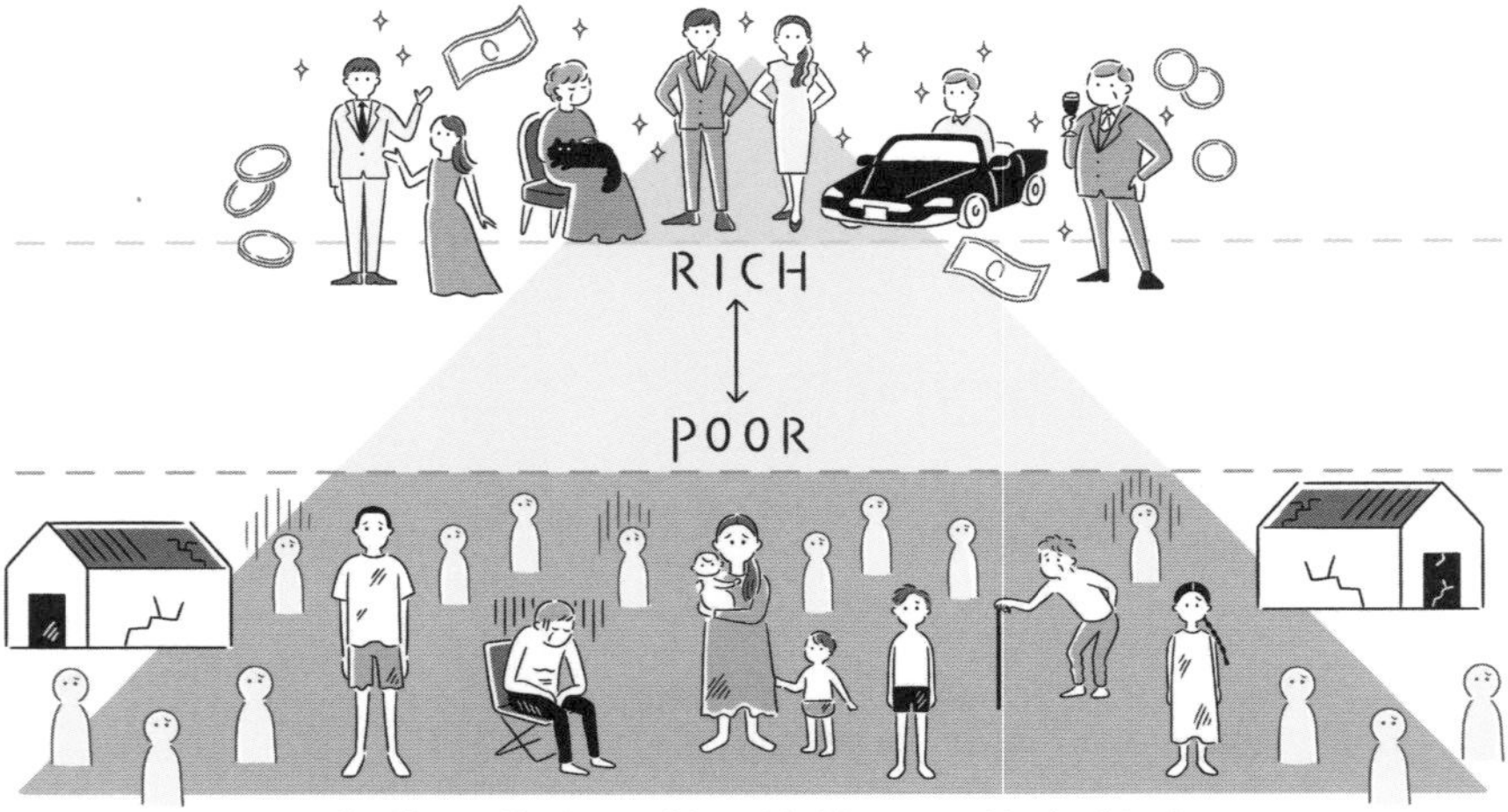

広がる貧富の差＝持続不可能な社会

社会や環境が危機的状況にあることはこれまでもニュースなどで耳にしたことがあったと思いますが、「地球も人類もこのままだと滅亡する」ということを、ほぼ全ての国が認めたのは、2万年の人類の歴史の中でこれが初めてのことです。

SDGsはあなたに行動を呼びかけている

SDGsは絶望的なこの状況に対して、共通の目標を掲げ、**バラバラに課題に取り組んでいる人や組織の努力を一つにまとめようとしている**のです。2001年から2015年までの目標だったMDGs（ミレニアム開発目標）では、同じ方法で15億人いた世界の貧困人口を半減させることに成功しました。SDGsはMDGsよりもはるかに規模が大きく、多くの関係者を巻き込む強力な力を持っています。これによって、人類の進歩の方向性を変えることによって、持続可能な世界を実現する希望を見いだすことができるのです。

SDGsに取り組むのは簡単!

世界や人類というとスケールがとても大きく感じますが、個人の行動に落とし込んで考えてみると、もっと身近に感じることができます。例えば、手洗いとうがいを習慣にすることで、SDGsのゴール3の「すべての人に健康と福祉を」に貢献できます。自分自身が健康でいることで、医療サービスや社会保障費をもっと必要としている人々に譲り、同時に感染症を予防して病人の数を減らすことができるからです。会社のセクハラやパワハラを注意することは、SDGsのゴール5の「ジェンダー平等を実現しよう」やゴール8の「働きがいも経済成長も」に貢献しています。スイッチをこまめに消す、ゴミの分別をきちんと行う、環境性能を考えて買い物をするなどの行為も多くのゴールに寄与しています。次の図に示しただけでなく、SDGsに貢献する個人の行動はたくさん考え出すことができます。

実際にやってみることで、それまで知らなかった課題を発見し、SDGsを自分事として感じられるようになります。また、その行動とゴールの達成とのつながりを考える中で、より深く理解することができます。こうした一人ひとりの実感を伴った理解は、企業としてSDGsに取り組む際にも、とても役に立つものです。

●個人でできる17のミニゴール

なぜたくさんの企業がSDGsに取り組んでいるの?

お客さんや取引先が変わりはじめている

大企業ではほぼ100%がSDGsに取り組んでいる状況ですが、SDGsに取り組まないことによる罰則も、報告義務もありません。なぜこれほど多くの企業が、SDGsに取り組んでいるのでしょうか?

それは、**世界的なSDGsの潮流が自らの成長と生き残りの根幹に関わる市場環境の変化だと、多くの企業が感じている**からです。まず、お客さんや取引先が変わりはじめています。これまでは、ビジネスにおいてお客さんが製品やサービスの購入を決める基準は、品質、値段、納期の早さといった直接的なメリット、つまり経済価値でした。しかし、世界全体の社会課題への意識の高まりとともに、多くの法人や個人のお客さんにとって、社会価値、つまり、環境や社会にとってのメリットが、**経済価値に加えて製品やサービスを買う際の判断基準として重視される**ようになってきています。これは、取引先を決める際の選択基準にも同じことが言えます。SDGsや社会課題の潮流を理解していないと、競合に優良顧客や重要なパートナーを奪われることにもなりかねません。市場価値は変化しているのです。

投資家や従業員の意識も変化している

次に、株主や投資家の意識の変化があります。株式市場において、SDGsと同じ方向性を持つ**ESG投資の標準化**が急速に進んできており、2020年時点でその規模は3,400兆円まで膨らみました。上場企業や、これから株式公開を目指す企業は、その対応に迫られています。

ほかにも、「ミレニアル世代」と呼ばれる2000年以降に成人を迎えた若い世代を中心とした、**従業員の働き方に関する意識変化**があります。デロイト・トーマツ・コンサルティングが2019年に行った調査によれば、ミレニアル世代は人生において、「会社の幹部になること」や「家庭や子どもを持つこと」よりも「社会に好影響をもたらすこと」を重要視することが明らかになっています。会社の業務の中でSDGsに貢献できる仕事があること、また、それによって社会の役に立っていると感じられることは、優秀な人材を引き付け、とどめ、士気を高く働いてもらう上で、とても重要な役割を果たします。

SDGsに関係する規制が強まってきている

さらに、環境分野を中心として、**世界的に企業や事業の社会価値の定義や基準、およびそれらに基づく規制**が強まってきています。例えば、イギリス、フランスおよびアメリカカリフォルニア州などは2035年以降のガソリン車販売禁止という政策を打ち出しています。

この定義の中では日本の自動車メーカーの主力であるハイブリッド車も販売禁止の対象となり、系列の部品会社なども含めて数十万社の日本企業に影響がおよびます。取り組みが遅れた企業は、規制の影響を受けて不利な立場に置かれるだけでなく、規制当局、NGO、メディアなどから「社会価値の低い企業」という不名誉なレッテルを貼られるリスクも高まっていきます。

●市場環境の変化

顧客・パートナー・競合

製品・サービスの品質・コストだけでなく、社会価値が重視される

➡新たな評価基準に対応できないと、競合に優良顧客やパートナーを奪われる

株主・投資家

標準化が進む ESG 投資では、企業価値と社会価値の両方で企業が評価される

➡SDGs や ESG に無関心な企業は、株主や投資家に見放され、株価も下がる

従業員・外部人材

ミレニアル世代を中心に、働きがいに社会貢献を重視する層が増加している

➡収益追求のみでは優秀な人材を採用し、士気高く働き続けてもらうことは困難

政府・規制当局

世界全体で SDGs やサステナビリティ関連の法規制の整備やしくみづくりが進む

➡法律や規制への対応が遅れると、不利な立場に

SDGsの潮流は、一体どこへ向かっているのか?

こうしたSDGsによる変化は、**経済価値と社会価値の両方によって企業の市場競争が行われるしくみをつくろうとするもの**です。市場競争が経済価値のみで行われる場合、企業の活動が活発になるほど社会は負荷を負うことになります。例えば、より多くのゴミや二酸化炭素を出し、エネルギーや資源を使う代わりに、顧客にとってより低コストで高品質の製品やサービスが提供できるならば、多くの企業がそうするでしょう。この状態では、企業と社会が「トレード・オフ」の関係にあります。どちらかが得をすれば、どちらかが損をする関係です。

こうした市場システムでは、経済活動の活発化とともに環境や社会への負荷が積み上がっていきます。つまり、いつかは限界へと達してしまう「持続不可能な世界」が前提なのです。一方、SDGsの潮流は、「持続可能な世界」を前提とし、企業の活動と社会の発展を「トレード・オン」の関係にする市場競争メカニズムをつくるために、人々の価値観や規制の変化を促しているのです。

● SDGsは“持続的な世界のための市場”を目指している

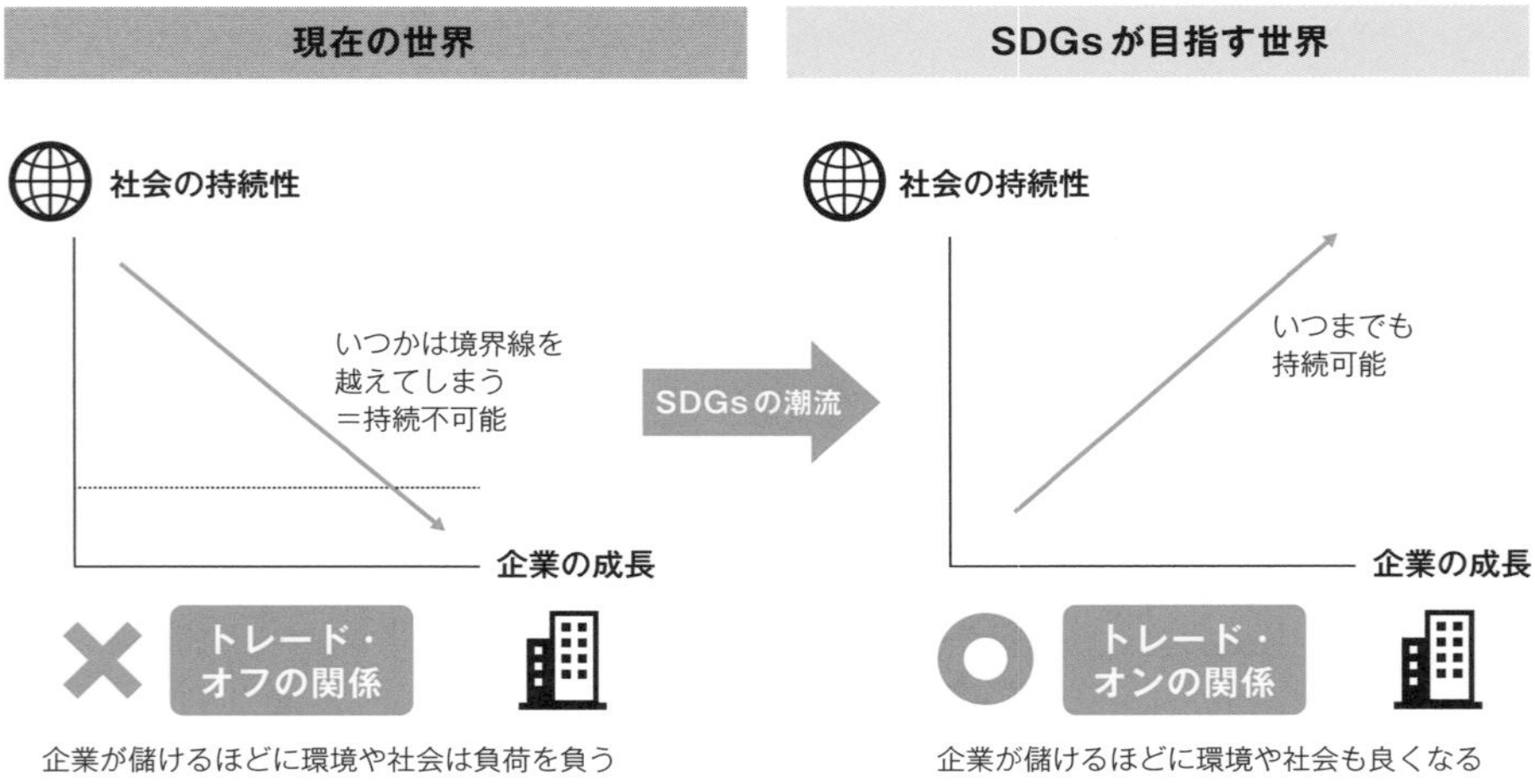

SDGsがもたらすビジネスチャンス

SDGsによる消費者、取引先、従業員、投資家などの意識や市場環境の変化は、企業にとってはビジネスのルールが変わることを意味しています。SDGsの潮流が目指す経済価値と社会価値の両方で競争が行われる市場で、どうしたら競争力を高めていけるのかは、まだ多くの企業はよくわかっていません。大企業は我先にと取り組みを進めていますが、中小企業には、中小企業の正しい取り組み方があります。そして、小さな会社の多くがこの状況にほとんど気付いていない今だからこそ、ビジネスでSDGsに取り組む方法を発見し、実践するとは**自社を持続可能にし、商売を拡大させる膨大な可能性を秘めているのです。**

世界のリーダーたちが毎年集結する世界経済フォーラムの2018年の年次会議、ダボス会議では、SDGsがグローバルの市場に生み出す付加的な経済価値は、食料と農業、都市、エネルギーと材料、健康と福祉という四つの経済システムにおける60の領域だけで、1,300兆円を超えると試算されました。これらはSDGsが生み出す需要の一端でしかありません。そして、SDGsが発生させる新たな顧客ニーズは細かく分散しており、大企業ではなく中小企業の方が対応しやすいものも多く含まれています。

● SDGsとビジネスチャンスが連動する60の領域

	食料と農業	都市	エネルギーと材料	健康と福祉
1	バリューチェーンにおける食糧浪費の削減	手ごろな価格の住宅	サーキュラーモデル自動車	リスク・プーリング
2	森林生態系サービス	エネルギー効率・建物	再生可能エネルギーの拡大	遠隔患者モニタリング
3	低所得食糧市場	電気およびハイブリッド車	循環モデル・装置	遠隔治療
4	消費者の食品廃棄物の削減	都市部の公共交通機関	循環モデル・エレクトロニクス	最先端ゲノミクス
5	製品の再調整	カーシェアリング	エネルギー効率・非エネルギー集約型産業	業務サービス
6	大規模農場におけるテクノロジー	道路安全装置	エネルギー保存システム	偽造医薬品の検知
7	ダイエタリースイッチ	自律車両	資源回復	たばこ管理
8	持続可能な水産養殖	IEC（内臓エンジン）車両の燃費	最終用途スチール効率	体重管理プログラム
9	小規模農場におけるテクノロジー	耐久性のある都市構築	エネルギー効率・エネルギー集約型産業	改善された疾病管理
10	小規模灌漑	地方自治体の水漏れ	炭素補足および格納	電子医療カルテ
11	劣化した土地の復元	文化観光	エネルギーアクセス	改善された母体・子供の健康
12	酪農の促進	スマートメーター	環境に優しい化学物質	健康管理トレーニング
13	包装廃棄物の削減	水と衛生設備	添加剤製造	低コスト手術
14	都市農業	オフィス共有	抽出物現地調達	
15		木造建築物	共有インフラ	
16		耐久性のあるモジュール式の建物	鉱山復旧	
17			グリッド相互接続	

出所：ビジネスと持続可能な開発委員会『より良きビジネスより良き世界 – 概要　ビジネス＆持続可能開発委員会報告書』
https://sdgresources.relx.com/sites/default/files/japanese_executive_summary.pdf（2020年12月14日）

STEP 1

SDGsを
はじめよう！

Action 1

My SDGsを見つけよう

Introduction でSDGsの概要をつかみました。さっそくSDGsを実践していきましょう。「SDGsのはじめ方がわからない」、「まず何をすればよいかわからない」という人も安心してください。STEP 1では、一番簡単なSDGsのはじめ方を教えます。第一歩を踏み出せば、ゴールまでの道のりはどんどん開けていきます。難しく考えずに、とにかく手を動かしてみましょう。

Action 2

意志を形にして表そう

Action 3

簡単な行動からはじめよう

SDGsに取り組むことを目に見える形で宣言する

あなたも持続不可能な世界の中にいる

2020年の夏、統計史上初めて7月の日本列島に台風が来ませんでした。一方、同じ時期に熊本では記録的な大雨が降りました。8月は全国的に猛暑となり、静岡県浜松市では国内最高気温の41.1度を記録しました。海外では、アメリカのデスバレーで54.4度を記録し8月の世界史上最高気温を更新、700万人が暮らすイラクの首都バグダッドでも51.8度に達し同市の観測史上最高気温を記録しました。

ここ数年、「100年に一度の」、「記録的な」、「観測史上初の」といった言葉を、毎年聞くようになっています。猛暑、ゲリラ豪雨、季節外れの大雪や台風の発生など、地球温暖化の影響と見られる気温上昇や異常気象は増え続けています。

こうした世界規模の気候変動と、私たちの生活スタイルが地球に与えている影響を切り離して考えることは、もはや感覚的にも難しくなってきています。環境省によると、国内において農作物の発育の変化、渇水と洪水の両方のリスク上昇、大雨の増加、熱中症患者の増加などが科学的なデータとしても確認されています。私たちは今、SDGsの示す社会課題の真っただ中にいるのです。

今こそSDGsをはじめよう!

バグダッドに住む700万人の人々は、気温があと少し上昇したら安全に暮らせる場所を失います。日本でも、夏の平均気温が40度を超えるようになったらどうなるでしょうか。この地球規模の課題の前では、一人の力では何もできず、小さな会社は無力でしょうか。持続不可能な地球で私たちの子どもたちや孫たちといった次の世代は不安を抱えて暮らしていくしかないのでしょうか。そんなことはありません。今、私たちにできることがあります。それが、**今すぐSDGsに参加すること**です。

SDGsの参加に必要なのは決意だけ

本書のはじめからここまで説明してきたように、SDGsと自身や自社の関係を正しく理解すれば、「よし、SDGsに取り組むぞ！」という気持ちがある程度は自然に湧いてくると思います。しかし、SDGsに取り組む決意をしても、具体的に何をしたらよいかがよくわからない場合が多くあります。SDGsは仕切ってくれる主催者もおらず、国連などが公的な参加資格を与えてくれるわけではないためです。

「SDGsに参加するには、どうしたらいいのでしょうか？」という質問をよく耳にします。その答えは、「まず『やります』と内外に宣言すること」、それだけです。**決意さえあれば誰でも参加できるのがSDGsです。**そして、やれることからはじめればよいのです。少しでもSDGsに参加したい気持ちになった人や会社が具体的に行動をはじめていく最初のステップとして、「My SDGsを見つける」、「目に見えるカタチで宣言する」、「簡単な行動からはじめる」の三つの方法を次ページから解説していきます。

Action 1

My SDGsを見つけよう

SDGsの中からあなたが取り組みたい社会課題を見つける

SDGsをはじめるというのは、大げさに言えば「持続可能な世界をつくるための運動に参加する」ことです。したがって、SDGs全般に賛同し、日々の生活や仕事の中で意識的に気を付ける姿勢がまずは大切です。しかし、SDGsの17ゴールは漠然としているため、全部に取り組もうとすると具体的な行動につながりにくくなってしまいます。そのため、**あなたにとって「特にこれ！」という大事なゴール、つまり「My SDGs」を見つけることからはじめてみましょう。**

17ゴールのうちどれが最も重要かというのは、人によって異なります。誰かが大事だと言っているものを自分もそのまま選んだり、選び方をまねしたりすることもできません。自分にピッタリなSDGsのゴールを見つける最もよい方法は、自分自身の心に聞いてみることです。

具体的には、SDGsの17ゴールや169ターゲットを読み、自分が情熱や使命感を感じるものを探します。そして、優先順位を付けて一番大事だと思うものを選びましょう。「え？　そんなに簡単でいいの？」と言われそうですが、じっくり考えるより、直感で選び出した方があなたにとっての正解に近づくことができます。それでは、さっそくやってみましょう。

17個のゴール全てにざっと目を通す

まず、次のページの「SDGsの17ゴール原文」を読んでみてください。文字を読むだけでなく、どんな困った状況が起きており、どんな人々が苦しんでいるのかなど、自分が想像できる範囲で具体的なイメージを持ちながら目を通します。

● SDGsの17ゴール原文

1 貧困をなくそう
あらゆる場所のあらゆる形態の貧困を終わらせる

2 飢餓をゼロに
飢餓を終わらせ、食料安全保障及び栄養改善を実現し、持続可能な農業を促進する

3 すべての人に健康と福祉を
あらゆる年齢のすべての人々の健康的な生活を確保し、福祉を促進する

4 質の高い教育をみんなに
すべての人々への包摂的かつ公正な質の高い教育を提供し、生涯学習の機会を促進する

5 ジェンダー平等を実現しよう
ジェンダー平等を達成し、すべての女性及び女児の能力強化を行う

6 安全な水とトイレを世界中に
すべての人々の水と衛生の利用可能性と持続可能な管理を確保する

7 エネルギーをみんなにそしてクリーンに
すべての人々の、安価かつ信頼できる持続可能な近代的エネルギーへのアクセスを確保する

8 働きがいも経済成長も
包摂的かつ持続可能な経済成長及びすべての人々の完全かつ生産的な雇用と 働きがいのある人間らしい雇用（ディーセント・ワーク）を促進する

9 産業と技術革新の基盤をつくろう
強靱（レジリエント）なインフラ構築、包摂的かつ持続可能な産業化の促進及びイノベーションの推進を図る

10 人や国の不平等をなくそう
各国内及び各国間の不平等を是正する

11 住み続けられるまちづくりを
包摂的で安全かつ強靱（レジリエント）で持続可能な都市及び人間居住を実現する

12 つくる責任つかう責任
持続可能な生産消費形態を確保する

13 気候変動に具体的な対策を
気候変動及びその影響を軽減するための緊急対策を講じる

14 海の豊かさを守ろう
持続可能な開発のために海洋・海洋資源を保全し、持続可能な形で利用する

15 陸の豊かさも守ろう
陸域生態系の保護、回復、持続可能な利用の推進、持続可能な森林の経営、砂漠化への対処、ならびに土地の劣化の阻止・回復及び生物多様性の損失を阻止する

16 平和と公正をすべての人に
持続可能な開発のための平和で包摂的な社会を促進し、すべての人々に司法へのアクセスを提供し、あらゆるレベルにおいて効果的で説明責任のある包摂的な制度を構築する

17 パートナーシップで目標を達成しよう
持続可能な開発のための実施手段を強化し、グローバル・パートナーシップを活性化する

出所：総務省『持続可能な開発目標（SDGs）』
https://www.soumu.go.jp/toukei_toukatsu/index/kokusai/02toukatsu01_04000212.html（2020年12月14日）

自分の中の情熱と使命感を発見する

これらのSDGsゴールの中に、第一印象として心に引っかかる、あるいは興味が湧くようなものがないでしょうか。全部でも一つでもかまいません。それらの全てに○を付けてみてください。そして、それらを、特にあなたが情熱や使命感を感じる順に並べてみてください。

情熱の有無は、課題を見たときに好き、面白い、得意、考えるのが楽しい、好奇心が湧いてくるといった興奮を覚えるかどうかで判断できます。また、その課題を解決したい気持ちが湧いたり、世界にとって価値が高い、本質的に意味があると感じたりするのなら、情熱を持っていると言えるでしょう。

また、**使命感とは、運命や義務感を感じるかどうかです。**具体的には、自分ならやれると思う、過去の人生の点とつながる感じがする、放っておいてはいけない気がする、世界が頼ってきている気がするといった感覚です。

●情熱と使命感

情熱

- **興奮**：好き、面白い、得意分野、考えるのが楽しい、好奇心が湧いてくる
- **正義感**：課題を解決したい気持ちが湧く
- **価値観**：世界にとって価値が高いと思う
- **真善美**：本質的に意味があると感じる

使命感

- **選ばれしヒーロー**：深い仮説がある、自分ならやれると思う
- **運命**：過去の人生とつながる感じがする
- **宿命**：放っておいてはいけない気がする、自分が行動を起こさないといけない気がする
- **天命**：世界が頼ってきている気がする

例えばホッキョクグマは、地球温暖化により北極の氷が溶けてすみかを追われ、絶滅が危惧されています。この状況に「かわいそう。助けてあげたい」「地球温暖化に対処しなければいけない」と情熱や使命感を感じる人もいれば、そうでない人もいるでしょう。SDGsゴールも同様に、同じ文章を読んでも、心の中にある思いによって、受け止め方は人それぞれです。SDGsと出会ってあなたの心に浮かんだいかなる感情も、全員にとっての当たり前ではありません。それは、ほかの人とは異なる自分だけの情熱や使命感なのです。

● 人によって感じる情熱や使命感は異なる

最も大事だと感じるゴールを選ぶ

情熱や使命感を感じるゴールが複数ある場合は、その中で優先順位の最も高いものをあなたが取り組む「My SDGs」として選んでください。

会社として考える場合は、あなたが社長やリーダーであれば、「あなたの思い＝会社の思い」としてもよいでしょう。そうでない場合は、多数の人が情熱や使命感を感じる課題を選び出します。社員にアンケートを取り、より多く選ばれたものをMy SDGsにしたり、経営理念、行動規範、長期方針などで重要視されている考え方に近いゴールを選び出したりすることも手段の一つです。

「個人はともかく、会社で取り組む場合にも市場や事業を考えずに、社長や社員の意思だけで何に取り組むか決めてしまっていいんですか？」と思う方もいるかもしれません。しかし、それでよいのです。

SDGsというのは、持続不可能な世界を持続可能に変えるための運動です。持続可能な世界をつくるには、今までの延長線上にはない未来を私たちの手でつくり出していかなければいけません。「できること」や「できそうなこと」から手を付けるよりも、世界の課題を解決するという世界共通の意思を会社として共有できることが大事です。すなわち、**あなたの会社に集まっている人々の「やりたい」、「取り組みたい」という意思が何よりも重要なのです。**

Action 2

意志を形にして表そう

SDGsに取り組む意志を形にする

My SDGsが見つかったら、それに取り組むことを宣言しましょう。言葉で表明するだけでは、時間が経つにつれて忘れ去られてしまいます。**SDGsに取り組む意志を消えずに残すには目に見える形にすることが一番です。** ここでは手軽に実践できる三つの方法を紹介します。

個人としての宣言を書く

同じことでも、頭の中で考えているときと、書いて形に表したときとでは印象が違います。また、**書いて表現することでほかの人と共有することができ、集団としての意志をつくることにつながります。** 具体的な行動をやらざるを得なくなり、自分自身をよい意味で追い込むことにもなります。

内容には、「私はSDGsのゴール◯◯に取り組みます」と書くだけでなく、「私はゴール◯◯の達成のために×××に取り組みます」などの「行動」を宣言することが理想的です。日常のどんな行動がSDGsにつながるのかについては、17ページを参考に考えてみてください。

国連開発計画（UNDP）と電通が模擬国連などの学生団体と開催したイベントの例を紹介します。このイベントでは、1,000名近くの学生たちがそれぞれMy SDGsとそれに対する自分の行動を書いて表現し、お互いに「いいね！」を付け合って優秀なものを選ぶというコンテストが行われました。

●国連開発計画がイベントで使ったフォーマットとその記入例

社員が書いた宣言を束ねる

会社で実施する場合、まずは感度の高い若手を巻き込みましょう。コンテストやゲームなどのようなエンターテインメントにして、**楽しく参加を促すことが盛り上げるコツです。**また、勉強会、社内セミナー・イベント、課内会議などの対面式の方法に加え、**社内の一斉メール、アンケート、チャットツールなどの間接的な方法を使って心理的なハードルを低くすると、幅広い人の参加を促すことができます。**宣言を集めるだけでなく、会社のウェブサイトや個人のSNSなどで結果の発信を行っていくのも効果的です。

国内でMy SDGsを会社として取りまとめた大規模な事例の一つに、住友化学の「サステナブルツリー」という試みがあります。同社は、国内外の全グループ役職員一人ひとりが業務や日常生活でのSDGs17ゴールへの貢献を考え、パソコンやスマートフォンから投稿するというプロジェクトを行いました。投稿募集期間の100日間で、世界中のグループ社員から11カ国語で6,000件を超える投稿が寄せられました。社員数の少ない小さな会社であれば、こうした取り組みを実施し、社内を盛り上げることは、もっと簡単に行うことができます。

SDGsのシンボルマークを身に着ける

SDGsに取り組む人や企業であることを宣言するには、SDGsのシンボルを身に着ける方法も有効です。名刺、パンフレット、ウェブサイトなどにSDGsのシンボルであるロゴ、カラーホイール、アイコンを載せてみましょう。

● SDGsのシンボル

SUSTAINABLE DEVELOPMENT GOALS

ロゴ

カラーホイール

1 貧困をなくそう

アイコン

これらのSDGsのシンボルマークは、**商業利用でない限りは、誰でも使うことができます。**商業利用の場合も、「商品に直接貼り付ける」「資金調達をする」「公式の認証のように表示する」などをしなければ、国連の許可なく自由に使えます。国連広報センターが日本語の使用規定を公開しているので、詳しくはそちらを確認してください。

参考 『持続可能な開発目標　カラーホイールを含むSDGsロゴと17のアイコンの使用ガイドライン』国連グローバル・コミュニケーション局（日本語訳：国連広報センター）
https://www.unic.or.jp/files/SDG_Guidelines_AUG_2019_Final_ja.pdf

最近ではSDG のバッジを身に着けているビジネスパーソンも多く見かけます。実際にバッジを身に着けて街を歩いていると、ある程度の視線を感じます。飲み終わったペットボトルの捨て方や、電車の中での妊婦や障害者への配慮など、**自分自身の日々の行動の一つひとつに責任感が芽生え、社会のためになる行動を心掛けるようになります。**

また、SDGsのシンボルマークを身に着けていると、周囲からSDGsに詳しいと思われるので、おのずと勉強するようにもなります。そうして社会課題に対して高い意識と知見を持つ人が増え、周囲に広げていくことを通して、会社全体のSDGsへの取り組みを促す雰囲気を高めていくことができます。

公式のSDGsのバッジは国連のオンラインショップから購入できます。また、アマゾンや楽天などでもさまざまな業者が販売していますが、国連の承認を取っているものと、そうでないものとがあるのでよく確認しましょう。

参考『UNDP SHOP』The United Nations Development Programme
https://shop.undp.org/products/sdg-lapel-pins

参考『SHOP・UN・ORG』UNITED NATIONS PUBLICATUINS
https://shop.un.org/de/node/88091

オリジナルのロゴマークをつくる

会社でオリジナルロゴをつくることにより、先進的で独特なSDGsへの取り組みを行う意志を表明できます。よいロゴをつくるポイントは、自社のシンボルとSDGsとを掛け合わせることです。例えば、大阪府の堺市は、世界遺産に認定された仁徳天皇陵古墳とSDGsとを掛け合わせてオリジナルロゴをつくりました。

なお、オリジナルロゴをつくる際には、国連のロゴ使用規定を守らなければいけませんので、注意しましょう。

●オリジナルロゴの例

大阪府堺市の
オリジナルロゴ

富山県富山市の
オリジナルロゴ

SDGs
アントレプレナーズの
オリジナルロゴ

Action
3

簡単な行動からはじめよう

ポイントは頭でっかちにならないこと

My SDGsを決め、それに貢献する行動を考え、目に見える形で宣言を行うと、もう後戻りはできません。次の一歩は、宣言したことを行動に移すことです。しかし、行動となると、「もっと勉強して、具体的に詳細を詰めてからでないと……」と思い、足踏みしてしまうかもしれません。

スムーズに実践するためのポイントは、「あまり考えずにとにかくやってみること」に尽きます。もし理解が足りずにやり方が間違っていたら、軌道修正をすればよいのです。企業の場合は、最初にやってみようと思った人（あなた）がまず個人として実行することが大事です。

やってみないとわからないこと、気付けない視点、感じられない気持ち、持ちえない動機などがたくさんあります。いつまでもSDGsの記事や文献・資料を読み続けたり、複数のセミナーやスクールを受講したりして情報を集め続けるよりも、まずは実行してみましょう。

まずは個人として行動をはじめる

そうはいっても、何から手を付けていいのか悩むと思います。ありがちな失敗は、「会社の新規事業で何をすればいいか？」と一番難しいことから考え、思考停止に陥ってしまうパターンです。**まずは、ハードルを限界まで下げて、スタートすることが肝心です。**最もハードルが低いのは、先ほど個人として宣言したMy SDGsへの具体的な行動や、それらを集めたみんなの行動を自分もやってみることでしょう。

いつもは電気代の節約を目的にやっていた電気をこまめに消すという行動も、CO_2削減や環境保護といった地球のためという目的や共感を持ってやってみると、新たな視点、思考、感情を得ることができます。家電製品のお店に行った際には、単に製品の性能・使い勝手や価格のお買い得感のことだけではなく、環境性能についても店員に尋ねてみると、品質とコストだけではなく、社会価値を踏まえた買い物を実感することができます。

このように具体的な行動を通して社員一人ひとりの中に発生した新しい「何か」から、「これがSDGsの行動ということは、あれもそうなのか？」、「もしかしたら、こういうことも言えるのでは？」、「だとしたら、会社での取り組みはこうしたらよいのではないか？」といった形で次の行動への発想が広がっていきます。

ここまでの文章を読んで、「ああ、なんとなくわかるよ」と思って終わりにするのも残念ながら、ダメです。実際にやらずにわかったつもりになることは最も危険です。「知っている」ことと「理解している」こととは、全く別の次元にあります。まずはやってみて、自社や自分のものとしてSDGsを腹落ちさせ、体得していきましょう。

宣言したことを実行し終わったら、その他のSDGsへの貢献活動にもどんどん取り組んでみてください。個人としての取り組みは17ページに示したような例を実行したり、それらを参考に自分で考えてみてください。

参考『持続可能な社会のためにナマケモノにもできるアクション・ガイド』国連広報センター
https://www.unic.or.jp/files/sdgs_201901.pdf

参考『グッドライフゴールとは』 FUTERRA、One planet ほか
https://sdghub.com/wp-content/uploads/2018/05/GLG_decks_Japanese_w_icons2.pdf

参考『SDGsにチャレンジしよう』 神奈川県
https://www.pref.kanagawa.jp/docs/bs5/sdgs/goalschallenge.html

社員みんなの団体行動へ

個人の行動で感覚をつかむことができたら、次はそのバラバラな宣言の実行の積み重ねを続けていくのではなく、会社という一つの共有の場で、社員みんなで取り組めることを考え、実行してみてください。SDGsの17個のゴールに対して、社員全員で取り組める具体的な行動とは、例えば次のようなことです。

●社員全員で取り組める具体的な行動の例

ゴール	行動	内容
1 貧困をなくそう	立場の弱い人の身になろう	貧困は途上国だけの問題ではありません。日本にも相対的貧困世帯が14%も存在します。あなたの同僚や取引先の人の中にも、収入が少ない一方で病気、親の介護、子育てなど支出が多く、相対的貧困レベルで生活をしている人がいると理解しましょう。
2 飢餓をゼロに	残さず食べよう	会社のランチや飲み会などで出てくる食事を残さず食べることで、フードロスを減らし、ムダに輸入や生産される食品を削減することで、より必要としている人へ食べ物を提供し、飢餓を予防することができます。
3 すべての人に健康と福祉を	健康診断を受けよう	自分自身が病気を予防し、健康でいることで、社会保障費や医療サービスを、もっと必要とする人に譲ることができます。
4 質の高い教育をみんなに	役立つ知識を教えてあげよう	あなたが持つスキルを積極的に周囲で必要としている人に教えてあげることで、多くの人に学びの機会を提供できます。職場のOJTのように直接的にでも、SNSでの情報発信や共有などのように間接的にでもかまいません。
5 ジェンダー平等を実現しよう	セクハラを見過ごさない	社内倫理を徹底し、率先してセクハラのない職場を実現し、他社に範を示すことで、男女平等な会の実現を促進できます。
6 安全な水とトイレを世界中に	トイレの大小レバーは使い分けよう	地球全体の水循環に貢献する身近な方法は、必要な分だけの水を使うことを一人ひとりが習慣にすることです。
7 エネルギーをみんなにそしてクリーンに	階段を使おう	エレベーターではなく階段を使うことで、究極の再生可能エネルギーである人力を活用して電力消費を抑え、環境意識も高められます。
8 働きがいも経済成長も	就業規則を守って働こう	決められたルールを守って働き、法令順守の文化を育てることにより、働く人の満足度と生産性の高い職場環境をつくれます。

9 産業と技術革新の基盤をつくろう	なじみのない アイデアを 歓迎しよう	いつもの発想にとらわれない雰囲気を社内に育てることで、革新的な製品・サービスや技術の開発を促進できます。
10 人や国の不平等をなくそう	いろんな人を ランチに 誘おう	世界の不平等は、自分と違う外見や考え方をしている人を排除する発想からはじまります。違いを乗り越え、多様性を認める視点は、多様な考え方の人々と普段から付き合い、認め合うことで育まれます。
11 住み続けられるまちづくりを	オフピーク 通勤・在宅 勤務をしよう	満員電車に乗らないことや、道路渋滞を避けることは、都市の過密化を緩和します。
12 つくる責任 つかう責任	ゴミ箱でなく リサイクル ボックスへ	ゴミはゴミ箱に捨てると燃やされるか埋められるかですが、リサイクルボックスに入れれば資源になります。
13 気候変動に具体的な対策を	休憩中は パソコン 電源OFF	国内電力の多くは火力発電です。少量でも電気が使われているということは、何かが燃えてCO_2が発生していることを意味します。
14 海の豊かさを守ろう	マイボトルを 持参しよう	水筒を持ち歩くことでペットボトルやプラスチックカップ・ストローなどの使用を防ぎ、結果として海の中のプラスチックゴミを減らせます。
15 陸の豊かさも守ろう	印刷は 最低限に	今の日本の会社は、そもそも印刷する必要のない資料であふれています。ムダな紙を減らすことで大量の森林資源を節約できます。
16 平和と公正をすべての人に	パワハラは 通告を	職場で精神的に追い込まれている人が大勢います。パワハラを見つけたら通告したり、そもそもパワハラの起こりにくい雰囲気をつくることで、社員全員の平和で幸せな生活を守れます。
17 パートナーシップで目標を達成しよう	取引先にも SDGsを 広めよう	SDGsに貢献する活動を自社で行うようになったら、外にも広げていくことによって、社会課題の解決力を何倍にもできます。

STEP 1のチェックポイント

まとめ

まずはSDGsをやってみる!

SDGsに取り組むための第一歩がおわかりいただけたでしょうか。よくわからないところがあっても、まずははじめてしまえば、だんだんとSDGsを理解できるようになります。ここで紹介したステップに沿って、ぜひ、今日からSDGsをはじめましょう！

Action 1 My SDGsを見つけよう

17個のゴール全てにざっと目を通す

- SDGsをはじめることとは、持続可能な世界の実現のための運動に参加すること
- SDGsの17ゴールの中から、あなたが取り組みたい社会課題を見つける

自分の中の情熱と使命感を発見する

- 自分の心の声に耳を澄ませる。好き、面白い、得意、考えるのが楽しい、好奇心が湧くといった興奮を覚えるか、解決したい、意味があると感じるか、など
- 運命や天命のようなものを感じる。自分ならやれる、過去の人生とつながっている、放っておけない、自分が行動を起こさないといけないという気持ちが湧くか

最も大事だと考えるゴールを選ぶ

- 個人では、最も心が動いたゴールをMy SDGsとする
- 個人ではなく集団で考える場合、「リーダーの思い＝会社の思い」とするか、多数の人が情熱や使命感を感じる課題をMy SDGsとする
- 会社の場合、経営理念、行動規範、長期方針などで重要視されている社会課題も考慮する

Action 2　意志を形にして表そう

宣言を書いて表現する

- 「私はSDGsゴール○○に取り組みます」ではなく、「私はゴール○○の達成のために△△に取り組みます」というように「行動」を書いて宣言する
- 社員の書いた宣言をまとめる
- 感度の高い若手を巻き込み、ゲーム的な要素を入れて楽しく盛り上げる
- 勉強会、社内セミナー・イベント、課内会議などの直接的な方法と、社内の一斉メール、アンケート、チャットツールなどの間接的な方法を組み合わせる
- 会社のウェブサイトや、個人のSNSなどを通じて外部へ発信する

SDGsのシンボルマークを身に着ける

- 名刺、パンフレット、ウェブサイトなどにSDGsのシンボルであるロゴ、カラーホイール、アイコンを載せる
- バッジをスーツに付ける

オリジナルのロゴマークをつくる

- 自社のシンボルとSDGsとを掛け合わせてオリジナルのロゴをつくる
- 国連のロゴ使用規定を守る

Action 3　簡単な行動からはじめよう

まずは個人として行動をはじめる

- 「会社の新規事業で何をすればいいか？」と難しいことから考えはじめたり、SDGsの勉強ばかりし続けているのはNG
- ハードルを限界まで低くし、個人のMy SDGsへの具体的な行動を実行する

社員みんなの団体行動へ

- バラバラな宣言の実行の積み重ねを続けていくのではなく、会社という一つの場で、社員みんなで取り組めることを考え、実行する

Column

よいアイデアの出し方

自分が面白い人であることを認める

「SDGsに貢献する行動を考える」には、ゼロからのアイデア出しが必要とされます。普段からクリエイティブな仕事をしている人にとっては得意で楽しい作業でしょう。一方で、こういった作業を苦痛に感じる方もいるかもしれません。誰もがよいアイデアを気持ち良く出す方法はないものでしょうか。

アップル創業者のスティーブ・ジョブズの友人であり、世界で最も革新的な企業に選ばれたデザイン会社IDEOの創業者のデイヴィッド・ケリーとトム・ケリーは、「クリエイティブな発想を生むための秘訣は、自分が創造的な人間であることを認めることだ」と言います。世界トップレベルの創造的な人が発見したクリエイティブの真実は、創造性とは「誰でも生まれつき持っている能力」であるということでした。

よいアイデアを出すための方法を使う

自分が創造的な人間であることを認めても、それだけで突然よいアイデアがあふれ出すわけではありません。よいアイデアを思いつく人は、普通の人とは違ったものの考え方をしています。その代表例として、「仮説思考」を紹介します。

多くの人の考え方は、「積み上げ型の思考法」です。例えば、「SDGsに貢献する行動」を考えるのであれば、まずSDGsの概要を調べ、課題の状況を勉強し、ほかの人が何をやってるかを見回し、いろいろな情報収集をしてからアイデアを考えていくような方法です。ゴルフに例えて言えば、一つのボールを丁寧に何度も打ち、少しずつ穴にボールを近づけていくやり方です。

全力の第一打を打ち続ける

これに対して、第一打でホールインワンを狙って思いっきりボールを打つのが仮説思考です。何も知らない状態で最初から思い切って正解に近いアイデアを飛ばし、間違っていたらそのアイデアを丸ごと捨て、全く新しいアイデアを新たに遠くへ飛ばします。とにかく数を打ち、答えに近づけたアイデアだけを拾って検証し、結論を出しましょう。

ルールを無視することになるかもしれませんが、こちらの方がゴールには早く到達できます。また、何度も打つときと違い、景色や目線が変わってしまって、現在地や目的地が分からなくなることもありません。

例えば、「SDGsに貢献する行動」を考えるとしたら、何も調べずにいきなり「湘南の浜辺ではリサイクルボックスを設置していたな」→「散乱するペットボトルゴミを減らすことで、海洋プラスチックを減らすことはできないか」というように、自分がたまたまよく知っている具体的なアイデアをどんどん出してみましょう。

● **積み上げ型の思考法と仮説思考のイメージ**

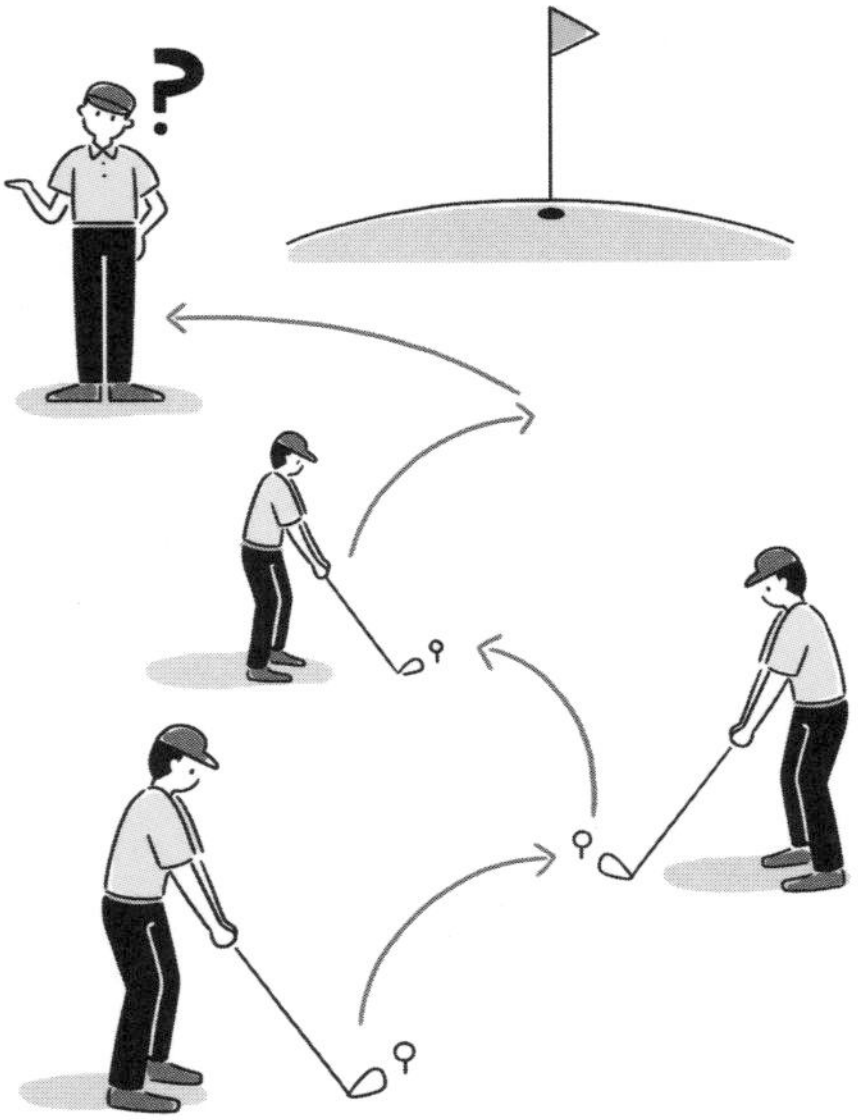

積み上げ型の思考法

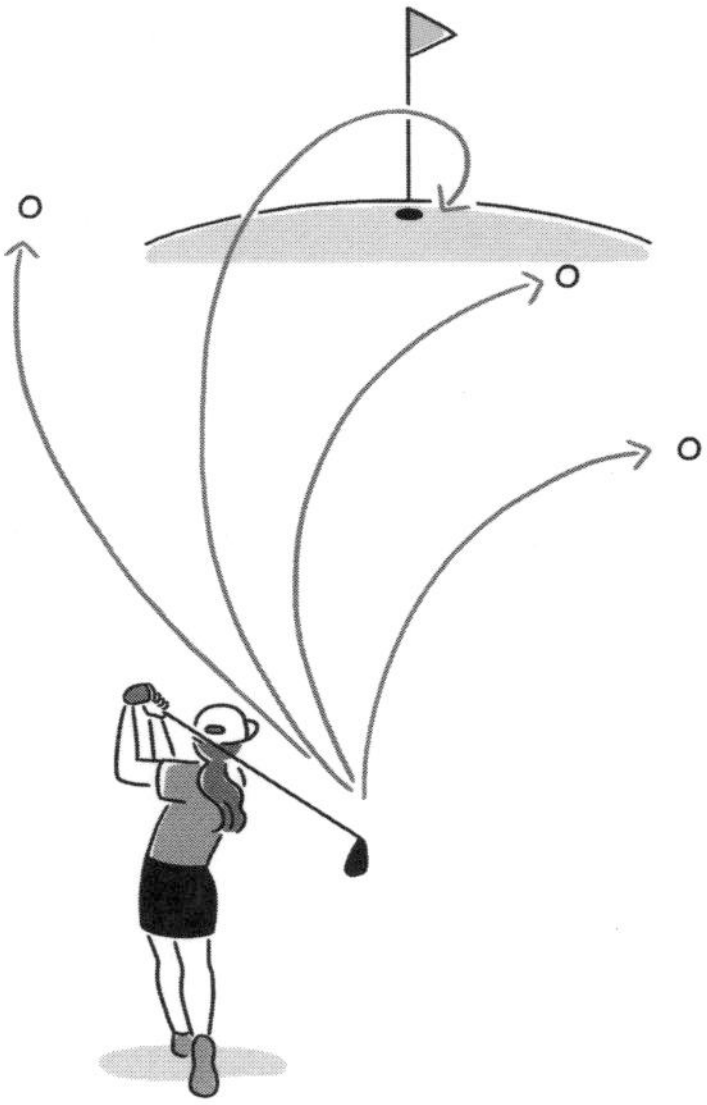
仮説思考

STEP 2
取り組む課題を決めよう

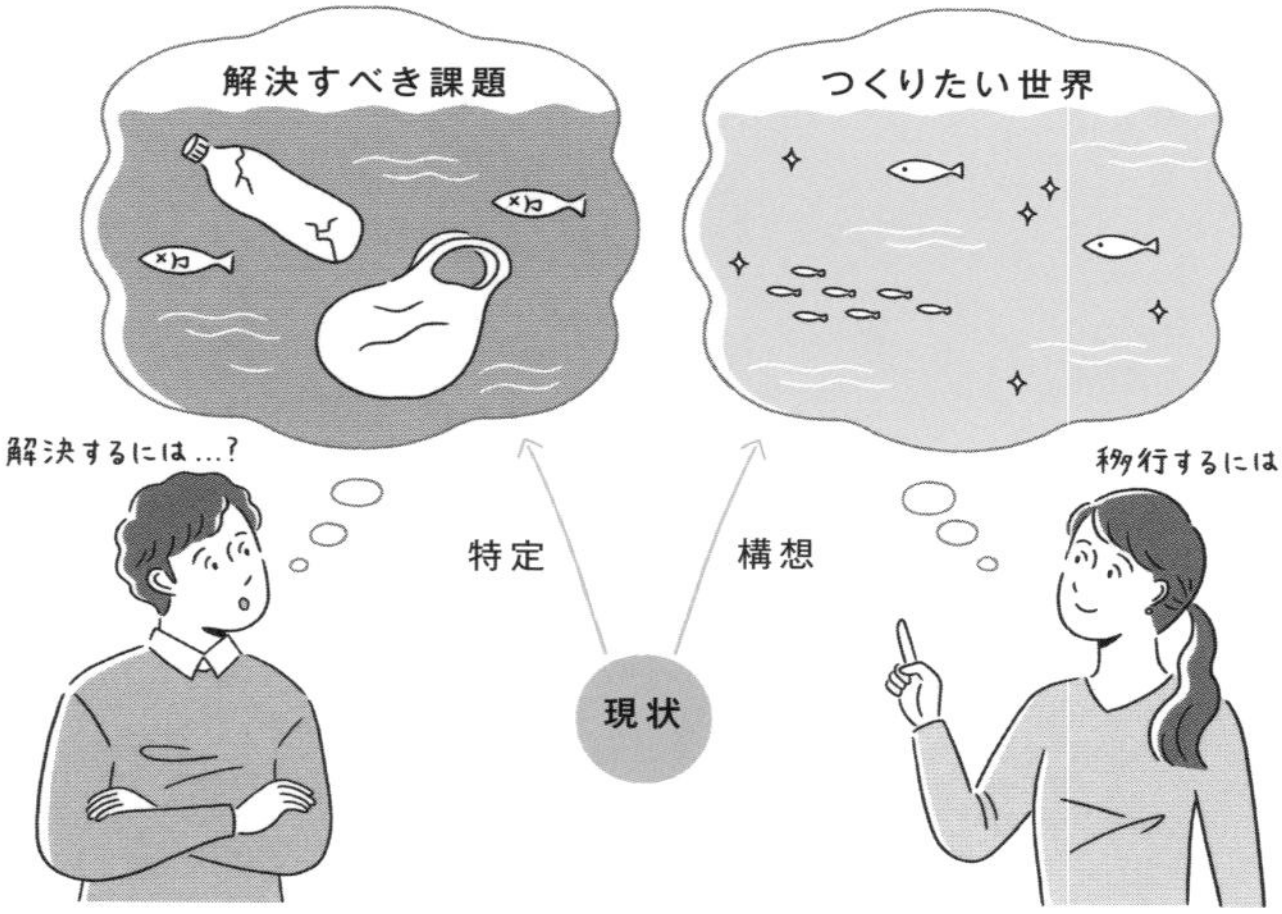

Action 1
既に取り組んでいることで感覚をつかもう

STEP 1でSDGsへの個人での取り組みを開始しました。しかし、「事業での進め方がわからない」、「社員全体で取り組みたい」と感じている人もいるでしょう。ここでは、会社としてSDGsをはじめる第一歩をやさしく解説します。目的を持つことから全てははじまります。事業や仕事を通して本当は何がしたいのか、SDGsをきっかけに考えてみましょう。

Action 2

解決すべき問題を見つけよう

Action 3

未来から解決すべき課題を逆算しよう

会社として取り組む SDGs課題を決める

個人と法人は違う

SDGsに取り組む企業であることを宣言して具体的な目標を定め、行動をはじめると、いつもの生活や仕事が違って見え、社内の社会課題解決への意識が高まってきます。しかし、「このSDGsゴールが大事だと思う」、「こんなことをやってみたよ」といった「個人や社員としての行動」の積み重ねは、どこまで行っても個人の域を出ません。会社という法人としての行動、すなわち、経営や事業としてSDGsに取り込んでいくには、意識的にもう一段上のレベルに上がる必要があります。

SDGsの17個のゴールの中から、あなたの会社が取り組むべきものを選ぶだけなら簡単です。しかし、SDGsのゴールそのものはスケールがとても大きいため、一つの小さな会社が解決策を出せるようなものではありません。したがって、会社として「SDGsゴール○○に取り組みます」という宣言は、事業として実行する際には曖昧すぎて方向性が見いだせません。SDGsからあなたの会社が取り組むべき課題を見つけるには、どうしたらよいのでしょうか。それは、SDGsのゴールやターゲットそのものを目指すのではなく、そこから**自社にとっての「解決すべき課題」を見つけること**にあります。

取り組むべき課題を見つける二つの方法

SDGsから自社の取り組むべき課題を導き出す方法は二つあります。一つは、**SDGsの17ゴールと169ターゲットを問題としてとらえ、その問題を引き起こしている最も重要な要因を特定する方法**です。例えば、あなたの会社が考える最も重要な要因としてSDGsのゴール14の海洋汚染という課題に対し、プラスチックゴミの海洋投棄を特定するようなことです。SDGsという課題そのものではなく、その要因に取り組むという視点が重要です。

もう一つの方法は、**SDGsの描く未来を実現するための課題を特定する方法**です。先ほどの例で言えば、海洋汚染という「課題」を考えるのではなく、「どんな海であることが理想なのか？」という「理想」を考えます。例えば、「地球全体の自然な循環が行われる海」を理想として考え、それに近づけるために、海の中で自然分解される有機物でできたプラスチックを開発することなどを自社が取り組むべき課題としてとらえます。

どちらの方法を選んでもかまいません。やりやすい方で考えるとよいでしょう。

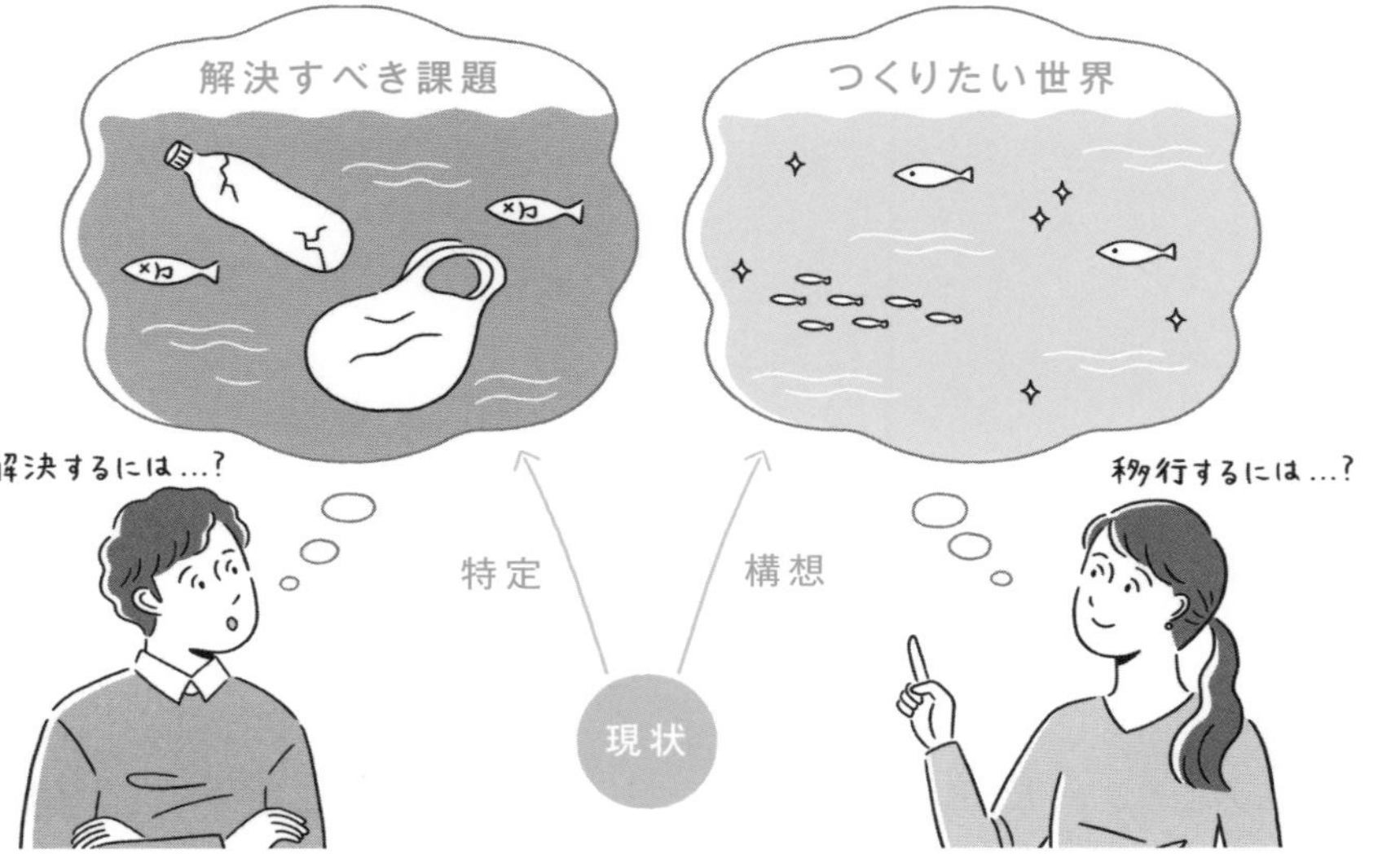

既に行っていることで感覚をつかむ

解決すべき課題の特定は、新しいことを考えなければならないため、最初からよいアイデアを見つけるのは少し難しいかもしれません。そのため、まずは自社が既に行っている活動を見直すことからはじめるとよいでしょう。あなたの会社の中のSDGsに貢献している活動を探してみてください。

以上を踏まえ、本章では、「既に取り組んでいることで感覚をつかむ」、「解決すべき問題を見つける」、「未来から解決すべき課題を逆算する」の三つの方法を順に解説していきます。

Action 1

既に取り組んでいることで感覚をつかもう

SDGsはあなたの会社にとって身近なものであることに気付く

企業にとって収益を生み出すことは、存在し続ける上での大前提です。そのため、企業が活動を行う目的は、「より多くのお金を稼ぐこと」と考えられがちです。しかし、よりたくさんのお金を稼ぐことしか考えずに経営を行っている会社というのは、実は多数派ではありません。その証拠に、長く続いている多くの会社の創業の理由や社是は、「世の中に価値のあるものを生み出したい」、「人々の役に立ちたい」といったものがほとんどです。

社員としても働いていて嬉しい瞬間というのは、お給料が増えたり出世したときだけでなく、目の前のお客さんに感謝されたとき、困難な仕事をやり遂げたとき、世の中の役に立っていることを実感したときなどではないでしょうか。近江商人の「三方良し」（ビジネスは売り手良し、買い手良し、世間良しであるべきとする考え方）といった伝統に象徴されるように、日本には「ビジネスとはお金儲《もう》けだけのものではない」という考え方が古くからありました。そのため、**意識していなくともあなたの会社も、既に何らかの社会課題解決につながる活動を行っている可能性が非常に高くあります。**

自社が行っているSDGsへの貢献行動を見つける

SDGsからあなたの会社が取り組むべき課題を見つけるための第一歩として、自社が今やっていることを棚卸し、「実はこの活動はSDGsへの貢献だった！」というものを探してみましょう。例えば、次のページにあるような活動はSDGsへの貢献と言えます。これらを参考にほかにも、あなたの会社が既に行っているものはないか考えてみてください。

● **自社で行っているかもしれないSDGsの取り組みの例**

ゴール	内容	例
1 貧困をなくそう	契約上の力関係にかかわらず、末端の社員や下請けに対しても、正当に対価を与える	正当な報酬、契約条件、休暇制度、福利厚生の実施
3 すべての人に健康と福祉を	社員の健康に配慮した労働環境をつくる	定期健康診断の実施、産休や育休の取得促進、妊産婦でも可能な仕事の創出、禁煙・分煙の推進
8 働きがいも経済成長も	誰にとっても働きやすい職場環境をつくる	就業規則徹底、障害者配慮、安全・法定労働時間厳守、正当な人事評価、やりがいのある仕事提供
12 つくる責任つかう責任	3Rを徹底する	ゴミの削減（Reduce）、再利用（Reuse）、リサイクル（Recycle）、生産と消費の間でムダを発生させないしくみの構築
13 気候変動に具体的な対策を	エネルギーの使用量を減らす	オフィスでの省電力の推進、ビルや工場などの施設への省エネ投資、環境性能の高い機器の使用
17 パートナーシップで目標を達成しよう	地域や産業全体の発展に貢献する	地域社会や業界団体としての活動

製品やサービスだけでなく、企業活動全体で考える

前表の例にもあるとおり、自社のSDGsへの取り組みとは、製品やサービスを提供することだけではありません。その前段階として、原材料・購買物流、製造、出荷物流、販売・マーケティングといった活動があり、提供後には買い手による製品の使用と廃棄が行われます。また、それらの企業活動全体を支える全般管理、インフラ、人事・労務活動、技術活動、調達活動といった支援活動があります。**既に行っているSDGsに対する貢献活動を見つけるには、こうした企業活動全体を考える**

必要があります。

例えば、ゴール13の気候変動に対しては、太陽光パネルや省エネルギー推進などを提供している会社は、製品やサービスそのものが直接的にゴール達成に貢献しています。そのため、数ある競合と比べてより安価で効果的なSDGsの解決策に進化させていくことが大事です。一方、全く異なる商品を扱う会社であっても、自社製品の生産プロセスにおける省エネルギー推進や、広報や営業のためのパンフレットや商品パッケージで消費者の環境意識を高め、環境に配慮した商品の使用や廃棄を促すことはできます。

●企業活動の全体像（バリューチェーン）

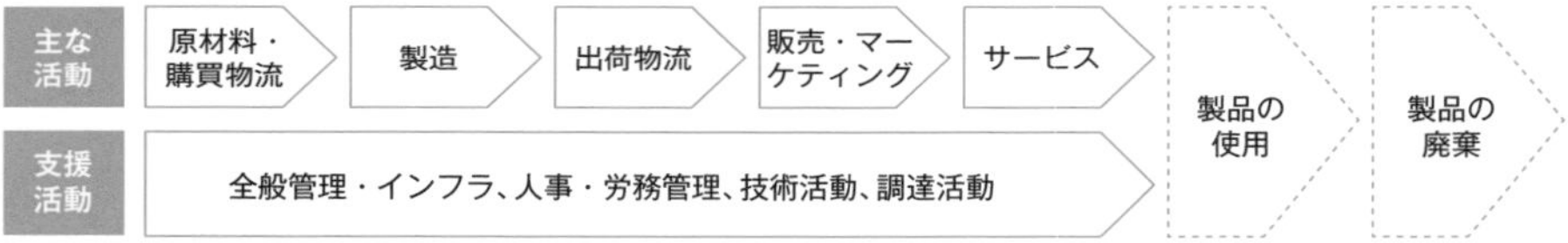

自社の製品・サービスと生産プロセスの両方で既に取り組んでいるSDGs活動を見つけることができたら、さらに、**自社のビジネスを支えている取引先を含めて考えます。**例えば、取引先から社会課題解決につながるサービスを受けていたり、環境性能の高い製品を使っていたりするといったことがないでしょうか。あるいは、SDGsに貢献する製品やサービスの生産や販売の一部分を担っているという場合もあります。

さらに、現在取り組んでいる活動だけでなく、今取り組みつつある活動や将来的に計画されている活動まで視野を広げて考えてみてください。

間接的な貢献まで広げて考える

SDGsのゴールはそれぞれ独立しているわけではなく、密接に関連しています。そのため、自社の活動のSDGsへの貢献を考えるときには、直接的な効果だけでなく、間接的な効果も含めて考えます。例えば次の図のように、再生可能エネルギー技術を使った製品開発は直接的にはクリーンエネルギー普及（ゴール7）への貢献ですが、再生可能エネルギーの利用促進は、限られた化石資源の再利用促進（ゴール12）、地球温暖化対策（ゴール13）、市場創造による経済成長（ゴール8）、新技術による産業イノベーション（ゴール9）への貢献にもなります。さらに、その中の「限られた化石資源の再利用の促進」は、都市の持続性強化（ゴール11）へとつながり、そこから貧困層を含む幅広い人々への基礎インフラ提供（ゴール1）が可能になり、人々の健康的な暮らしの確保（ゴール3）へと広がっていきます。

● SDGsのゴールのつながりをとらえる

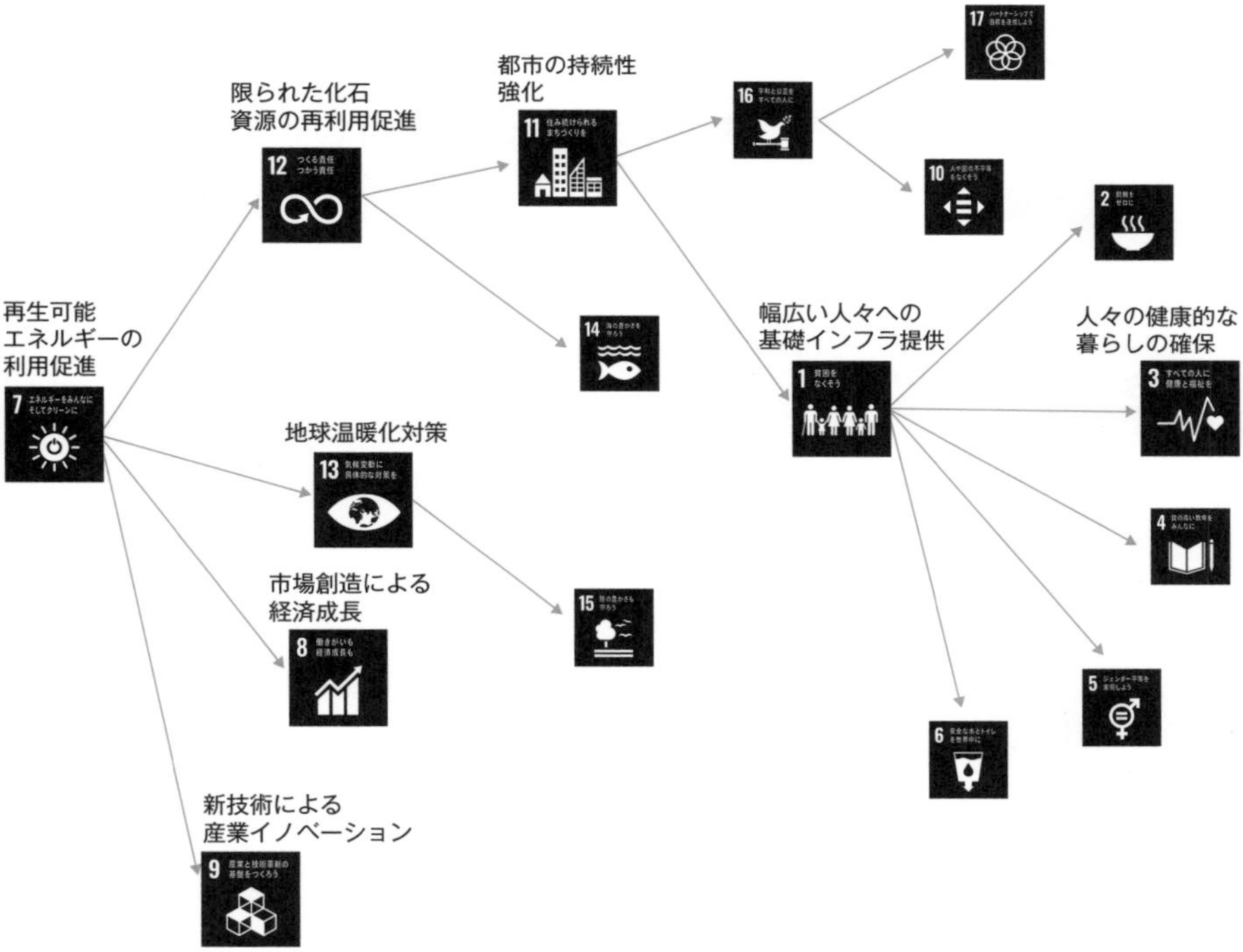

上図のように、既に行っていることを全て洗い出してみましょう。実際にやってみると、「なんだ、SDGsってこんなことだったのか」とより親近感が湧き、「だったら、これもSDGsじゃないか？」と発想が広がっていきます。普段の仕事が社会に与えている価値にも気が付きます。**既に取り組んでいるSDGsを探すことは、あなたの会社の隠れた魅力を見つけ出す作業とも言えます。**

Action 2

解決すべき問題を見つけよう

SDGsを問題の言葉に変換する

既に取り組んでいることからSDGsに貢献する事業や活動のイメージがつかめたら、次はSDGsから自社が解決すべき課題を見つけます。

SDGsは「目標を表す言葉」で書かれているため、まずは「問題を表す言葉」に言い換えることからはじめます。

SDGsは、想像でつくられた目標ではなく、長年にわたる政府や国際機関などの活動の中で、統計・データや現場の事実に基づいて取りまとめられた問題の集合体です。そのため、**SDGsのゴールやターゲットは、問題に変換することができます。** 例えば、SDGsゴール3は、「あらゆる年齢のすべての人々の健康的な生活を確保し、福祉を推進する」という目標です。これが目標になっているということは、逆に言えば、「世界中の多くの人々が健康的な生活を送れず、福祉を確保できていない」という問題があることを意味しています。

● **目標を課題に置き換える**

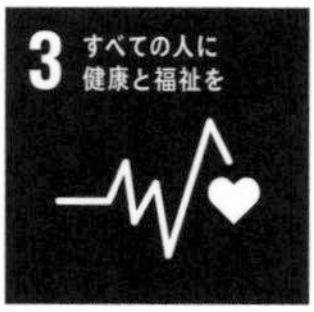

＜目標としての言葉＞

あらゆる年齢のすべての人々の健康的な生活を確保し、福祉を推進する

→

＜問題としての言葉＞

世界中の多くの人々が健康的な生活を送れず、福祉を確保できていない

問題そのものではなくその要因に取り組む

SDGsは17ゴール、169ターゲットもあるため、取り組みたいと考えるゴールやターゲットは比較的簡単に見つかるでしょう。しかし、世界規模のSDGsの中から関心のあるゴールやターゲットを特定し、問題の言葉に変換しても、自社が実際にできることを考えると、課題として大きすぎてしまう場合がほとんどです。一企業の活動で、SDGsに対して意味のある成果を生み出すには、コツがあります。それは、**SDGsが示す問題そのものではなく、その鍵となる要因を特定し、そこに自社の強みをぶつける**ことです。

鍵となる要因を見つける

例えば、日本を代表する食品会社の味の素は、SDGs成立以前から経営戦略の中で世界の人々の健康促進を目指しています。SDGsで言えば、先ほど問題としての言葉に言い換えたゴール3の「世界中の多くの人々が健康的な生活を送れず、福祉を確保できていない」という問題の解決に該当します。

そして、途上国での事業として、そのターゲットの一つである「予防可能な原因で多くの新生児および5歳未満児が死亡している」という要因に取り組んでいます。しかし、この段階ではまだ一企業が取り組む課題としては大きすぎるため、実際には、さらに分解して「予防可能な栄養摂取上の問題があり、特に離乳食に栄養が足りない」ことの解決に取り組んでいるのです。

子どもが生まれてから6カ月までの間、母乳を飲む時期と2歳以降に自分で食事をする時期では、栄養不足のリスクは低くなります。そこから、受動的に離乳食を与えられる6カ月から2歳の期間に、乳児の成長に必要な栄養素が不足しがちだということを発見しました。トウモロコシを粉にしておかゆのようにした伝統食ばかり食べていたためです。そこで、自社の強みであるアミノ酸技術を使って、離乳食に加えるタンパク質やビタミン類などを粉末にした栄養食品が開発されました。

この「離乳食に栄養が足りない」ということが、数ある要因の中で特に鍵となる要因であり、ビジネスで取り組むべき課題となります。もともとのSDGsゴール3の「世界中の多くの人々が健康的な生活を送れず、福祉を確保できていない」という問題は、出発点となるテーマでしかありません。

● 要因の中から「鍵となる要因」を見つけ出す

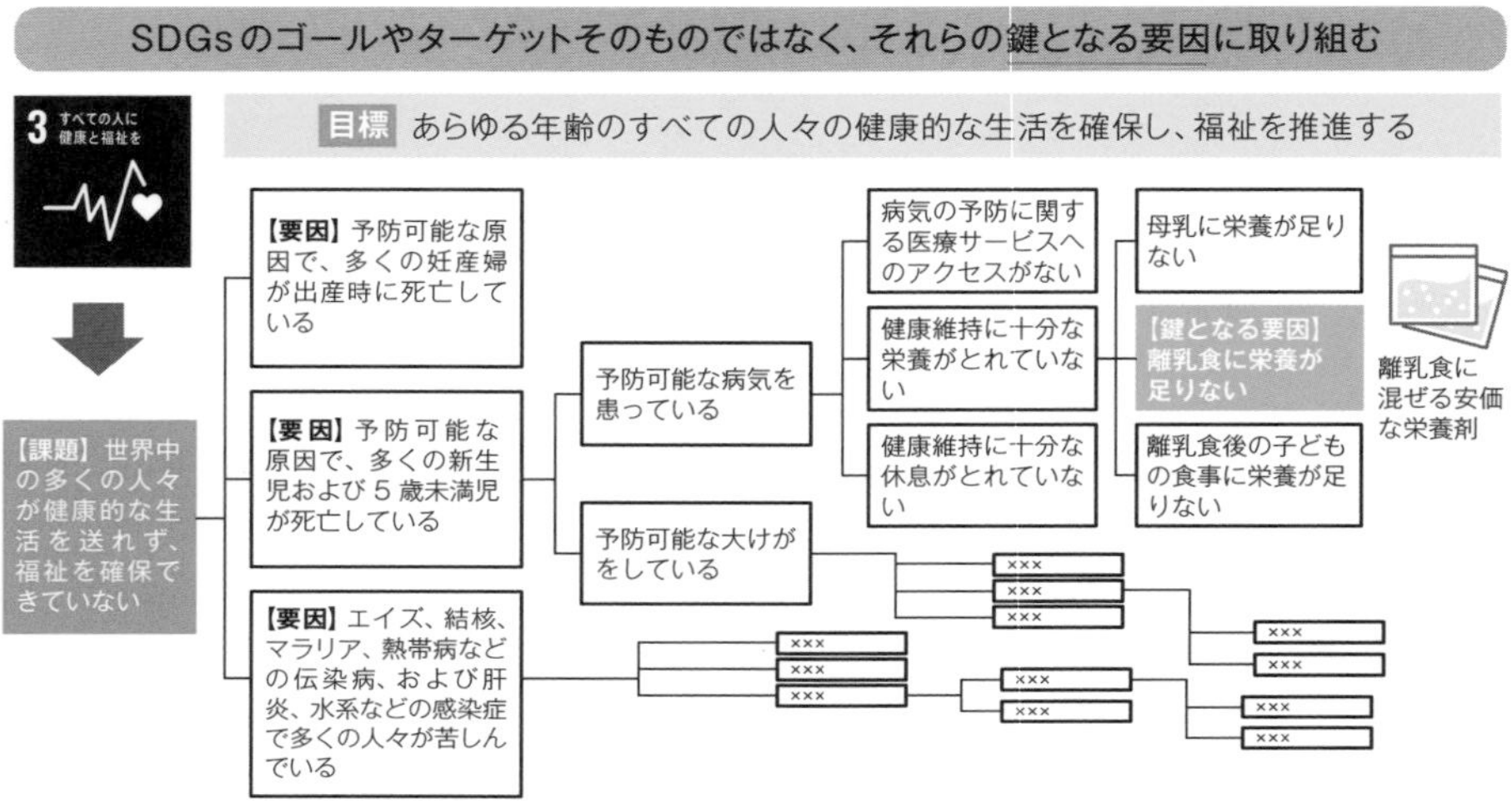

鍵となる要因の例

SDGsの鍵となる要因を的確にとらえ、そこに自社の強みをぶつけて社会課題を解決しているビジネスの例を三つ紹介します。

飲料メーカーのキリンは、先進国を中心とした人々の健康課題に対し、医療サービスの不備ではなく、「日常生活でのセルフケア不足」という要因を発見しました。そして、食品と医薬品の中間に位置する医と食をつなぐ事業を立ち上げ、プラズマ乳酸菌をはじめとした科学的根拠のある健康機能性素材という解決策を開発し、6.5億人に影響を及ぼす具体的な事業を展開しています。

消毒液を製造するサラヤは途上国の病院における感染症まん延という問題に対し、不衛生な環境ではなく、「医師や看護師の手にばい菌がついている」ことが鍵となる要因であると定義しました。そして、医療行為の前に消毒液をワンプッシュする習慣という解決策を提示し、消毒剤と衛生マニュアルを商品化しました。

住友化学は、マラリア感染という問題に対し、蚊帳の普及率の低さではなく、「既存の蚊帳の防虫性能の低さ」に目を付けました。そこで、工場の虫除けの網戸として使われていた技術を転用し、防虫剤が徐々に表面に染み出してくる蚊帳という解決策を考案し、80以上の国々に供給しています。

● 3社の「鍵となる要因」と解決策

名称	鍵となる要因の特定	解決策の提示	イメージ
医と食をつなぐ キリンホールディングス株式会社	**課題** 人々の健康 **特定した要因** 「医療体制の問題」 **→「セルフケア不足」**	●「食」領域（酒類事業、飲料事業）と「医」領域（医薬事業）の中間に「医と食をつなぐ」事業を立ち上げた ● プラズマ乳酸菌などをはじめとした科学的根拠のある「健康機能性素材」という解決策を開発	
病院で手の消毒100% サラヤ株式会社	**課題** 感染症のまん延 **特定した要因** 「手が汚れている」 **→「手にばい菌がついている」**	● 手を洗うという習慣をつけさせることは難しい中、「手間のかからない消毒」という解決策を提示 ● ウガンダにて現地生産の消毒剤と使用方法を含めた衛生マニュアルをセットで提供	
オリセットネット 住友化学株式会社	**課題** マラリア感染 **特定した要因** 「蚊帳の使用率の低さ」 **→「蚊帳の防虫性能の低さ」**	● 工場の虫除けの網戸として使われていた技術をもとに、防虫剤処理蚊帳「オリセットネット」を開発 ● WHO から世界初の長期残効型蚊帳として効果認定され、ユニセフを通じて、80 以上の国々に供給	

中小企業の例もたくさんあります。例えば、山形県でクリーンエネルギー事業を営む株式会社チェンジ・ザ・ワールドは、再生可能エネルギーが普及しない要因はコストの高さではなく、「使いたくても手軽に使えない利便性の悪さ」である点に目を付け最小単位の1ワットからスマートフォンで手軽に太陽光発電所のオーナーになれるサービスを展開しています。いつでも、どこでも、誰でも、簡単に再生可能エネルギーの普及に参画できるしくみをつくることで、クリーンな電力の普及と日本のエネルギー自給率向上に貢献しています。

社会課題に対して鍵となる要因を特定して製品・サービスを展開している事例は、積極的に広報を行っている大企業のものの方が多く見つけることができます。しかし、実際には発信をしていないだけで、小規模な市場の中で事業を営む中小企業の方が、**普段から大企業が気付かないような市場のニーズを把握しており、社会課題の鍵となる要因の特定をより多く行っている**のです。

鍵となる要因を特定できたら、それを自社の強みやリソースを使ってビジネスを通じた有効な解決策が出せそうかどうか考えてみてください。もし解決策が出せそうであれば、それがあなたの会社が解決すべき課題です。**ビジネスを通じた取り組みを行っていくことで、会社としてSDGsに取り組むことができます。**

Action 3

未来から解決すべき課題を逆算しよう

解決すべき課題を見つけるもう一つの方法

解決すべき課題を見つける方法は、SDGsが示す問題の鍵となる要因を特定する以外に、もう一つあります。それは、未来から逆算する方法です。すなわち、**SDGsが示す未来の世界を想像し、移行するための課題を特定することです。**

SDGsから考えはじめるため、スタート地点は同じです。Action 2の問題の特定という方法では、SDGsから「現在の世界で生じている問題」を導き出しました。一方、今度は、SDGsから「理想的な未来の世界のイメージ」を導き出します。そして、そこへ移行するため、あるいは移行を加速させるための課題を特定します。

●解決すべき課題を見つける二つの方法

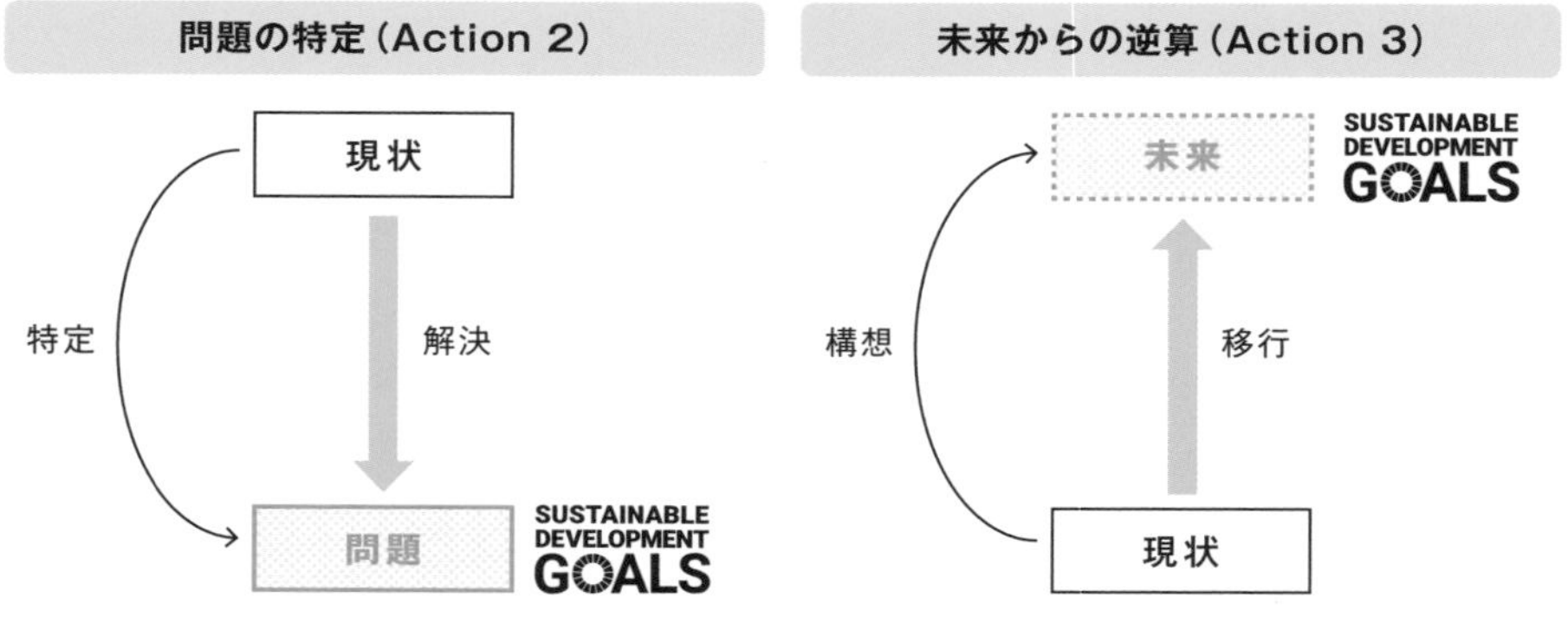

SDGsが達成された世界をイメージする

SDGsがつくりたい未来は、17ゴールの全てが達成された持続可能な世界です。原文の中には次のような構想が描かれています。17ゴール169ターゲットはこれらを達成するための要素という位置付けです。

● SDGsの原文に描かれた持続可能な社会の構想

① 全ての人が健康で豊かな人生を楽しむ自由な世界

② 全ての人が大切に扱われ、平等な機会が与えられる世界

③ 全ての人が持続可能な経済成長の中で働きがいのある仕事を持てる世界

あなたの会社にとって最も賛同できる未来とはどのようなものでしょうか？SDGsの描くこれらの中から特に共感するものを選んでもよいですし、そこから自身で連想してみるのも手です。まずはつくりたい世界をイメージしてみましょう。

移行に必要な変化を自分事として考える

SDGsからつくりたい未来が想像できたら、今度は、移行のためには具体的にどうなる必要があるかを考えていきます。例えば、ゴール1の「貧困がなくなる」ことは、現在貧しくて市場の取引に参加できない7億人が、全員お金を持って売買に参加することを意味します。そのうちの一定数はあなたの会社のお客さんになる可能性もあります。ほかにも銀行口座や携帯電話の利用者の数が増える、社会保障費の多くが不要になるなど、さまざまな変化が想定できます。もし、以下のようなことが現実になったらあなたの会社のビジネスにどう影響するでしょうか？

● 持続可能な世界のイメージ

ゴール	新たな世界のイメージ
1	7億人の新たな顧客登場
2	生き物を殺して食べない
3	健康寿命100年時代
4	優秀な人材が大量に余っている
5	企業の幹部の半数が女性
6	再生可能な水資源
7	100億人がインターネットに接続する
8	単純労働が消滅、週休3日制になる
9	公共事業にイノベーション

ゴール	新たな世界のイメージ
10	ベーシックインカム制
11	遠隔・在宅勤務が当たり前
12	サーキュラー&シェアリングエコノミー
13	再生可能エネルギー100%の電動社会
14	プラスチック製品が存在しない
15	天然資源は全て座礁資産になる
16	紛争国に大きな市場が登場
17	国を跨ぐコストやリスクが激減する

移行を実現・加速させるための課題を特定する

移行に必要な変化がイメージできたら、それを実現するためには、**何が課題になっているのかを特定**します。例えば、SDGsのゴール6、7、12、13、14、15で想定している世界とは、「クリーンに循環させることにより、資源とエネルギーが無限に使えるようになる世界」です。そのための課題は、まずなんといっても大量の化石燃料を使用し、CO_2排出をしている自動車の動力をどうするかが課題です。したがって、ガソリンを燃料とする自動車の販売禁止の方針が各国で進み、電気自動車の開発が急速に進んでいます。しかし、石油を燃やして発電する火力発電所からの電気で電気自動車を充電していたのでは意味がありません。そこで、再生可能エネルギーによる発電の普及が課題となります。これは欧州を中心に国際的な潮流になっています。

さらに、火力発電と違って発電場所が分散する再生可能エネルギーでは、小口の供給を束ねて大口の需要に提供するしくみが必要です。この点はブロックチェーンなどを使ったしくみづくりが民間で盛り上がってきています。それでも、石油精製の過程で採れるプラスチックを使った製品が使い続けられれば、石油精製の需要はなくならず、化石燃料の枯渇とCO_2排出は避けられません。そのため、プラスチック製品の使用削減やリサイクルの動きが世界全体で進んでいます。

このように、全体感を持ちつつ具体的に考えていくと、SDGsの示す未来への移行を実現させたり、加速させたりする課題はいくらでも見つけられます。その中で自社が取り組みたい課題や強みを生かせる領域を考えてみましょう。

移行に伴うチャンスとリスクを想定する

SDGsの目指す未来の世界への移行は、**あなたの会社が原動力になることで大きく進展させることができます。**一方で、あなたの会社の関与がなくても、SDGsの潮流とともに自然に進んでいきます。この移行に伴う変化はチャンスでもあり、リスクでもあります。

チャンスの面では、うまく波に乗れば、テスラ・モーターズ社のように一代で**急成長して大企業になり、富を引き寄せることも可能です。**同社の創業者であるイーロン・マスク氏は、気候変動やエネルギー分野の循環経済実現といった領域でどの企業よりも明確なビジョンを描き、先頭を走ることで、多くの投資資金とファンを引き付け、自社よりも30倍もの生産台数のあるトヨタ自動車と時価総額において逆転をかなえました。

一方で、それ以上に大きなリスクもあります。企業にとって地殻変動的な規模とスピードを持った市場変化のことは「革命」と呼ばれますが、SDGsの潮流は革命と呼ばれるレベルの市場変化を起こしています。この波を読み間違えると、安定していると思われていた大企業ですら、土台が簡単に傾いてしまいます。

2000年代の情報技術（IT）革命によりあらゆる企業のビジネスの根幹が変化したときにも、次の時代の変化を読めずに倒産した企業が多くあります。有名な例として、イーストマン・コダックが挙げられます。日本政府がはじめて公式文書の中で「IT革命」という用語を使った2000年に、世界のカラーフィルム需要はピークにありました。しかし、それからたったの10年間でほぼゼロに近い水準まで急落しました。

イーストマン・コダックは、フィルムカメラが淘汰され、ほとんどの人々がデジタルカメラでしか写真を撮らなくなるという未来の世界を描けず、フィルムにこだわり続けたため倒産してしまいました。一早くその変化に気付き、フィルム事業がピークを迎えているときに事業の多角化を進めた富士フイルムが今も好調であるのとは対照的です。現在は、スマートフォンの台頭により、デジタルカメラすら売上が大幅に減少しています。**変化の激しい現代において、自ら未来を予測して動くことは、企業が生き残るための必須条件と言えます。**

目の前にある売上を前提に、今やっている事業を続けるというのは、一見現実的で安全な選択のように思えます。しかし、未来の世界にいて誰からも求められない製品をつくり続け、そのための技術やリソースに投資をし続けるということにもなりかねないのです。

●ピークからたった10年でカラーフィルムの需要はほぼゼロに

2000年総需要を100とした場合の指数

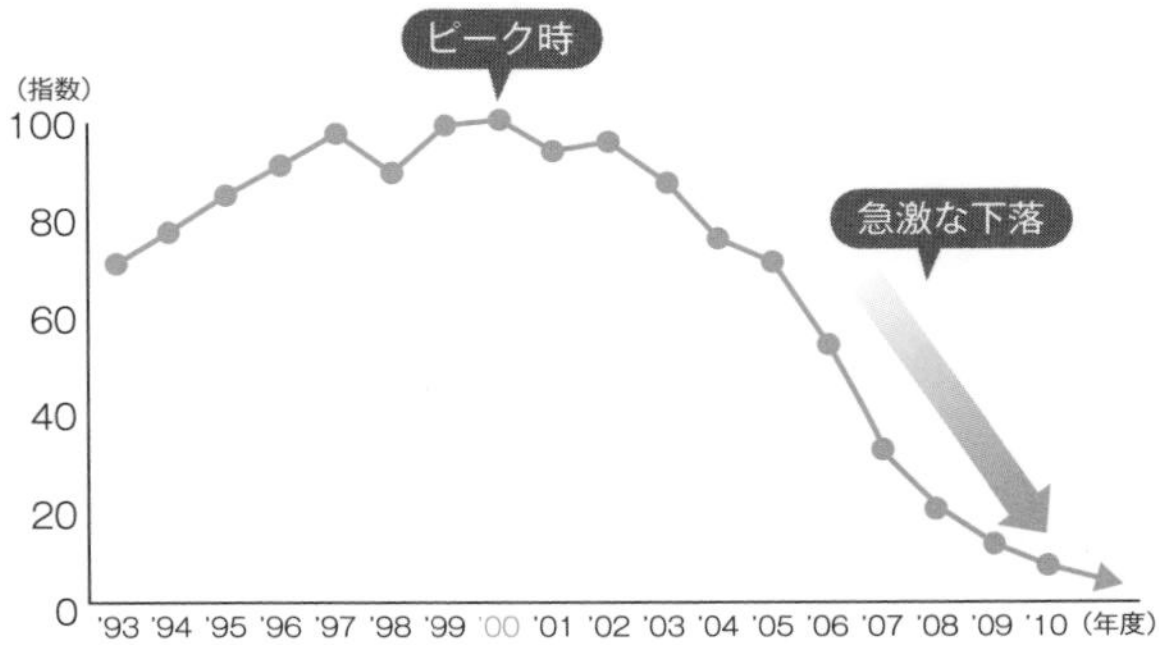

出所：富士フイルムホールディングス『INTEGRATED REPORT 2017』
https://ir.fujifilm.com/ja/investors/ir-materials/integrated-report/main/04/teaserItems1/01/linkList/0/link/ff_ir_2017_allj.pdf（2020年12月14日）

STEP2のチェックポイント

まとめ

会社の目指す方向性を決める

STEP 2では個人としてではなく、会社という法人がSDGsに取り組む第一歩として、目的と方向性を決める方法を解説しました。まずは既に取り組んでいることを探すことからはじめ、次に解決すべき課題の特定またはつくりたい未来の構想を通して、自社にとって取り組むべき課題を発見しましょう。

Action 1 既に取り組んでいることで感覚をつかもう

自社が行っているSDGsへの貢献行動を見つける

- 47ページの「自社で行っているかもしれないSDGsの取り組みの例」を参考にSDGsへの貢献となっている自社の活動を見つける

製品やサービスだけでなく、企業活動全体で考える

- 原材料・購買物流、製造、出荷物流、販売・マーケティングといった「生産活動」、販売後の買い手による製品の使用と廃棄、企業活動全体を支える全般管理、インフラ、人事・労務管理、技術活動、調達活動といった「支援活動」の全てを含めて考える
- 社会課題意識の高い取引先から地域貢献につながるサービスや環境性能の高い製品・設備の使用など、自社のビジネスを支えている取引先を含めて考える
- 現在取り組んでいる活動だけでなく、今取り組みつつある活動、将来的に計画されている活動まで視野を広げて考える

間接的な効果までイメージを広げる

- 一つのゴールに対する直接的な効果だけでなく、そのゴールがほかのゴールに与えている間接的な影響も含めて考える

Action 2 解決すべき問題を見つけよう

SDGsを問題の言葉に変換する

- SDGsは目標を表す言葉で書かれているため、問題を表す言葉に言い換える

問題ではなく、その要因に取り組む

- SDGsのゴールやターゲットではなく、それらの鍵となる要因に取り組む
- たくさんの要因の中から「鍵となる要因」を選び出す
- 鍵となる要因に対して、自社の持つ力や強みビジネスを通じた有効な解決策が出せそうか判断する

Action 3 未来から解決すべき課題を逆算しよう

SDGsが達成された世界をイメージする

- SDGsの示す未来像を参考に、「結局どんな世界が来るか」、あるいは「どんな世界をつくりたいか」を具体的に想像する
- 持続可能な世界を形成する具体的な要素を考え、それらが自社とビジネスに与える影響を考える

移行を実現させる・加速させるための課題を特定する

- 全体感を持ちつつ、具体的に考えることで、SDGsの示す未来への移行を実現させたり、加速させるたりする課題を見つける

移行に伴うチャンスとリスクを想定する

- SDGsの潮流が引き起こす変化が自社にとってのリスクなのか、チャンスなのかを判断し、対処を考える

Column

「SDGsウォッシュ」に気を付けよう

SDGsの単純なひも付けやラベル貼りは危ない!

SDGsがはじまる少し前、企業への環境規制が強まったころに、世間からの風あたりを回避するためだけに、環境に悪影響を与えている企業の多くが、実態とはかけはなれた環境イメージの誇張行為をしました。これは「Greenwashing（グリーンウォッシング）」と呼ばれ、世界中で厳しい批判にさらされました。今、同じことがSDGsでも起きています。SDGsに対して本質的な取り組みをしていないにもかかわらず、対外的なイメージだけを過剰に演出する行為は「SDGsウォッシュ」と呼ばれ、世間から冷ややかな目で見られています。その典型例は、SDGsの17ゴールのラベルを自社の既存の製品・サービスに貼り付け、本業で取り込むことなくSDGsとのつながりを対外的にアピールして終わる「SDGsラベル貼り活動」です。

SDGsウォッシュがダメな理由

SDGsにより企業を取り巻く市場環境は変化してきており、周囲からのあなたの会社の見られ方は変わってきています。そのため、「ウチの会社はSDGsをちゃんとやっていますよ！」とアピールするのは一見企業にとって理にかなった広報or活動のように思えなくもありません。しかし、SDGsウォッシュは社会と自社の双方にとって全く利益がありません。なぜダメなのか、その理由は次のとおりです。

①世界にも自社にも全く変化が起きない

自社の製品・サービスにSDGsのラベルを貼っただけなので、企業の活動には何の変化もありません。そのため、自社の製品・サービスをよく見せているだけで、社会に対しても顧客に対しても新しい価値は何も生み出していないのです。SDGsの達成や持続可能な世界を実現するための貢献に全くなっていません。

②変革と逆行する自己満足でしかない

SDGsは企業の自己変革を促すものですが、自社の製品・サービスにSDGsラベルを貼っていくという行為は、「現在うまくやっている」、「このままでよい」という自己満足的な雰囲気を社内に生み出し、変化とは逆方向へ向かう力となります。

③実は外部からの評価は上がっていない

そもそもSDGsウォッシュという言葉が一定程度認知されているということは、そうした行為は既に見透かされているということです。本業で取り組んでいない会社が製品・サービスにSDGsラベルを貼っても、消費者や株主の多くは信じません。会社の本質はすぐに見抜かれます。

最近は、SDGsやESG投資の領域で実態以上に市場から評価されている企業は規制を受けるようになりました。また、投資・格付け会社、非政府組織（NGO）、メディアなどが独自の基準でSDGsウォッシュ企業を洗い出して名指しで批判しています。上場企業の場合は、ヘッジファンドにより株が空売りされています。中小企業の場合もSDGsウォッシュを続けていると、お得意さまを含む外部のさまざまな関係者に対してこれまで築き上げてきた信用を失うリスクが高まっていきます。

STEP3

共通コストを減らそう

Action 1

社内のムダ、ムラ、ムリを減らそう

STEP 2で取り組む課題が決まったら、次は手をかけずにできる本質的なSDGsの取り組みを行いましょう。確実な方法は、SDGsに貢献する新しい活動をはじめるよりも、逆行する活動をやめてみることです。「具体的な取り組みが進まない」、「表面的な導入になっている」という悩みが解決できます。

Action 2

社外との取引を見直そう

Action 3

共通コストゼロを達成しよう

あなたの会社と社会の双方にとってのコストを削減する

最初の勢いで本格的な取り組みへ

会社としてSDGsをはじめ、取り組む課題を決めたら、いよいよ事業に導入していきます。しかし、事業を行うために、方針を決定し、計画をつくり、予算を確保し……、といった普通の進め方では動き出しに時間がかかります。

ほかに大事な仕事が入ると、「今やるべき仕事はそれではない」、「もっと大事なことがある」となってしまい、ここまでの勢いを失ってしまいがちです。スピード感を持って、一気に導入を進めていきましょう。

はじめるよりもやめる方が早い

SDGsの取り組みを効果的に進めるには、まず、小さくても「目に見える成果」を素早く見せることが重要です。「百聞は一見に如《し》かず」ということわざがあるように、人は成果を見れば気持ちが変わります。SDGsに取り組む意義を100回説くよりも、具体的な成果を1回見せる方が社内は盛り上がります。

そうは言っても、新しい事業をはじめたり、今の事業を変化させたりするのは簡単にできることではありません。最も簡単に早く成果を見せる方法は、新しいことをはじめるのではなく、今やっていることをやめることです。

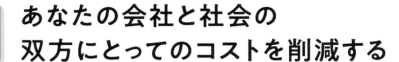

具体的には、**社会と自社の両方にとってのコストである「共通コスト」を減らす活動からはじめましょう。**

共通コスト削減は本業でのSDGsへの取り組み

共通コストとは、使われずに捨てられてしまう電気、水、資源、労働力など自社と社会の両方にとっての損失のことです。「うちの会社ではとっくにムダなコストは徹底的に削減している」と思うかもしれません。しかし、社会価値の視点で改めて考えてみると、実は多くの削減できていないコストを発見することができます。

例えば、2020年7月にお菓子会社のブルボンと亀田製菓に対し、高校生の消費者が1万人以上の署名を集めて「プラスチックの過剰包装を止めてほしい」と要望したことが話題になりました。対象となった商品は、外箱の中にプラスチックトレーがあり、さらに個々のお菓子が包装されていました。こうした包装は、企業からすれば、商品の安全や清潔、品質を保つための消費者向けのサービスです。しかし、過剰包装だと感じる消費者にとってはサービスになっておらず、ファンを減らしてしまっていたのです。

消費者の価値観が変わっていく中、今まで当たり前だと思われていたことが知らない間に企業と社会にとっての共通コストとなっている場合があります。過剰包装のほかにも、**今まで製品やサービスの価値を高めると認識されてきたものの中に、今では共通コストになってしまっているものが数多くあります。**

コスト削減は利益の向上に直結することであり、CSRやチャリティー活動などとは異なる本業でのSDGsへの取り組みになります。本章では、共通コスト削減の具体的な方法として、「社内のムダ、ムラ、ムリの削減」、「社外との取引の見直し」、「共通コストゼロへの取り組み」について解説していきます。

Action 1

社内のムダ、ムラ、ムリを減らそう

ダラリの法則を使う

社内の共通コストを探すには、**「ダラリ」の法則**を使うとよいでしょう。これは、「ムダ」、「ムラ」、「ムリ」の語尾をとった言葉です。**ムダとは、目指す成果（アウトプット）に対して資源の投入（インプット）が過剰な状態**のことです。例えば、「1人でできる仕事を3人でやっている」、「アルバイトのできる仕事を店長が担当している」、「あまり発生しない作業を高額な設備投資で自動化している」などです。これらは、生産のための資源がムダ遣いされている状態です。

ムリとは、その逆で、求める成果に対して投入が足りていない状態です。「3人いないとできない仕事を1人でやっている」、「店長がやるべき仕事をアルバイトが担当している」、「自動化すべき膨大な量の仕事を手作業でやっている」などです。どこかに負荷が蓄積しており、いずれ限界を超えて破たんする恐れがあります。そして、**ムラとは、ムリとムダの両方が混在している状態**です。

社内のダラリを見つける

社内を改めて見回してみると、ダラリであふれていることがわかります。これを放置しておくことは、会社にとって払わなくていいお金を払い続けることを意味します。そして、それらの多くは、電力、廃棄物、CO_2、低い生産性など、社会にとっても本来負わなくてよい負荷、つまり共通コストです。

会社で取り組む場合には、自分の身の回りだけでなく、会社全体の仕事の流れを見直してみることが必要です。具体的には、48ページで示したような原材料・購買物流、製造、出荷物流、販売・マーケティング、サービスといった主要な活動のほか、全般管理・インフラ、人事・労務管理、技術活動、調達活動などです。

①資源が過剰な「ムダ」

具体的な「ムダ」の例には、「製品をつくりすぎて捨てている」、「原材料や部品を仕入れすぎている」、「人を採用しすぎて時間を持て余している」、「在庫を抱えすぎて余計な保管コストがかかっている」、「余計な手を加えて過剰に品質を高めている」、「些細《ささい》なミスが多く手戻りや不良品が多く発生している」などがあります。

②投入が足りない「ムリ」

具体的な「ムリ」の例には、「今いる人材や使える時間では不可能な品質を求められている」、「生産コストに対して価格設定が安すぎる」、「求められている仕様に対して非現実的な納期を設定している」、「本来あるべき仕事の工程を飛ばしている」、「業務に対して対応する人の能力や数が足りていない」などがあります。

③ムダとムリが混在している「ムラ」

具体的な「ムラ」の例には、「会社の活動の中のある特定の時間帯、場所、工程などで、ヒト、モノ、カネなど経営資源の調整がうまくいかず、ある面では投入が多すぎて（あるいは目指す成果が小さすぎて）ムダが発生し、別の面では投入が少なすぎて（あるいは成果が大きすぎて）ムリが発生している」状況があります。

● 共通コストを探せる「ダラリの法則」

成果に対して投入が過剰　｜　ムダとムリが混在　｜　投入に対して成果が過剰

ダラリを見つける方法

①視点の切り替え

ダラリを見つける具体的なテクニックを三つ紹介します。一つ目は**「視点の切り替え」**です。一番簡単なのは、**「なぜ？」を5回繰り返す方法です。**例えば、とても時間のかかっている仕事があったとします。まず、「なぜこんなに時間がかかるのか？」と考えます。その答えが「作業が複雑だから」であった場合、「なぜ作業は複雑なのか？」→「人によってやり方が違うから」→「なぜ人によってやり方が違うのか？」といった具合に掘り下げていきます。この手法の生みの親であるトヨタ自動車では、「なぜこの生産ラインではトラブルが多いのか？」という問いからはじまり、この「なぜなぜ分析」を繰り返した結果、「この生産ラインそのものが必要ない」という結論に至ったこともあったそうです。

また、**極端な例を考えてみる方法**も有効です。先ほどの例では、「もし作業員が1万人いて、全員が人によって違うやり方をしていたらどうなるか？」と考えると1人2人であれば小さすぎて気付かないようなムダを、虫眼鏡を使ったかのように大きく見ることができ、そのムダが引き起こしている問題の広がりやその解決策のヒントを得ることができます。

さらに、ダラリが発生していそうな仕事のプロセスや作業工程などを、**図や絵で表現してみる方法**も有効です。視覚的に表現することで、文章表現からは見えない時間と空間の広がり、順序、属性などが見えてきます。

②壁打ち

二つ目は、**「壁打ち」**です。壁打ちとは、テニスなどで壁を相手にボールを打ち続ける練習法です。壁打ちをはじめるには、まず、ダラリが発生していそうな仕事の基礎情報を見ます。深く知りすぎてしまうと当たり前のことしか思いつかなくなるので、ざっと見ることがコツです。そこで思いついた**ダラリの仮説を経験や視点の異なる人にぶつけ、その反応からひらめいた新しい発見や理解で考えを深めます。**

また、ダラリが発生している**現場に直接行ってみましょう。**たいていの場合、想像していただけのときとは全く異なる視界が開けます。また、同じ現場でも、仕事の時期や1日の中の時間帯などを変えると、また違った面が見えてきます。

③ブレインストーミング

三つ目は、**「ブレインストーミング（ブレスト）」**で直接ダラリを出す方法です。ブレストの最大のポイントは、とにかくたくさんのアイデアを出すことです。アイデアの量が多いほど、ひらめきが偶然生まれる可能性が高まり、連想や掛け合わせで素晴らしいアイデアを発見できるからです。

たくさんアイデアを出すコツは、アイデアを出すときと評価するときを分けることです。アイデアを出したときにそれの評価をしてはいけません。恥ずかしいようなアイデアでも歓迎されるという雰囲気が、出てくるアイデアの量を増やし、斬新なアイデアが生まれる土台になります。これは、1人で行うときも、複数人で行うときも同様です。

● **アイデアを出す三つの方法**

1　視点の切り替え	2　壁打ち	3　ブレスト
● なぜ？　を５回繰り返す ● 極端な例を考える ● 絵に描く	● 基本情報をざっと見る ● 人に相談する ● 現場に触れる	● 質よりも量を出す ● アイデア出しと評価を別々に行う

ダラリを減らす

ダラリを見つけたら、それらの削減に取り組みます。**当初は一斉に見つけて一斉に削減に取り組むことになります。しかし、最終的には日ごと、工程ごと、担当者ごとのように、日常的にダラリを発見して減らすことが現場の人々の当たり前の作業として行われるようになることが理想です。**

よくあるダラリの対処策には、「価格や品質の設定を見直す」、「業務時間や内容を見直す」、「社内コミュニケーションを活性化する」、「紙の印刷をやめる」、「ムダな会議をやめる」、「昼休みは消灯する」、「冷暖房の温度を下げる」、「ゴミはリサイクルして現金化する」、「在庫管理を効率化する」などがあります。

Action 2

社外との取引を見直そう

取引先を切り替える

発見した共通コストは外部業者への発注などが関係しており、社内の取り組みだけでは減らせないことや削れないことも多くあります。そのため、**社内の取り組みの次は、社外との取引を見直すことで共通コストを減らしていきます。**

取引先を切り替えることは、社内の決裁や予算確保のような組織決定が必要な分だけ手間と時間はかかります。一方で、**削減できる共通コストの規模が大きく、効果が長期的に得られる**という利点があります。

今の取引先をどの会社に切り替えれば共通コスト削減につながるのかは状況によって異なるため、自社の状況を考えて決めることになります。ここでは、使用するものの切り替えにより共通コストを削減する方法と、そうした製品やサービスを提供している企業について、いくつかの例を紹介します。

オフィスで使うものを「エシカル消費」で購入する

社会課題の解決やそれに取り組む企業を応援するという意志を持って商品を選び、買い物をすることを「エシカル消費」と言います。会社としての調達をエシカル消費に切り替えていくことは共通コスト削減の有効な方法です。

しかし、自社でそうした商品を選ぶのは難しく、面倒くさいとも感じるでしょう。そんな個人や会社のために、楽天や博報堂などが設立したEARTH MALL with Rakutenでは、エシカル消費が対象とするような商品だけをインターネット上で買うことができます。ここではSDGsの環境、社会、経済の三つの側面に貢献する認証付きの製品やサービスを扱っており、誰でも手軽に購入できます。オフィスで普段使う文具、事務用品、雑貨、食品などが購入できます。また、スーパーのイオンでは店頭でエシカル消費ができるような商品の取り扱いを増やしています。

会社で使う電気を再生可能エネルギーに切り替える

ソニーやアップルのようにCO_2排出ゼロに取り組む大企業は増えてきました。その際、省エネだけではCO_2排出をゼロにはできないため、太陽光パネルや風力発電設備の設置など再生可能エネルギーの導入が不可欠です。

しかし、自社でそうした設備を導入するのはコストがかかり、電気代の削減量を考えても採算が合いません。そんなとき、設備投資ゼロで普段使っている電力を再生可能エネルギーに切り替える方法があります。デジタルグリッドやみんな電力では、需要家と発電家の双方が自由に電力取引を行えるオンラインのプラットフォームを提供しています。ここでの取引に参加することにより、設備投資なしで再生可能エネルギーで発電された電力を自社で使うことができます。

出張の宿泊を「LOHAS」にする

ビジネスホテルのスーパーホテルは、「LOHAS」を推進しています。LOHASとは、「Lifestyles Of Health And Sustainability（健康で持続可能な生活様式）」の頭文字をとった略語で、人々の健康と地球環境に対する意識の高いライフスタイルを意味します。1990年代後半に生まれた、消費者の社会課題意識の高まりを受けたマーケティングの概念です。スーパーホテルで宿泊すると、健康面では、素材や産地にこだわった「健康朝食」や健康科学の研究から生まれた「ぐっすり睡眠」を体験できます。また、地球環境面では、シーツやタオル交換不要の自己申請やCO_2削減の工夫が取り込まれた「エコ泊」を体験できます。

廃棄物をリサイクルする

棄物処理とリユースの事業を営むナカダイは、循環を前提とした社会の構築を目指し、不要になった金属やプラスチックの廃棄物の処理や買取を行っています。誰かが不要と判断した「モノ」の使い方を創造し、捨て方をデザインする、「リマーケティングビジネス」を提唱しており、リユース（そのまま使う）、リペア（修理して使う）、リファービッシュ（組み合わせて使う）、リサイクル（別の用途で使う）といったさまざまな手法で廃棄物を最小化することができます。

取引先の取り組みを支援する

取引先を切り替えるのではなく、取引先の共通コスト削減に協力することも共通コストを大きく減らす方法です。もし、あなたの会社が70ページで紹介したような他社の共通コストを減らす製品やサービスを扱っている企業であれば、自社の商品を使ってもらうこと自体が他社の共通コスト削減への貢献となります。

また、自社の共通コスト削減に関する優れた手法や経験を共有することで、他社の取り組みを促進することもできます。例えばコニカミノルタは企業活動によるCO_2排出をマイナスにすることを目指しています。その方法は、自社のCO_2排出を限界まで減らし、あとはその省エネ手法をデータベース化し取引先と共有することです。小さな会社では、こうした共通コストの削減手法に関する情報を収集することと、それらを活用した結果を他社に共有していくことで、社会全体の共通コスト削減に貢献することができます。

地域や業界の取り組みを促進する

取引先を巻き込んだ共通コスト削減は、自社の所属する業界全体まで広げていくことができます。例えば、2015年にトヨタ自動車は車の環境負荷ゼロによる持続可能な社会実現への貢献を目指す「トヨタ環境チャレンジ2050」という長期ビジョンを掲げました。車は約3万個の部品の集合体であり、自動車メーカーの主な仕事は組み立てです。そのため、このチャレンジを本気で推進するには、組み立てだけでなく、部品や素材の調達を見直す必要があります。

そこで、トヨタは取引先の選定基準を見直し、取引先にもSDGsやサステナビリティの取り組みを求めるようになりました。その取引先は、その基準に対応するため、その先の取引先に同様の要求をするようになり、連鎖が続いていきます。トヨタグループだけで、直接的に影響を受ける下請け企業は4万社近くあり、多くの中小企業が関わっています。トヨタ一社の取り組みが非常にたくさんの会社に影響を与えます。さらに、こうした動きは自動車以外の産業にも大きく広がっています。

小さな会社の場合は、トヨタ自動車のように地域や業界全体の共通コスト削減の発信源となるのではなく、協力者となることが重要です。例えば、コニカミノルタの共有する省エネ情報やトヨタの示す環境基準を活用し、自社の取り組みを優良事

● トヨタ環境チャレンジ2050

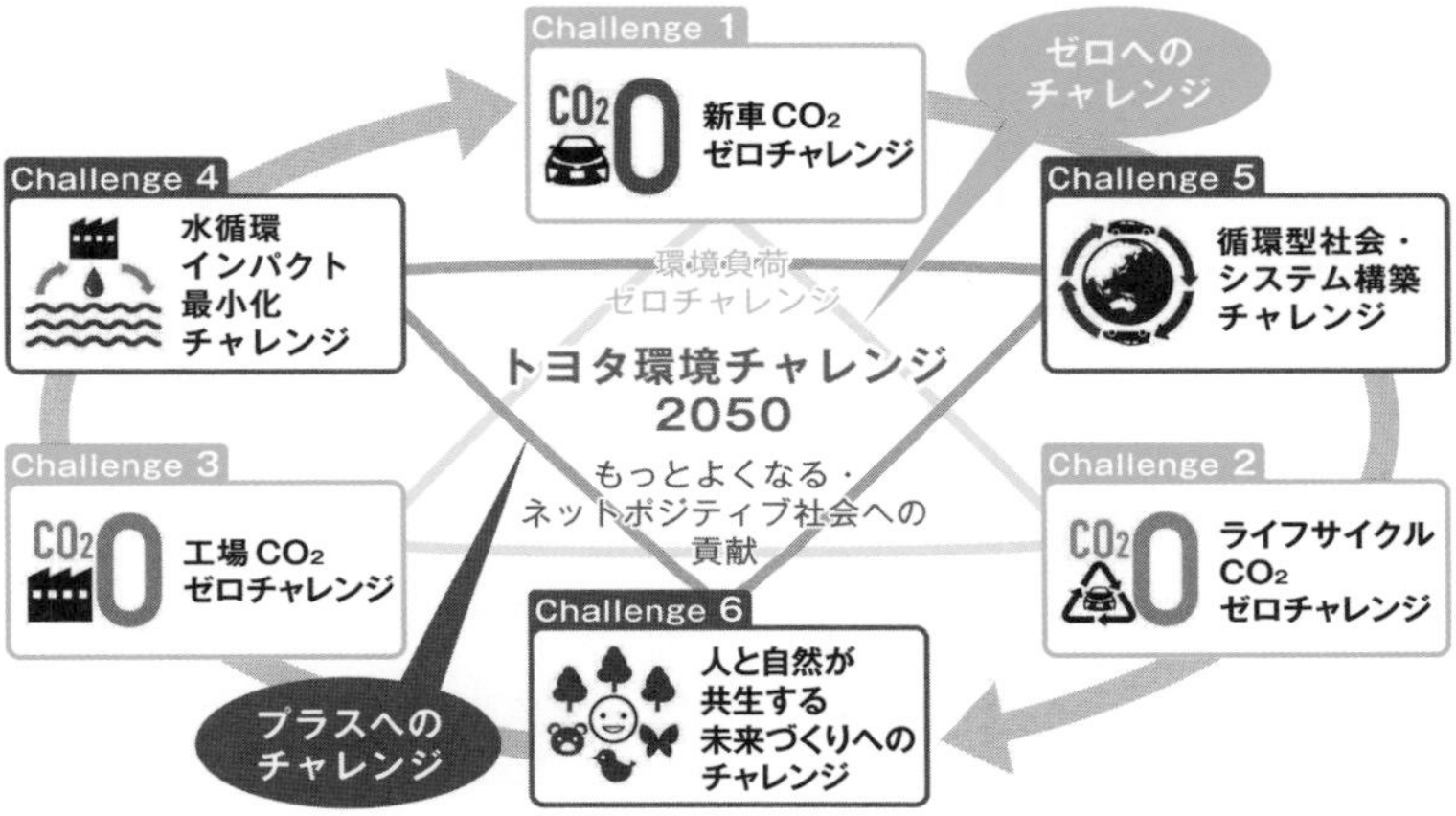

出所：トヨタ自動車東日本『トヨタ自動車東日本 グリーン調達ガイドライン』
https://www.toyota-ej.co.jp/images/activities/Green_Supply_Guideline_201609.pdf（2020年12月14日）

例として発信することで、地域や業界の変化を促進することができます。

地域や業界に対して問題提起をする

共通コスト削減の独自の取り組みにより、地域や業界に問題提起を行うこともできます。例えば、大川印刷が「環境印刷」を掲げたことは、それまで環境負荷の高い紙やインキを使うことが当たり前と見なされていた印刷業界全体に共通コスト削減の問題提起を行ったことを意味します。そして、昨今のSDGsの潮流を背景に、**環境意識の高い企業が取引先を切り替える動きが出てくると、他社も環境印刷に取り組むようになり、業界全体の標準を変えることにつながります。**

また、突出して優れた技術を持っている場合は、問題提起はより容易になります。例えば、科学技術振興機構の「STI for SDGsアワード」の優秀賞を受賞したアイ・コンポロジーは、海水中でも分解される海洋生分解性バイオマス複合プラスチック材料の開発に取り組んでいます。海に流入し続けるプラスチックゴミの量は2050年に魚の量を超えると言われており、SDGsの中でも最重要課題の一つです。**こうした地球規模課題の革新的な解決策の提案は、発信元が小さな会社であっても世界中の企業や人々に対して影響を与えることができます。**

Action 3

共通コストゼロを達成しよう

共通コスト削減のゴールを設定する

共通コストを減らしていくと、目に見える成果が生まれ、SDGs実践の効果を感じられるようになります。しかし、いつまでも「共通コストを減らしていこう！」という終わりのない目標を掲げ続けていると、次第に社内のやる気は失われていきます。**共通コスト削減の努力を継続させるには、わかりやすいゴールを示しましょう。**具体的には、最も得意な方法で、共通コストをゼロまで削減します。どの共通コストを選ぶべきかは会社によって異なります。ここでは、いくつかの事例について紹介するので、参考にしてください。

CO_2排出をゼロにする

経産省関東経済産業局の「本業を通じてSDGsに取り組む中小企業の先進事例」に選ばれたカルネコは、自社のCO_2排出の発生量を、植林・森林保護・クリーンエネルギー事業による削減量と相殺することでゼロにする「カーボン・オフセット」を達成しました。さらに、使用エネルギー自体でのCO_2排出ゼロを目指し、自社工場を再生可能エネルギー比率の高い電力に切り替えました。

企業によるCO_2排出をゼロにするという取り組みは、世界でも急速に進んでおり、RE100（Renewable Energy 100%）という枠組みが立ち上がっています。RE100は、企業が事業で用いる電力の100%再生可能エネルギー化を目指すものです。アップルがiPhoneの製造や販売を全て再生可能エネルギー化したことで有名ですが、日本からもワタミ、丸井、富士フイルム、第一生命、楽天、住友林業など多くの企業が参加しています。カルネコや大川印刷のように中小企業でもRE100を目指す動きがあります。Action 2で紹介したデジタルグリッドやみんな電力を使えばどんな業種の中小企業も無理なく取り組むことが可能です。

ゴミ排出をゼロにする

ゴミの発生は典型的な共通コストであり、あらゆる会社が取り組めます。資料印刷の最小化やパソコン画面の利用などによるペーパーレス化は多くの企業が既に取り組んでいますが、各会社の事業に特有のゴミをゼロにすることも可能です。

アート引越センターは、SDGsの達成年である2030年までのゴミゼロ引っ越しの達成を目指しています。使い捨て段ボールではなく、「エコ楽ボックス」という繰り返し利用可能なケースを利用し、食器、シューズケース、テレビケース、照明ケース、ハンガーケースなどの梱包を行っています。これまで消耗品と見なされてきたものを工夫によりなくすことができないか考えてみてください。

有害物の使用をゼロにする

大阪府泉佐野市で親子3代タオル製造を続けてきたスマイリーアースは、原料に遺伝子組み換えゼロのウガンダ産オーガニック・コットンを使用し、製造工程において化学薬剤ゼロおよび化石エネルギーゼロを実現した「真面綿《まじめん》」というブランドのタオルを販売しています。STI for SDGsアワード優秀賞や生物多様性アクション大賞優秀賞などを受賞しており、中小企業の共通コスト削減の取り組みの優良事例です。自社の製品やサービスに有害物が使われていないか、別のもので代替することでゼロにできないかを考えてみるとよいでしょう。

ムダな労働時間をゼロにする

味の素は業務効率化の徹底により、社員1人の時間あたり売上高を15％増加させながら、社員の年間平均の労働時間を、1カ月分以上削減しました。労働時間の45％が移動と会議に費やされていた営業部門を中心に抜本的な見直しを行いました。現場の対応が必須と言われた工場業務では、報告書作成や生産計画立案といった事務作業を遠隔でこなせるようにしました。製造ラインでは3交代のシフト体制を見直し、夕方シフトを監視業務のみにして無人化を進めました。生産力と関係のないムダな労働時間は共通コストです。人数が少ない中小企業では、目が行き届きやすく、ムダな労働時間の削減は大企業よりもきめ細かく行うことができます。

循環経済の形成に貢献する

共通コストをゼロにするには、最終的には自社に関係のある共通コストを減らしていく狭い視点だけでなく、**「社会全体で資源を循環させる」という広い視点を持つことが重要です。**これを**「循環経済（サーキュラー・エコノミー）」**と言います。循環経済の実現のためには、従来の資源→素材→部品→組み立て→製品化→利用→廃棄という一直線の資源利用の流れを、3R（Reduce・削減、Reuse・再利用、Recycle・リサイクル）の組み合わせにより循環させるしくみへと変える必要があります。

●循環経済（サーキュラー・エコノミー）のイメージ

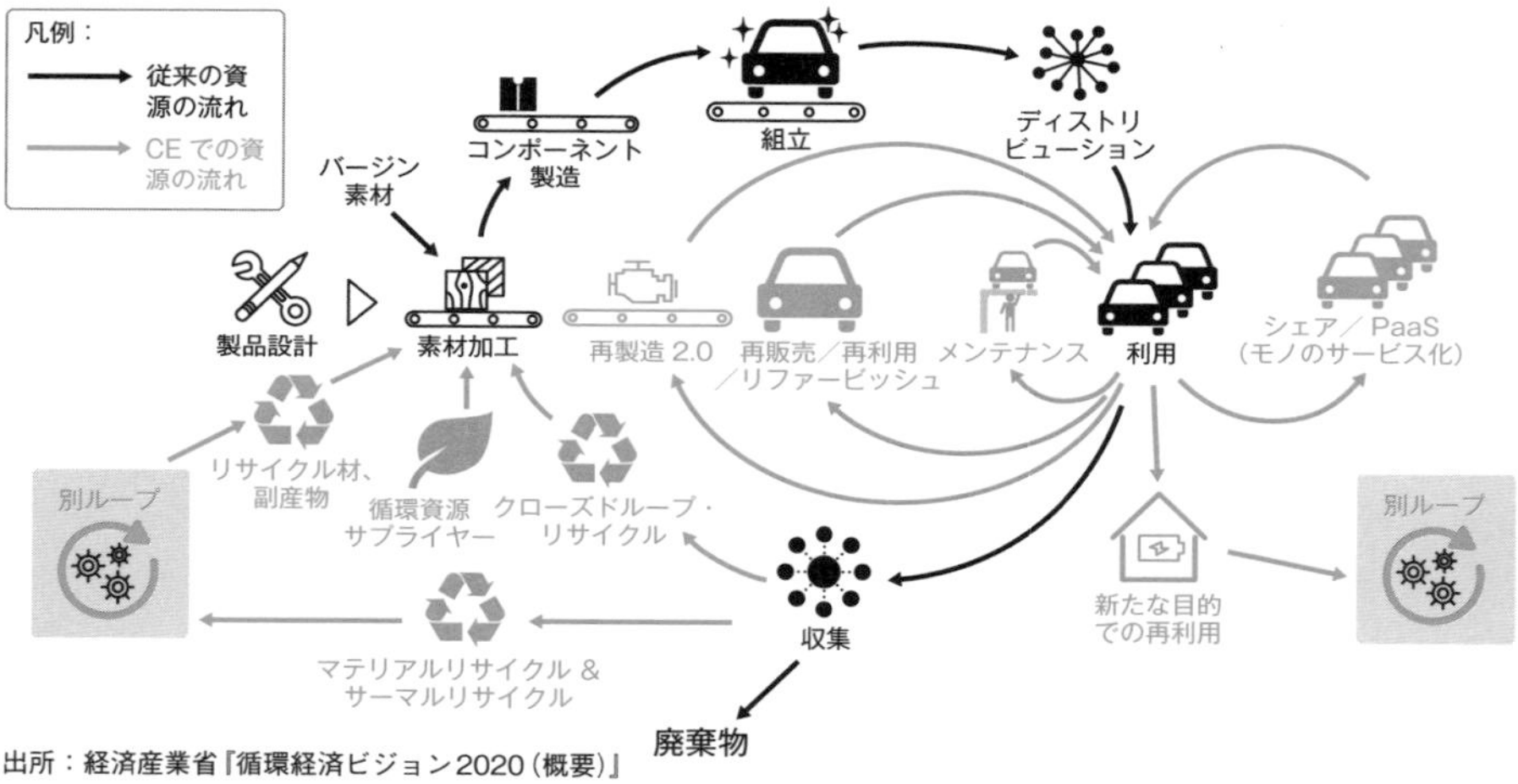

出所：経済産業省『循環経済ビジョン2020（概要）』
https://www.meti.go.jp/press/2020/05/20200522004/20200522004-1.pdf（2020年12月14日）

中小企業で3Rに関わりのある会社はたくさんあります。間接的に何らかの形では、ほぼ全ての企業が関わっていると言ってもよいでしょう。小さな会社の持つ3Rの要素は全て循環経済の実現に向けた取り組みと表現することができます。ここでは、いくつかの中小企業の例を紹介します。例にあるような、事業が3Rと密接に結び付いている企業でなくても、自社の製品・サービスや事業活動を通して3Rを推進することで、循環経済の実現に貢献できないか考えてみましょう。

① Reduce・削減

ゴミの削減と言うと、「そもそも要らなかったもの」に注目しがちですが、「必要だったが、十分に使い切られることなく捨てられるもの」にも目を向ける必要があります。福岡県久留米市の東洋硬化は、硬質クロムめっきによる表面処理技術により、中古の金属製品を新品以上の性能と耐久性に戻すという事業を行っています。掘削機のシャフトなど、少しのへこみで機械全体の機能に支障をきたす部品が傷ついた場合に、丸ごと交換するのではなく、1ミリ以下の薄い表面処理のみで対処します。硬質クロムは硬度が極めて高く、鉄製の部品などは新品のときよりも性能や耐久性が上がった状態になります。これを東洋硬化では四つ目のRとして「Revival（再生）」と呼び、ものの寿命という概念を覆す活動を行っています。

② Reuse・再利用

日本の地方から世界の循環経済の形成に取り組んでいる石川県の会宝産業は、日本の中小企業として初めて国連開発計画（UNDP）のビジネス行動要請に認定されました。新品の部品を組み立てて完成車をつくり上げる「動脈産業」に対して、中古車を解体して再び使える中古部品を取り出す「静脈産業」として、車両仕入れから解体・部品管理・販売までを一元管理できるネットワークシステムを構築し、自動車リサイクル業者全体に公開しています。また、中古自動車部品規格基準の設置や中南米やアフリカ諸国にリサイクル工場、技術研修センターを設立を通してそのしくみを海外へと広げています。

③ Recycle・リサイクル

消費者庁によると、日本では、現在、年間2,550万トンの食品廃棄物などが発生しています。このうち、まだ食べられるのに廃棄される食品、いわゆる「食品ロス」は612万トンあります。ジャパンSDGsアワード最優秀賞を受賞した日本フードエコロジーセンターでは、食品廃棄物からリキッド・エコフィードという発酵肥料を製造し、捨てられる食品を新たな食品に循環させることに取り組んでいます。毎日、約35トンの食品循環資源から、約42トンの飼料をつくり、契約養豚事業者に提供しています。食品ロスの回収と飼料の提供の両方で収益を得ることでこのしくみを持続可能なビジネスとして成立させています。

STEP3のチェックポイント

まとめ

今あるムダをなくしてSDGsに貢献する

会社としてSDGsに取り組む際は、新しいことをはじめるよりも、今やっているムダなことをやめることから手を付けましょう。まずは社内のダラリを見つけて対処し、次に社外との取引やつながりを見直すことで共通コストを削減できます。そして、循環経済の実現を目指して、最も得意な分野で共通コストゼロを目指します。

Action 1 社内のムダ、ムラ、ムリを減らそう

社内のダラリを見つける

- ムダとは、目指す成果（アウトプット）に対して資源の投入（インプット）が過剰な状態。ムリとは、その逆で、求める成果に対して投入が足りていない状態。ムラとは、ムリとムダが混じっている状態のこと
- 会社全体の視点を持ちながら、普段の仕事の中での電力、廃棄物、CO_2、低い生産性などのダラリを見つける
- ダラリでは、原材料・購買物流、出荷製造、物流、販売・マーケティング、サービスといった主要な活動のほか、全般管理・インフラ、人事・労務管理、技術活動、調達活動など、それぞれの工程を見直す
- 「視点の切り替え（「なぜ？」を5回繰り返す、極端な例を考える、図や絵に描く）」、「壁打ち（基本情報をざっと見る、人に相談する、現場に触れる）」、「ブレスト（量より質を重視、アイデア出しと評価を別々に行う）」

ダラリを削減する

- 最初は一斉に見つけて一気に減らす

- 長期的には、日ごと、工程ごと、担当者ごとにダラリを発見して減らすことが、現場の人々によって自然と行われるようにする

Action 2 社外との取引を見直そう

取引先を切り替える

- 社内の取り組みだけでは減らせない共通コストは、社外との取引を見直す
- 具体的には、オフィスで使うものを「エシカル消費」で購入する、会社で使う電気を再生可能エネルギーに切り替える、出張の宿泊を「LOHAS」にする、環境印刷で資料をつくるなど

取引先の取り組みを支援する

- 他社の共通コストを減らす製品やサービスを広める
- 自社の共通コスト削減の優れた手法や経験を社外と共有する

地域や業界の取り組みを促進する

- 業界全体や大企業のSDGsやサステナビリティのイニシアチブに協力する
- 所属する地域や業界に対して、具体的な事例を示して問題提起をする

Action 3 共通コストゼロを達成しよう

共通コスト削減に「ゴール」を設定する

- CO_2、ゴミ、有害物、残業など、自社の得意分野を選び、その中で共通コストゼロを目指す

循環経済の形成に貢献する

- 自社に関係のある共通コストを減らしていく狭い視点だけでなく、「社会全体で資源を循環させる」という広い視点を持つ
- 循環経済の実現を目指し、3R（Reduce・削減、Reuse・再利用、Recycle・リサイクル）を促進する

Column

知らない間に資産の価値がなくなっている!?～座礁資産の恐ろしさ～

座礁資産とは何か?

持続可能な社会の実現に向けた変化の中で、従来価値だと思われていたものが単なるコストになっているという例は、製品・サービスや活動だけではありません。あなたの会社の持つ資産も、気が付くと価値を失っている可能性があります。市場や社会の環境変化により価値がなくなる、あるいは大きく低下する資産のことを、「座礁資産(Stranded Asset)」と言います。イギリスの金融シンクタンクであるカーボントラッカーが2011年に提唱した概念で、座礁の原因は「規制の変化」、「経済性の変化」、「物理的な問題の発生」の3種類があるとされています。

SDGsを中心とした持続可能な社会の実現に向けた世界の変化の中で、座礁資産は増えてきています。例えば、石油、石炭、天然ガスなどの化石燃料資産は、発電所や自動車などの動力として現在地中に埋蔵されている全ての量を燃やし尽くしてしまうと、発生したCO_2の量が地球の許容量を超えてしまいます。そのため、どこかの時点で「存在はするけれど使えない資産」になってしまいます。

地球が限界に至ってから資産を使えなくしても意味がないため、こうした資産の価値を低下させようという規制の動きは欧州を中心に大きく広がっています。19ページや56ページに出てきた欧米でのガソリン車の販売禁止の動きが世界中に広がれば、ガソリン車を製造するために研究開発を続けてきた日本の自動車メーカーや、それに連なる自動車産業の持つ資産の多くが座礁資産となり、深刻な影響を受ける可能性があります。大企業だけの問題ではなく、日本の自動車産業は末端の下請けのほとんどは中小企業です。また、雇用や取引を通して間接的に影響を受ける企業や個人は小さな会社も含めて莫大な数になります。座礁資産の問題は、小さな会社にとっても他人事ではなく、知っておくべき重大な問題なのです。

国際的な投資市場においては、座礁資産は将来的に回収が難しいと見なされ、ロックフェラー財団やノルウェーの年金基金などの大規模な機関投資家を中心に、座礁資産そのものへの投資だけでなく、それに関係する企業への資金を引き揚げる動きが広がっています。投資家が社会や環境に悪影響を与える既存の投資先から資金を引き揚げ、SDGsなどの社会課題に取り組む企業や社会価値の高い企業へ付け替える投資行動は「ダイベストメント」と呼ばれ増加しています。

SDGsによる持続可能な社会の実現に向けた変化は、大企業だけではなく小さな会社にも直接的、あるいは間接的に影響を及ぼします。座礁資産の恐ろしいところは、こうした変化の中で自社の持っている資産、または座礁資産を多く抱える産業に属する自社のビジネスが、知らない間に「市場価値のないもの」、つまり換金不能なものに変化してしまうことです。本章で見てきたように、普段から自社の活動や資産の中で社会にとってコストになっているものがないかをチェックし、削減の努力を行い、循環型社会を目指すといった目線を高く持つことにより、自社の資産が座礁資産化していることに早期に気付くことができます。そして、窮地に追い込まれる前に経営判断を行いそれらを手放すという対処ができます。

日本における座礁資産

日本政府は、公式に再生可能エネルギーによる温室効果ガス排出をゼロにして、パリ協定を達成できると表明してきました。しかし、2011年の福島第一原発の事故を受けて国内の原子力発電所の稼働が停止し、その後5年で発電によって排出される温室効果ガスの量が25％増加しました。こうした状況下、日本政府がパリ協定によって合意した世界の気温上昇を2度未満に抑えるという国際的な約束を達成するには、計画中と稼働中の石炭火力発電施設を閉鎖し、再生可能エネルギーに大量投資する必要があります。

気候変動対策の国際的な枠組みであるカーボン・ディスクロージャー・プロジェクト（CDP）は、日本では国際約束を守るための石炭火力発電所の閉鎖に加え、太陽光と風力などの再生可能エネルギーによる発電コストと石炭火力による発電コストの逆転によって、最大710億ドル相当の石炭火力発電関連施設が座礁資産になる可能性があると2019年に警告しています。

STEP 4

共通価値を生み出そう

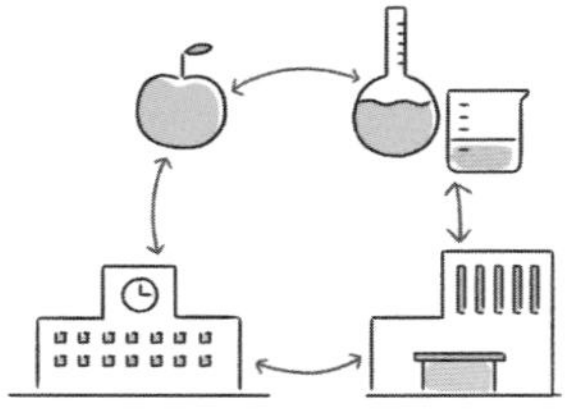

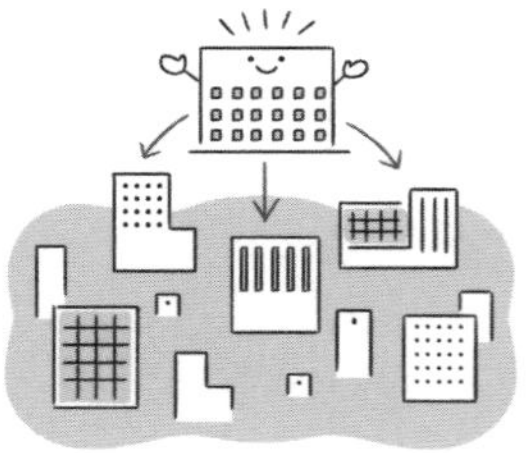

Action 1

商品やサービスで共通価値を生み出そう

STEP 3で共通コストを減らしました。SDGsの取り組みをしていても、収益を犠牲にした活動になってしまっていては持続可能ではありません。ここでは、SDGsへの貢献という社会的な価値と、お客さんや取引先から受け取る収益の両方を増やす新しいビジネスのやり方を解説します。本業に大きな影響を与えるほどの変化を生むために、要点を押さえましょう。

Action 2

企業活動（バリューチェーン）で共通価値を生み出そう

Action 3

地域や業界全体（クラスター）で共通価値を生み出そう

あなたの会社と社会の双方にとっての価値を増やす

企業が社会価値を生み出すための三つの方法

社会と会社の共通コストを減らすことで初期的な成果を得ることができたら、次は事業を通しての社会と会社の共通の利益、すなわち**「共通価値」**を生み出すことを考えます。共通価値を生み出すにあたり、最初に思いつくのは新しい事業を立ち上げることかもしれません。しかし、それをいきなりはじめるのは時間やコストなどの面でハードルが高いのではないでしょうか。もっと簡単に、いつもの商品や活動に社会価値を「加える」ことからはじめましょう。

STEP 4では、SDGsを支える重要な理論の一つである共通価値の創造（CSV: Creating Shared Value）に基づき、企業が共通価値を生むための手段である、「商品・サービス」、「バリューチェーン」、「クラスター」の三つについて解説していきます。

●共通価値を生む三つの手段

1　商品・サービス

- 新しい商品・サービスの開発
- 既存の商品・サービスの活用、応用、転用、組み合わせ、機能やラインアップの追加・改良

2　バリューチェーン

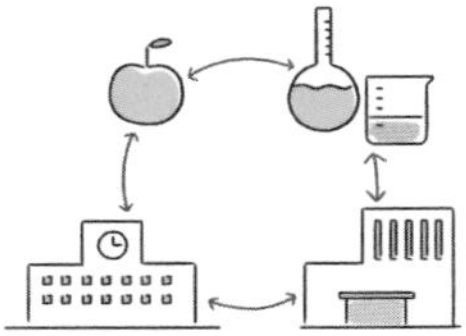

- 製品・サービスのバリューチェーンにおける自社とステークホルダーによる購買、製造、物流、販売、アフターサービス等の活動
- それらを支える人材、設備、資金、技術、ノウハウ、ネットワーク、ブランド等の活用

3　クラスター

- 特定分野の企業、サプライヤー、サービス・プロバイダー、ロジスティクス、学術団体、業界団体、規格団体等が地理的に集積した地域経済圏の形成とその活動

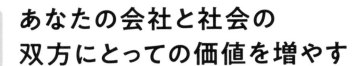

共通価値創造（CSV）

CSVとは、ハーバード大学ビジネススクールのマイケル・ポーター教授が提唱した**SDGs時代のグローバル市場における企業の新しい競争戦略**です。CSVは、「企業が事業を営む地域社会の経済条件や社会状況を改善しながら、自らの競争力を高める方針とその実行」と定義されています。

SDGsのように、企業の目が社会価値に向けられるようになるまでは、企業が追求すべき価値とは経済価値のみを意味していました。今でもビジネスとは収益最大化を目指す弱肉強食の生存競争のことだと考えている人は少なくありません。

一方で、SDGsやESG投資などの世界的な潮流にある「持続可能な社会」の市場に向けて、経済価値と社会価値の両方で競争が行われるためのルール変更や、消費者や投資家、従業員、規制当局を含むステークホルダーの意識変化が進んでいます。そこでは、「社会課題に取り組むことで社会価値を創造し、その結果、経済価値が創造される」というCSVの考え方が、企業が勝つための最適戦略となります。

2011年に論文が発表されて以降、CSVはネスレ、Google、ユニリーバ、ジョンソン・エンド・ジョンソン、GE、IBM、インテル、ウォルマートなど、グローバル市場における各分野のマーケット・リーダーのビジネス戦略として採用され、実行されています。日本では、味の素が自社の名前を冠してAjinomoto Shared Value（ASV）として経営戦略の中核に置いたほか、トヨタ自動車、キリンビール、NTTドコモなどによって事業の中に取り込まれています。

小さな会社も同様に、SDGsの時代では経営戦略にCSVを取り入れることで企業の成長力や競争力を向上させることができます。小さな会社のビジネスの中では、CSVで言う経済価値は**「収益」**、社会価値は**「価格以上の価値を与えたときに得られる顧客や社会からの信用や共感」**と考えるとよいでしょう。

社会価値はすぐに換金はできませんが、自社や商品に対する信用や共感といった形で市場の中に残り、その後のビジネスの成功や発展を支える目に見えない資産になります。共通価値を生み出すようなビジネスを続けているうちにさらに信用や共感も同時に積み重なっていきます。すると、**事業の拡大とともに将来的な成長力や競争力だけでなく、社会における自社の存在価値も高めることができます。**

Action 1

商品やサービスで共通価値を生み出そう

商品や市場をずらすことから考えはじめる

あなたの会社の既存商品に社会価値を加えるためには、まずは今扱っている商品やそれを売っている市場のどちらかを「隣にずらす」ことを考えてみてください。下図のように商品と市場を、横軸と縦軸に表した場合、一足飛びにいきなり全くの新規事業を考えるのではなく、今いる位置の隣を目指します。つまり、**「今の商品に社会価値を加えて新しい市場で売る」、「社会価値の高い新たな商品をつくり、今の市場で売る」**のどちらかです。

● 隣の領域へビジネス展開をする

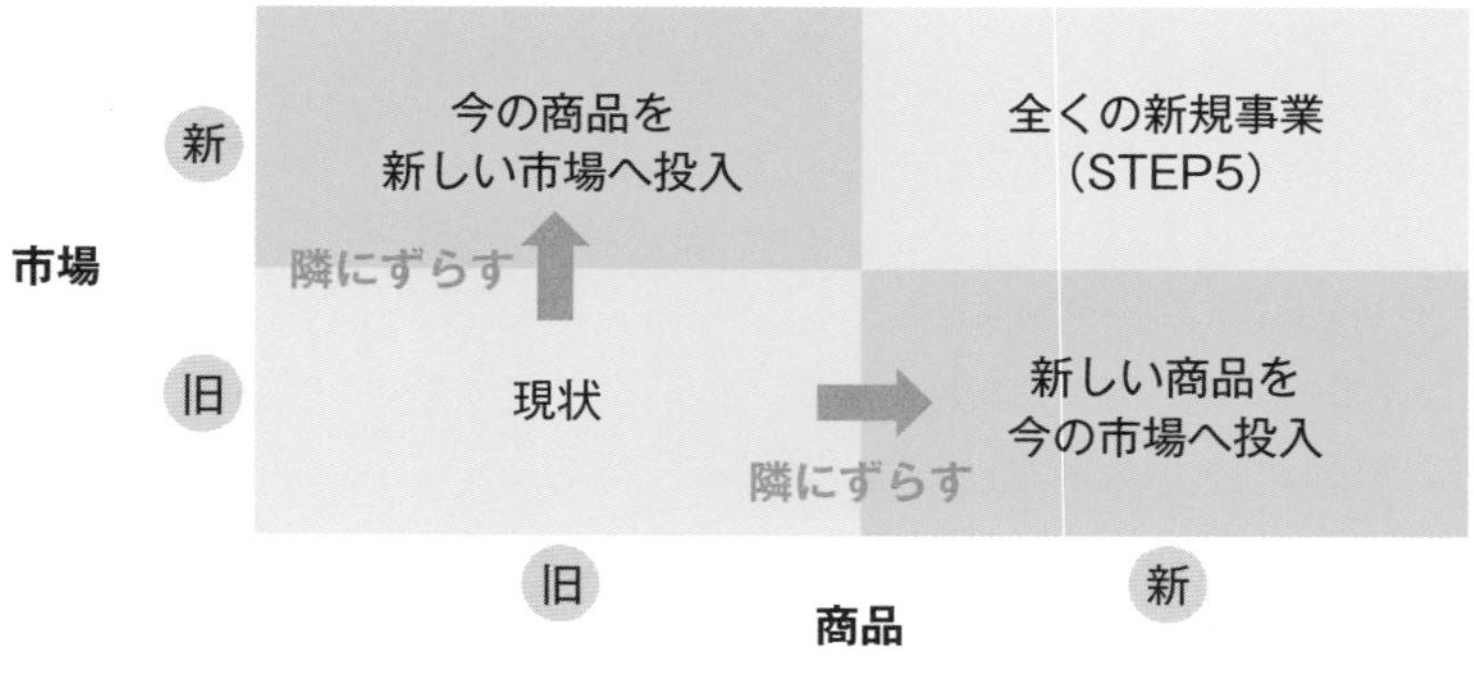

社会価値の視点で自社のビジネスを再定義する

製品やサービスで共通価値を生み出すために、まずはあなたの会社のいつもの**商品そのものは変えずに、定義を変えて別の市場やお客さんにアピールすること**を考えてみましょう。具体的には、経済価値ではなく社会価値の観点で、「①商品の価値」、「②顧客」、「③競合」を定義し直します。

例えば、スターバックスにとって自社の商品は「コーヒー」ではありません。家でも職場でもなく日常生活で落ち着ける「第三の場所（サード・プレイス）の提供」なのです。つまり、顧客はコーヒーが飲みたい人だけではなく「自分らしくありたい全ての人」であり、競合はほかの喫茶店だけではなくスパや映画館などのリラックスするためのあらゆる施設です。

ウォーターサーバーを扱うある中小企業では、自社の商品価値を「水が飲めること」ではなく、「オフィスで働く人々の水分不足を解消すること」と定義しました。成人が1日に必要とする水の量は約2.5リットルで、約8割ものオフィスワーカーは毎日十分な水を摂取できていません。水分の不足は、集中力の低下や疲れにもつながり、仕事の生産性低下や人間関係の悪化の原因になります。商品価値をただの水分補給機と定義すれば、無料の水道水や100円前後のミネラルウォーターと比較すると圧倒的に不利です。しかし、それらの競合品よりももっと手軽に水分補給をかなえて、オフィスワーカーの水分不足を解消することで職場の生産性を向上できるのです。企業が行っているさまざまな研修や設備投資などのコストや労力と比較して、ウォーターサーバーははるかに安上がりと言えます。

● 自社のビジネスを再定義する（ウォーターサーバー会社の例）

	既存の市場	→ 新しい市場
①商品の価値	手軽においしい水が飲める	オフィスワーカーの水分不足を解消し、労働生産性を高める
②顧客	サービス業の店舗や個人宅	オフィスワーカーのいる全ての会社
③競合	ウォーターサーバー会社	オフィスの生産性を高めるための施設や備品の会社
	▼	▼
今後のビジネス展開	性能がほぼ同じ商品とのコスト競争	施設や備品とのパッケージ販売 お菓子とのセット販売　など

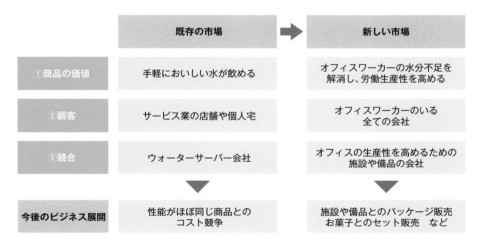

商品に社会価値を加える

製品やサービスで共通価値を生み出す具体的な方法は、今の商品に社会価値を加えてより魅力的な新商品を生み出すことです。**既存の商品の現在の社会価値を考えるのではなく、今後生み出しうる社会価値の可能性まで広げて考えます。**例えば、旅行に社会価値を加えればSDGsに関する啓蒙普及や教育の手段になります。金融機関には社会課題解決への資金を集める力があり、建築業界は人々の環境に優しい生活を具体化することにつながります。いくつかの実例を紹介します。

世界の課題の原体験：旅行+社会価値

民泊事業を営むAirbnbは、南極調査隊やバハマ諸島の観光ボランティアなど、SDGs課題の現場体験や持続可能な社会の実現に向けた地域事業に貢献する「サバティカル」という長期旅行プランを提案しています。旅行者は、世界の社会課題解決の最前線の原体験や、持続可能な社会の実現に向けた行動への参加ができます。このように、社会課題への共感をより多くの人に広げ、旅行から戻った後の生活や仕事の中での変化を促しています。さらに、こうした社会価値を加えることで、旅に新たな発見を求める顧客にとっての、旅行という商品の経済価値も大きく高めています。

地域の活性化と将来世代の教育：保育+社会価値

鹿児島市にあるそらのまち保育園は、施設の中に惣菜店とコミュニティスペースという地域の人々との交流の場を設けています。地域に開かれた保育園とすることで、地域活性化という社会価値を生み出す一方、外からの刺激を受けることで本来の保育園の経済価値である園児たちの保育や教育の質を高めています。また、町内の美化活動を定期的に行い子どもたちの地域に対する愛着と住民意識を育むことなど、派生する活動でも地域活性化への貢献という社会価値を生み出し、同時に保育園としての価値を高めています。

社会課題解決への投資：金融+社会価値

SMBC日興証券はSDGsを推進する企業を応援するためのグローバルSDGs株式ファンドという投資信託をつくりました。この投資信託では、世界の取引所に上場しているSDGsの17ゴールの達成への貢献が期待される企業の株式に投資を行うことができます。ESGではなく、SDGsに特化した金融商品はまだ多くはありません。多くの投資家がこの金融商品を購入し、投資の財務的リターンの安定性が証明されると、SDGs達成のための資金を増やすことにつながります。投資信託という商品にSDGs達成への資金調達という社会価値を加えることで、社会課題解決を促進したい投資家にとっての価値を向上させています。

地球に優しい日常生活：建築+社会価値

新潟県内で注文住宅の建設と販売を手掛けるナレッジライフはSDGsの理念の下に「人と街と地球に優しい家」というコンセプトを打ち出しています。この中では、「災害から人を守る」、「きちんとした暮らしができる」などの住居としての価値に加え、「外とのつながりを考える」、「周りの家や街を気づかう」などの地域に対する価値と、「省資源・省エネルギー」、「環境配慮」といった地球に対する価値が含まれています。顧客への経済価値に地域や地球への価値を加えることで、家という商品の魅力を高めています。

Action 2

企業活動(バリューチェーン)で共通価値を生み出そう

バリューチェーンとは何か?

あなたの会社が共通価値を生み出す手段は、製品やサービスだけではありません。それらをつくり出すための**企業活動や外部との連携を通して共通価値を生み出すことができます。**製品やサービスを生み出すための購買、製造、物流、販売、アフターサービスといった各工程が生み出す価値(バリュー)の一連のつながり(チェーン)を、「バリューチェーン」と呼びます。これは共通価値創造を考案したマイケル・ポーター教授が提唱した企業戦略上の概念です。

バリューチェーンの形は企業によって異なります。まずは、自社の活動全般を振り返り、あなたの会社のバリューチェーンを描いてみましょう。

バリューチェーンが生み出す共通価値に優先順位を付けて取り組む

自社のバリューチェーンの各工程において、将来的に社会に与える正の影響と負の影響の両方を考えます。例えば、負の影響では「原材料で資源を使いすぎている」、「調達に関する法令順守が不十分」、「製品廃棄の際に処分が困難」などが考えられます。正の影響では、「製造においてエネルギー効率が高い」、「人事活動で多くの女性や低所得者層の雇用を創出している」、「製品使用において地域への経済効果が高い」などがあります。

これらの中で、あなたの会社にとって共通価値を生み出すチャンス、すなわち、**「収益を上げながら社会価値を高められるものはどれか?」**という観点で優先順位を付けます。そして、重要度の高いものだけを選び出し、正の影響の場合は最大化、負の影響の場合は最小化する取り組みを行っていきます。

●自社のバリューチェンを描いてみる

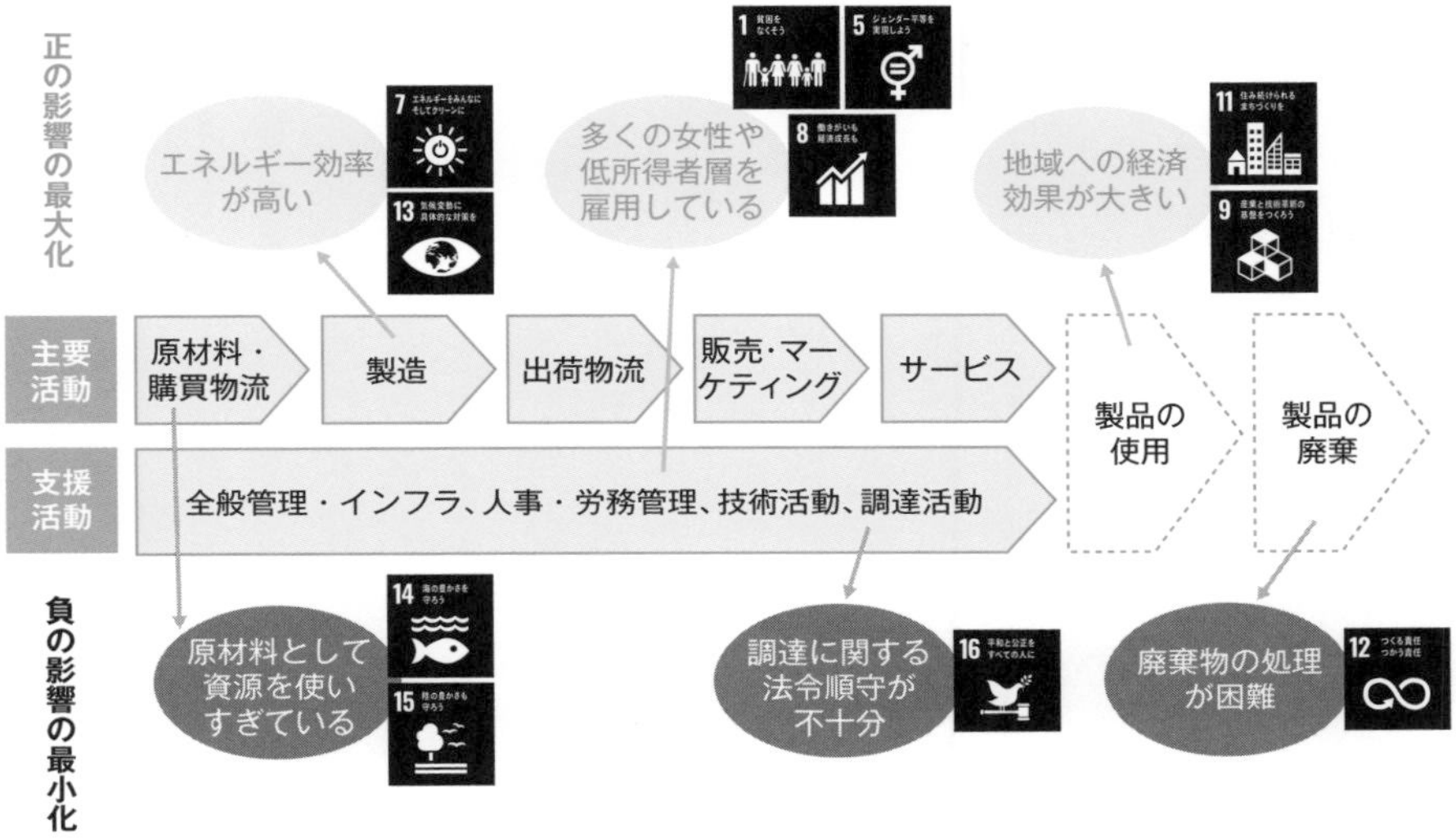

外部の基準から共通価値の具体的な項目を知る

正の影響と負の影響を抽出するには、企業のバリューチェーンが環境や社会へ与えている影響にはどんなものがあるかを知る必要があります。それらをゼロから考えるのは難しいため、巻末資料192ページにあるような企業の社会価値の評価基準を参照するとよいでしょう。小さな企業にとって最も使いやすいものは、おそらく**GRI（Global Reporting Initiative）**の基準です。国際的なツールですが、日本語に訳されており、ウェブで簡単に手に入ります。

GRIの基準における評価項目は、経済、環境、社会の三つのカテゴリーの全33個の基準と、それらにひも付く複数の開示項目と呼ばれるサブ項目によって構成されています。例えば「環境」のカテゴリーの「エネルギー」という基準には、「エネルギー原単位」というサブ項目があり、内容について詳細な定義があります。

まずは、GRIの33個の基準で自社の各工程をチェックしてみてください。例えば、原材料・購買物流という工程では、「間接的な経済影響はどの程度か？」、「廃水および廃棄物はどれくらい出しているか？」、「労働安全衛生は確保されているか？」という具合に、関連の高い項目を一つひとつ考えていきます。

● 評価項目の例（GRI）

GRIの評価項目

経済（7）
- ✓経済パフォーマンス
- ✓地域経済での存在感
- ✓間接的な経済的インパクト
- ✓調達慣行
- ✓腐敗防止
- ✓反競争的行為
- ✓税金

環境（8）
- ✓原材料
- ✓**エネルギー**
- ✓水
- ✓生物多様性
- ✓大気への排出
- ✓排水および廃棄物
- ✓環境コンプライアンス
- ✓サプライヤーの環境アセスメント

社会（19）
- ✓雇用
- ✓労使関係
- ✓労働安全衛生
- ✓研修と教育
- ✓ダイバーシティと機会均等
- ✓非差別
- ✓結社の自由と団体交渉
- ✓児童労働
- ✓強制労働
- ✓保安慣行
- ✓先住民の権利
- ✓人権アセスメント
- ✓地域コミュニティ
- ✓サプライヤーの社会面のアセスメント
- ✓公共政策
- ✓顧客の安全衛生
- ✓マーケティングとラベリング
- ✓顧客プライバシー
- ✓社会経済面のコンプライアンス

開示事項 302-3

開示事項 302-3
エネルギー原単位

報告要求事項

報告組織は、次の情報を報告しなければならない。
a. 組織のエネルギー原単位
b. 原単位計算のため組織が分母として選択した指標
c. 原単位に含まれるエネルギーの種類（燃料、電力、暖房、冷房、上記、またはこのすべて）
d. 原単位計算に使用したのは、組織内のエネルギー消費量、組織外のエネルギー消費量、もしくはこの両方か

2.5　開示事項302-3に定める情報を提示する際、報告組織は次のことを行わなければならない。
2.5.1　原単位の計算は、エネルギー消費量の絶対値（分子）を、組織が選択した指標（分母）で割る
2.5.2　組織内、組織外のエネルギー消費量の両方について原単位を計算する場合は、その原単位を別々に報告する

出所：【左部】Global Reporting Initiative（GRI）『GRI Standards Japanese Translations』
https://www.globalreporting.org/how-to-use-the-gri-standards/gri-standards-japanese-translations/（2020年12月14日）をもとに著者が作成
【右部】グローバル・サステナビリティ・スタンダード・ボード（GSSB）『GRI 302：エネルギー』（2016年、10ページ）

社会価値を提供する相手を認識する

自社の共通価値を考える際には、それは**「誰に対する価値の提供なのか」**を明確にすることでさらにアイデアが広がっていきます。共通価値のうち、経済価値は顧客に対する直接的な価値です。社会価値は顧客に対する間接的な価値を含む社会全体に対する価値です。社会というのはさまざまな関係する人々や組織（ステークホルダー）の集合体であり、顧客のほかに、従業員、事業パートナー、競合他社、株主、公共セクター、地域などによって構成されています。

そして、あなたの会社が生み出した社会価値の受け取り方はそれぞれ異なります。**共通価値を創出しようと考えるときには、さまざまなステークホルダーが受け取る価値の合計が最大になるように考えることが重要です。**これは製品やサービスで共通価値を生み出すときも同様ですが、より多くのステークホルダーと関わるバリューチェーンで考える際に特に大切なことです。CSVの理論の中では、バリューチェーンから生み出される共通価値の典型的な例として、取引先のビジネス拡大、労働者の安全・スキル・健康、環境への影響、エネルギー・水利への貢献などが挙げられています。

バリューチェーンによる共通価値創出の事例と方法

地域貢献と多様性の推進で会社と商品のブランド価値を高める

広島県福山市に本店を構える虎屋本舗は、創業400年近い伝統的な和菓子屋として全国的に有名ですが、そのお菓子づくりは地域と強く結び付いており、郷土文化の継承と創造および多様性の推進に貢献しています。また、そうした社会価値を創出することが、商品のブランド価値向上へとつながっています。熟練の菓子職人が離島の学校、山間部の障害者支援学級、高齢者福祉施設などで瀬戸内和菓子キャラバン、出張和菓子教室を開催しています。また、全社員の半数近くが60代以上の高齢者であり、8割近くが女性です。このように、バリューチェーンにおいて地域との結び付きや雇用の多様化といった社会価値を高めることにより、お客さんから見た商品価値、すなわち経済価値を高めることができます。

環境負荷を少なくすることで差別化し、選ばれる企業になる

神奈川県横浜市で6代続く老舗の印刷所である大川印刷は、再生可能エネルギー100％達成工場、持続可能な森林の利用と保護のためのFSC森林認証を受けた紙の使用率を5割以上、および石油系溶剤を全く含まないNon-VOCインキの使用率を9割以上とした「環境印刷」を提供しています。また、北海道下川町のバイオマス事業の支援や山梨県のFSC認証林の育成や、事業活動で発生するCO_2排出をゼロにする「CO_2ゼロ印刷」を進めています。印刷物の提供というサービスは同じでも、工程における社会価値創出によって差別化することができます。

雇用と教育機会を生み出すことで生産性を上げながらコストを下げる

日本で販売するバッグなどの布製品をカンボジアの工房で生産しているSALASUSUは、農村部に働き口がなく出稼ぎに行かなければいけない女性を人身売買の危険から守るために雇用を生み出そうとしたことが創業のきっかけでした。ここで働く女性の多くは十分な学校教育を受けておらず、生産現場でのトレーニングを通して社会で生きる力を養っています。安価で使い勝手がよくファッション性の高い布製品という経済的な価値だけではなく、貧困削減や教育機会の提供といった商品の裏にある社会価値の高いストーリーがファンを引き付けています。

Action 3

地域や業界全体（クラスター）で共通価値を生み出そう

クラスターとは？

クラスターとは、**特定分野の企業、サプライヤー、ロジスティクス、学術団体、業界団体などが地理的に集まっている地域経済圏**を意味します。例えば愛知県の豊田市にはトヨタ自動車があり、その周辺にスズキ、三菱自動車、本田技研工業があります。また、自動車部品のデンソーやアイシン電機やその下請けを行う会社が集積しています。自動車だけでなく、航空機、工作機械、製鉄、電気機械、石油化学などの業界も集積し、大きな産業クラスターを形成しています。

ほかにも、研究・教育施設が集積した学術クラスターとしてつくば市や、環境産業が集積したスマートシティのクラスターとして横浜市などが有名です。

● 産業クラスターの例

出所：じもナビ『東海』https://www.jimo-navi.com/japan/tokai/（2020年12月14日）

自社の商品やバリューチェーンではなく、自社が所属するクラスターで、共通価値を創出することを考えましょう。例えば、豊田市では産業クラスターが行う生産活動でさまざまな社会価値を生み出しています。技術や情報の共有によって革新が起き、地域経済が発展して大量の雇用が生まれます。すると、地方税収が増え、公共サービスが充実するといった具合です。その一方で、公害問題のように社会や環境に対して悪影響を及ぼす可能性もあります。**クラスターは企業が共通価値を創出する上で大きな力を持ちますが、リスクもあります。**放置するのではなく、**意図的に最適な状態をつくり出す必要があるのです。**

自社が属するクラスターを使って共通価値を生み出す

まずはあなたの会社が何らかのクラスターに属していないかを考えてみてください。クラスターを見つけるには、自社の活動地域を振り返ってみることが必要です。**本社はどこにあるか、営業はどこを回っているか、原料はどこから調達しているか**などです。例えば、本社オフィスや工場を置いている都市や街の環境からあなたの会社はどんな恩恵を受けているでしょうか？　その恩恵を社会全体により大きく広げていくために、あなたの会社には何ができるでしょうか？　どのクラスターに所属しているかは、自分で決めてかまいません。自社でクラスターをつくり、共通価値を生み出している例を紹介します。

原料調達地域でクラスターをつくる

伊藤園は、茶畑での茶葉生産から店頭での茶殻販売までを一気通貫で行っており、農家、茶業の研究・普及機関、農業資材関連企業、大学、農協などとの連携により、日本各地に点在するそれぞれの茶産地においてクラスターを形成しています。高品質で安定的な原料調達という自社にとっての価値を確保することと、各地域の農家の安定経営、雇用創出、CO_2削減や生物多様性の保全といった社会や環境への価値を創出することを一体の活動として行っています。

営業や販売活動を行っている地域でクラスターをつくる

バングラデシュにあるグラミングループでは、マイクロファイナンス事業を展開しています。地方の農村に住む貧困女性に小規模な事業をはじめるための資金を貸し出し、毎月の事業収入から返済を受けているのです。そういった女性は現金収入を手に入れる手段がありません。しかし、借りた資金を元手に自身の村で小売店、流通業などを営むことができます。こうして村全体にさまざまなサービスが導入され、生活水準が向上します。村の地域経済が発展することで、グラミングループにとってはさらなるビジネスチャンスが生まれ、本業も成長していきます。

本社のある地域でクラスターをつくる

滋賀銀行は、本社のある滋賀県においてSDGsに貢献する新規ビジネスに取り組む個人、ベンチャー企業、第二創業を検討中の企業への資金繰りや設備投資を支援し、2019年時点で4億円超の融資を行っています。また、社会課題を起点とした起業塾や表彰の開催、「SDGs私募債」の発行、「SDGs賛同書」によるSDGsの普及・啓発などを行っています。滋賀県内での金融と産業の発展をSDGsに向かわせることで、地域経済の社会価値を高め、地域を活性化し、融資の受け手となる優良企業の数を増やすことにつながっています。

●クラスターの地域との関わり

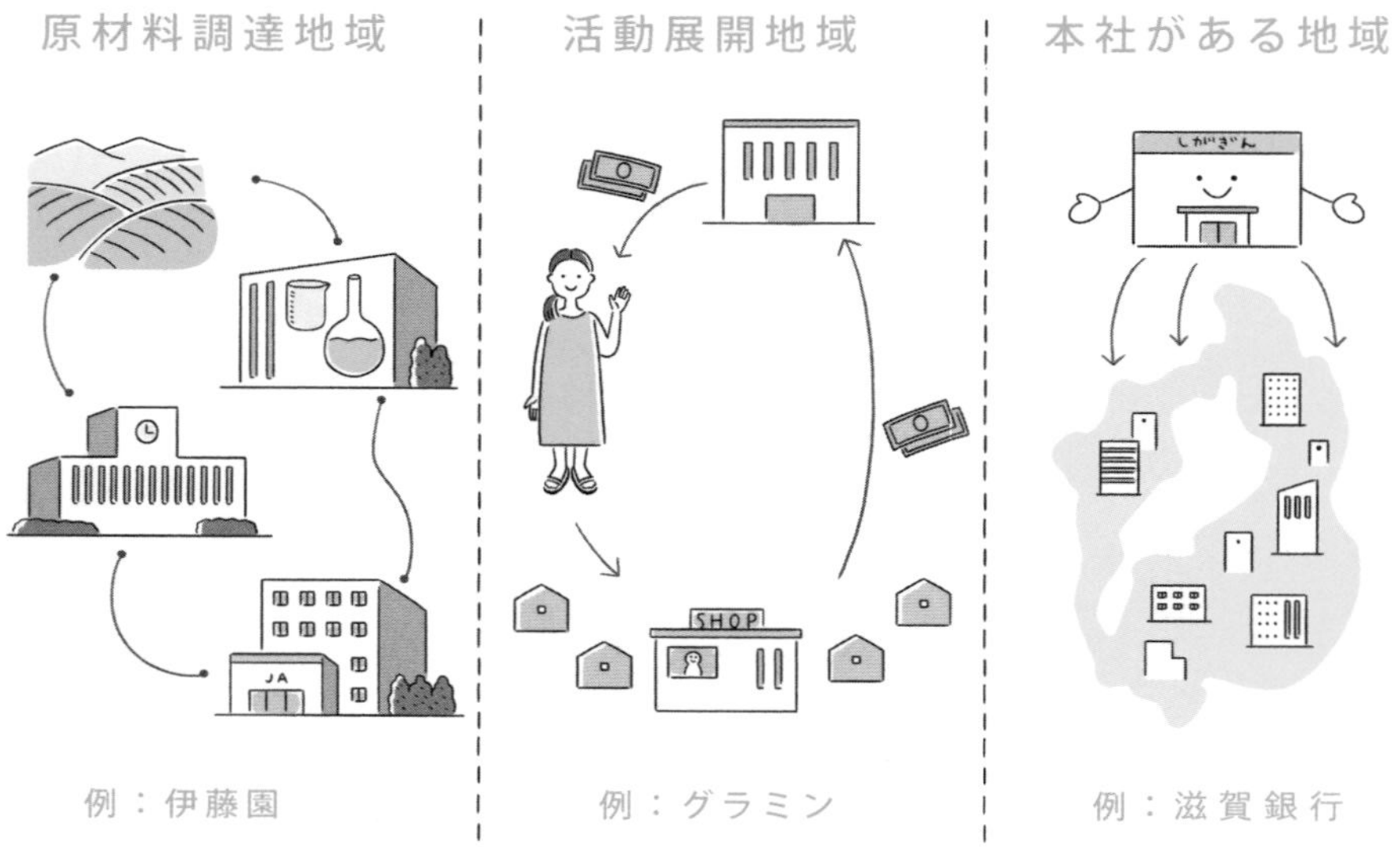

SDGs未来都市のクラスターを活用する

内閣府は、地方創生とSDGsを掛け合わせ、自治体を中心とした**「SDGs未来都市」**という社会課題解決のクラスターを全国で形成しています。SDGs未来都市は2020年現在で96都市あり、今後も毎年約30都市ずつ増えていく計画です。

● SDGs未来都市一覧

参考 内閣府『SDGs未来都市一覧』https://future-city.go.jp/data/pdf/sdgs/mirai_area.pdf（2020年12月15日）

なお、現状では全てのSDGs未来都市がクラスター化しているわけではありません。クラスターのもととなるSDGsプラットフォームは北海道、神奈川県、和歌山市、宇都宮市、陸前高田市、浜松市、豊橋市などにあります（188ページ参照）。

また、CSVの理論の中ではクラスターとは特定の地域への集積を前提としていますが、**物理的な場所だけではなく、業界や事業を通したつながりも含めて考えてもよいでしょう。**業界団体や経済団体も、広い意味でクラスターと言えます。SDGsを推進するためのクラスターには、外務省の「JAPAN SDG Action Platform」、関東経済産業局の「SDGsに取り組む地域の中堅・中小企業等を後押しするための新たな仕組み（支援モデル）」などがあります。

STEP4のチェックポイント

まとめ

今ある製品やサービスの価値を高める

STEP 4では、共通価値の創造（CSV）に基づき、企業が共通価値を生むための手段である、「商品・サービス」、「バリューチェーン」、「クラスター」の三つを活用して、共通価値を生み出す方法を解説しました。ぜひ自社でどのような共通価値が生み出せるか考えてみてください。

Action 1 商品やサービスで共通価値を生み出そう

- 商品や市場をずらすことから考えはじめる
  - 新しい商品や市場への参入ではなく、今の商品や市場を変えることから考える

- 社会価値の視点で自社のビジネスを再定義する
  - 経済価値ではなく社会価値の観点で、「商品の価値」、「顧客」、「競合」を定義し直し、今後のビジネスの展開を考える

- 今ある商品に社会価値を加える
  - 商品に社会価値を加えることでより魅力的な新商品を生み出す
  - 自社が今後生み出す社会価値の可能性を考える

Action 2 企業活動（バリューチェーン）で共通価値を生み出そう

- バリューチェーンが生み出しうる共通価値に優先順位を付けて取り組む
  - 商品やサービスを生み出すための一連の企業活動（バリューチェーン）を理解する

- 企業活動全般を振り返り、自社のバリューチェーンを描く
- 自社のバリューチェーンの各工程の中で、将来的に社会に与える正の影響と負の影響の両方を考える
- それらの中で、「収益を上げながら社会価値を高められるものはどれか？」という観点で優先順位を付ける
- 重要度の高いものだけを選び出し、正の影響の場合は最大化、負の影響の場合は最小化する取り組みを行う

外部基準から共通価値の具体的な項目を知る

- GRI（Global Reporting Initiative）の基準をウェブの検索サイトから入手する
- GRIの基準における評価項目で自社の活動の各工程をチェックする

社会価値を提供する相手を認識する

- 目の前のお客さんだけでなく、従業員、事業パートナー、競合他社、株主、公共セクター、地域社会、地球全体など、全ての関係する人々（ステークホルダー）や組織などを推定し、全体に与える価値の総和を最大化する

Action 3 地域や業界全体（クラスター）で共通価値を生み出そう

自社が属するクラスターを使って共通価値を生み出す

- クラスターとは、特定分野の企業、サプライヤー、サービス・プロバイダー、ロジスティクス、および各種関係団体などが地理的に集積した地域経済圏のこと
- 自社の商品やバリューチェーンではなく、自社が属するクラスターという固まりとして、共通価値を創出することを考える
- 本社はどこにあるか、営業はどこを回っているか、原料はどこから調達しているかなど、活動地域を振り返り、自社が属しているクラスターを発見する

SDGs未来都市のクラスターを活用する

- 内閣府が中心となって展開している自治体によるSDGsクラスターを活用する
- 参加企業としてSDGsクラスター全体の活動を推進する

Column

SDGsウォッシュを回避する簡単な方法

社会価値を加えたつもりが、ただのSDGsウォッシュになっている

SDGsに取り組む企業からのよくある悩みとして、「SDGsウォッシュはダメだとわかっているけど、どうしてもそうなってしまう」というものがあります。これは、STEP 4の段階で特に注意が必要です。本業によるSDGsの本質的な実践を行ったつもりが、「いつの間にか自社や商品のイメージアップだけが先行しSDGsウォッシュに陥っていた」ということがあり得るからです。これを避けるための確実な方法として、「空雨傘」という考え方を紹介します。

空雨傘とは、何かの意思決定や行動を論理的に行うための思考方法です。空とは「事実」、雨とは「洞察」、傘とは「意思決定・行動」を意味します。

「出かける際に傘を持っていく」ことを例に挙げて考えてみます。まずは空を見上げ、「遠くの空に雨雲が見える」、「強い風がこちらに向かって吹いている」という事実を確認します。すると、「だとすれば、あの雨雲はこちらに流れてくるのではないか」、「もうすぐ雨が降るのではないか」と洞察できます。そして、「よって、傘を持って出かけよう」という意思決定・行動にたどり着きます。

事実（空）に支えられていない洞察（雨）はただの思いつきです。ほかの人を説得できないばかりか、それに基づいた意思決定・行動（傘）は大失敗のリスクを伴います。また、事実に支えられていても洞察のない意思決定・行動には深みがなく、インパクトのないものになります。事実にも洞察にも支えられていない意思決定・行動から継続的な成果を得ることはできません。

空雨傘でSDGsウォッシュを回避する

空雨傘を企業のSDGs実践に当てはめて考えてみます。SDGsウォッシュの代表格である「SDGsラベル貼り活動（60ページ参照）」は、空雨傘で言えば「空」にあたります。この考え方自体が悪いわけではありません。自社の事実（空）をSDGsという新しい視点で整理する行為であり、企業がSDGsに取り組む出発点として必要なプロセスとも言えます。しかし、これがSDGsウォッシュの典型例として批判されるのは、そこで取り組みが終了してしまうためです。

本来は、事実（空）の分析から洞察（雨）を出し、本質的な企業の活動として意思決定・行動（傘）を起こすところからが本番です。しかし、SDGsウォッシュは整理した事実から洞察を引き出すことなく、そのまま広報的にアピールしただけで終わってしまいます。加えて、事実（空）の分析としても視野が狭いと言えます。既存の製品やサービスしか考えず、SDGsのラベルを貼るだけでは、バリューチェーンやクラスターの視点が欠けています。

空雨傘を意識し、事実（空）の分析から意味のある洞察（雨）を導き出し、それらを意思決定・行動（傘）につなげていくことで、企業はSDGsウォッシュを回避し、本質的な取り組みに簡単にたどり着くことができます。

●空雨傘で考える

STEP 5

SDGsビジネスをつくろう

Action 1

「ジョブ」を見つけよう

SDGsは新たなビジネスチャンスやイノベーションの機会と言われます。STEP 4では既存のビジネスを見直しました。次は、社会課題から新規事業を生み出しましょう。有名な理論やフレームワークを使ってわかりやすく解説しているので、新規事業をつくるのが初めての人も安心してください。これができれば、あなたの会社はSDGsの先進企業です。

Action 2

顧客を見つけよう

Action 3

ビジネスモデルをつくろう

社会課題を収益化する

SDGsビジネスとは何か?

ここからはいよいよ、SDGsに貢献する全く新しい事業、つまり、**「SDGsビジネス」**をつくっていきます。まずはSDGsビジネスの定義を明確にします。下の図は、企業の活動を社会価値と経済価値の二つの軸で表したものです。この中で、①の社会価値も経済価値も低い領域は、「やること自体に意味がある」ような趣味や娯楽の活動のことです。②の社会価値は高くても経済価値が低い領域は収益が発生しないため政府や非営利団体が行う事業です。企業が関わるべきは、経済価値が高くビジネスとして成立可能な③または④の領域です。これまでの多くのビジネスは、経済価値の拡大を追求する収益事業であり、③の領域にありました。一方で、社会価値と経済価値を最大化させるSDGsビジネスとは、④の領域に位置する事業と定義されます。

● SDGsビジネスの定義

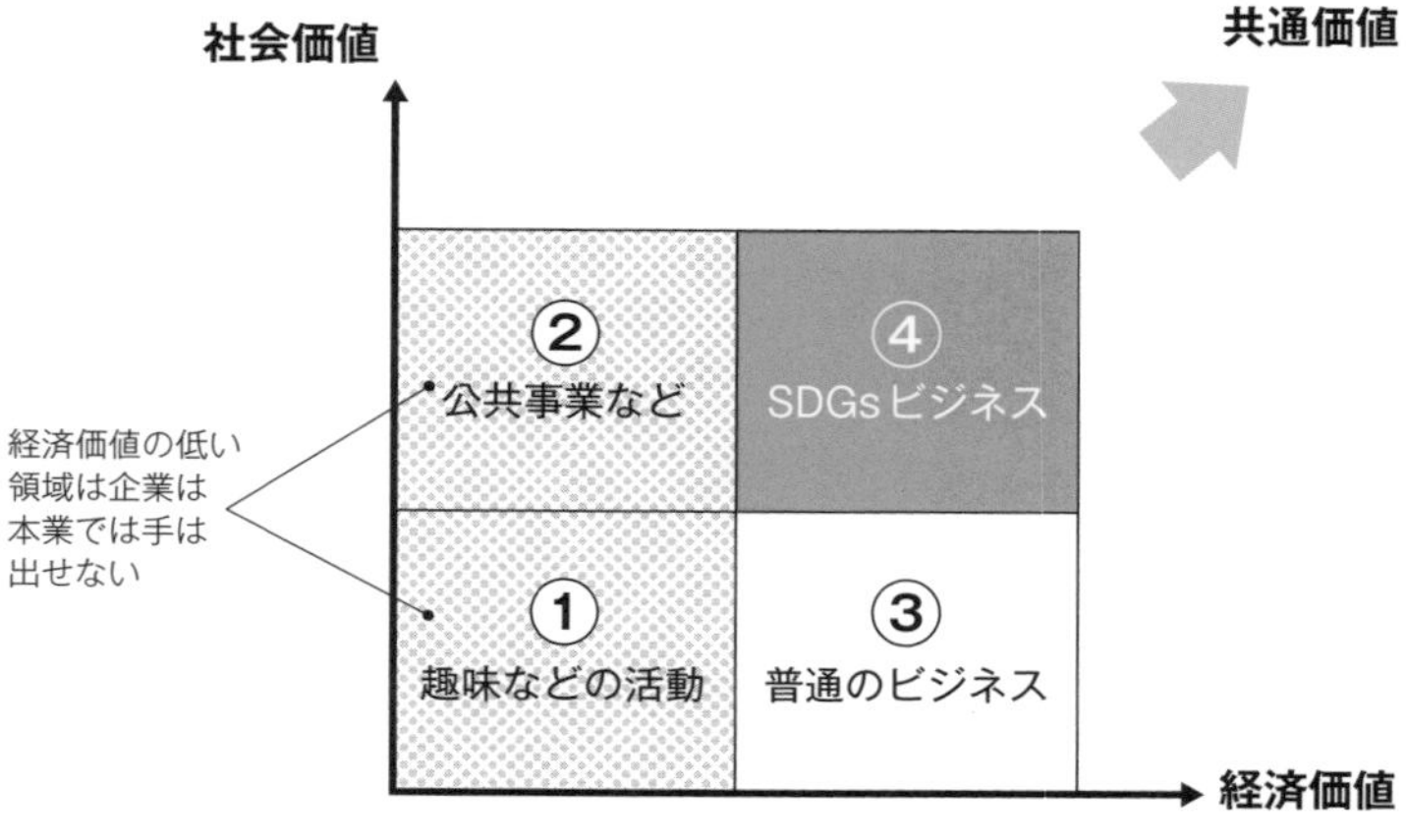

世界は誰かの夢でできている

小さな会社では、家業を受け継いで事業を行っていて、新規事業の立ち上げをゼロから行った経験がない場合も多いと思います。新規事業は収益を上げて続けられる新しいビジネスをつくるだけでも大変なことです。ましてや、SDGsビジネスは、収益を上げながら社会課題を解決する新規事業をつくる必要があり、とても難しいことのように思えるかもしれません。

SDGsビジネスに取り組むにあたって重要なのは、「難しいことに取り組む」と思うのではなく、「楽しいことをはじめる」という発想を持つことです。今から取り組むのは、世界から必要とされている社会課題の解決です。**自由に夢を描き、人生の時間をささげるに値する一番やりたいことをやりましょう。**

私たちの生きているこの世界は、同じように誰かの描いた夢によってできています。コンピューターをポケットに入れて持ち歩けるiPhone、指先で欲しいものが何でも手に入るAmazon、誰もが芸能人になれるYouTubeなど、私たちが今当たり前に使っているものは、実現前は不可能だと思われていたことばかりです。

SDGsも同じことです。未来に実現する持続可能な世界は、今を生きる私たちの中でそれを可能だと考え、夢を描いた人々によってつくられていくのです

「世界中の全ての情報を一つの窓から探せるようにする」という夢を描き、実現したGoogle創業者のラリー・ペイジ氏は、「ものすごく大きく、バカみたいな夢を見ることは成功のキーワード。夢は非現実的であればあるほど素晴らしい」と語っています。夢の国の代名詞であるディズニーランドは、「Imagining the Magic（夢をかなえる魔法を想像する)」というコンセプトの中で、「夢」とは「人を引き付けるワクワクする未来の世界の姿」、「魔法」とは「それをかなえるための今までになかった方法」だと教えてくれます。SDGsビジネスの創出とは、全てが可能であるという大胆な前提で、夢をかなえる魔法を考えることなのです。

STEP 5では、ジョブ理論やリーン・スタートアップといった世界中の新規事業創出の知恵を活用し、その夢を現実にするSDGsビジネスのつくり方を扱います。具体的なステップとして、「ジョブを見つける」、「顧客を見つける」、「ビジネスモデルを構築する」という順で解説していきます。

Action 1

「ジョブ」を見つけよう

人が片付けたいと思っている「ジョブ」を見つける

SDGsビジネスを成立させるには、あなたの会社の社会課題解決への取り組みに対し、お金を払ってくれる人々や組織を見つけなければいけません。しかし、「よい取り組みなので協力してください」という寄付やスポンサー探しのようなやり方では継続するビジネスはつくれません。

SDGsビジネスで収益を得るには、社会課題解決への取り組みと「ジョブ」を結び付けることがポイントです。「ジョブ」とは、「人や組織にとっての片付けるべき仕事（Jobs-to-be-Done）です。これは、ハーバード大学ビジネススクールのクレイトン・クリステンセン教授が考案した「ジョブ理論」に登場するコンセプトです。この中では、あらゆる人や組織は、常に片付けたい仕事や用事を抱えており、買い物をするのはその仕事や用事を片付けるために商品を「雇う」ためだと考えます。

ジョブがわかればやるべきことがわかる

例えば、顧客が喫茶店でお金を払うのは、ただ「コーヒーを飲みたい」からでしょうか？　ジョブ理論では、「喫茶店でコーヒーを飲む」行為が、顧客のどんなジョブを片付けているかを考えます。それは、「疲れた頭をおいしい飲み物でリフレッシュさせたい」からかもしれませんし、実はコーヒーとは関係なく「静かな店内でゆっくりとソファーに座って都会の喧騒から逃れたい」からかもしれません。

新規事業を生み出す上で、ジョブ理論は重要です。なぜなら、ジョブを見つけられれば、**何をすれば人々や組織がお金を払ってくれるのかわかる**からです。もし、喫茶店を利用する多くの顧客のジョブが「おいしいコーヒーを飲みたい」ということではなく「都会の喧騒から逃れたい」ということであれば、顧客のジョブの満足度を高めるために工夫すべき点は、コーヒーのおいしさではなく、ソファーなどの設備や店内でかかっている音楽の選択などになります。顧客が欲しがっているものは商品そのものではなく、商品が持つジョブを解決する機能だからです。

社会課題解決につながるジョブを見つける

社会課題解決への取り組みは収益を得ることによって初めて、企業の取り組みとして持続可能かつ拡大可能なものになります。ジョブを解決する商品が提供できれば、収益性のあるビジネスを確実に生み出すことができます。つまり、**SDGsビジネスを生み出す上で最初にやるべきことは、充足させることで社会課題の解決につながるジョブを見つけること**なのです。

例えば、アフリカの子どもたちの栄養不足改善という社会課題解決をビジネスにしようと思ったら、充足することでその社会課題解決につながるような誰かのジョブを探すことからはじめます。親が持つ「子どもをお腹いっぱい食べさせたい」、「子どもの成長に必要な栄養を与えたい」、「いい親だと周囲に認められたい」などのほかにも、政府やNGOなどの「国際的な評価を受けるため栄養不足の子どもの数を統計上減らしたい」といったジョブも考えられます。

不自然な人の行動やものの使われ方からジョブを見つける

ジョブを見つける方法には、「見る（観察・人の行動を見る）」、「聞く（対話・人の話を聞く）」、「考える（想像・人の身になる）」の三つがあります。しかし、これらの方法でいきなりジョブを見たり聞いたり考えたりするのは簡単ではありません。ジョブを見つけるためのコツは、**人々が抱えているジョブを解決してくれる商品が存在しないため、代わりにやっていることや使っている商品を見つけること**です。具体的に二つの注目すべき点を紹介します。

不自然な行動を探す

まずは「不自然な行動」です。これは、人が切実なジョブを抱えているにもかかわらず、解決策がないときに起こります。つまり、誰かの不自然な行動の裏には、ジョブが存在しているのです。例えば、トイレを出た後にぬれた手を大きく振っている男性を見たことがないでしょうか？　あれは、水で洗った手を自然乾燥させているのです。男性の多くはハンドバッグを持ち歩かないので、スーツのポケットが膨らんで不格好になってしまうためハンカチを携帯していないことが多いです。「トイレに行った後にハンカチなしでも素早く洗った手を乾燥させたい」というジョブを解決できる手段がないために、大きく手を振るという不自然な行動をしています。そこに、かつてはなかったエアータオルが、今や多くのオフィスや商業施設で標準装備になっている理由があります。

不自然な使われ方をしているものを探す

次にジョブを見つける鍵となるのは、「不自然な使われ方」です。これは、切実なジョブを抱えているにもかかわらず、解決策がないために別のものを転用しているのです。例えば、百貨店の洋服売り場では試着の際にズボンの裾を合わせるためにファイル用クリップがよく使われます。これは、「商品を傷めることなく裾の位置を固定したい」というジョブがあるにもかかわらず、それを解決する適切な商品が存在しないためです。**普段の生活の中で、「なんでこんなところにこんなものが？」と感じたら、それはジョブにつながる鍵を見つけたと言えるでしょう。**

社会全体で多くの人や組織が切実に抱えるジョブを見つける

実際に探してみると、ジョブは無数に見つかります。しかし、本当に見つけるべきジョブは、あなたが目指す社会課題の解決に貢献し、対価を支払うほどに切実で、**ビジネスとして成立するほど多くの人や組織が抱えているジョブ**でなければなりません。そうしたジョブを見分けるときにも、「不自然な行動」と「不自然な使われ方」の二つのポイントが有効です。

まず、ジョブが切実かどうかは、どの程度の充足努力を行っているかと、それをどのくらいの頻度で行っているかでわかります。例えば、ぬれた手を乾燥させるために小さく手を振る程度であればそれほどおかしくありませんが、もし「コピー用紙で手を拭いていたらかなり不自然な行動です。そうした行動を毎日何回も行っているとなれば、ジョブはかなり切実であると言えます。

さらに、**そのジョブがその人特有のものではなく、同じような行動をしている人や会社がほかにもたくさん存在すると想定できる**のならば、ビジネス化するにあたり有望なジョブであると言えます。

●ジョブを見つける手順

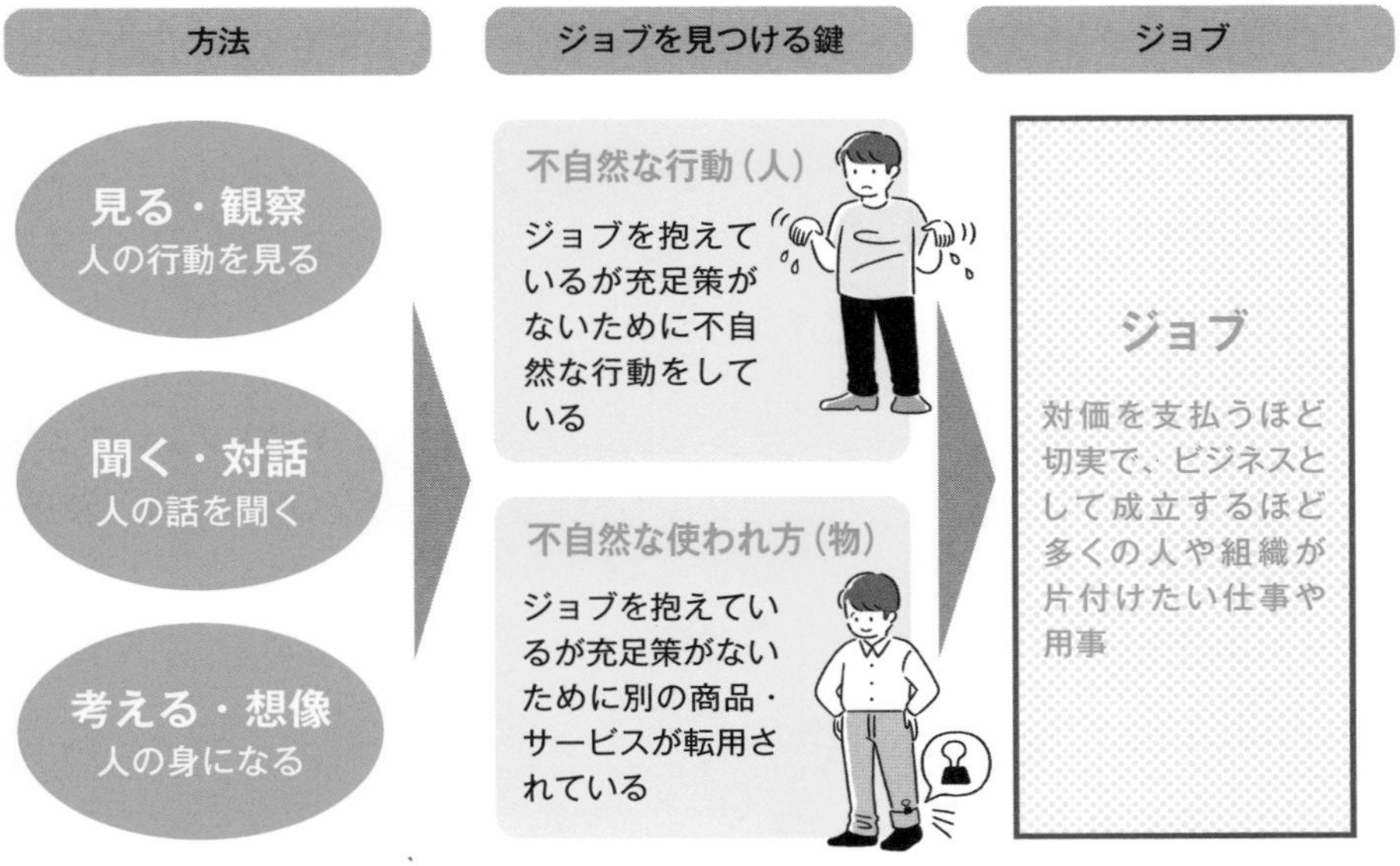

Action 2

顧客を見つけよう

アーリーアダプターを発見する

「これだ！」というジョブを見つけたら、今度は、そのジョブを最も切実に抱えている人々や組織、すなわち**「アーリーアダプター（商品を最初に買ってくれる顧客）」**を探します。例えば、Facebookは「インターネット上に自分個人のページをつくり、友人とのやりとりとつながりを維持したい」というジョブを解決することで、世界的なサービスになりました。しかし、発足当初はハーバード大学の学生だけが使っていました。ハーバード大生は、現在の友達が将来大物になる可能性が高く、同窓生とのつながりを広げ、維持しておきたいというジョブをひときわ強く持っていたにもかかわらず、電子化された公開の学生名簿がなかったからです。あなたが見つけたジョブでも、それを解決したい人や組織はたくさん存在すると思いますが、**その中で最も切実な人や組織は誰かを考えてみてください。**

アーリーアダプターを見つけることができたら、今すぐに会いに行き、自分が見つけたジョブが本物かどうか確認しましょう。「見る」、「聞く」、「考える」の方法で見つけたジョブは、見つけた時点では仮説であり、真実かどうかはわかりません。仮説を検証するには、直接ジョブを持つ人に話を聞いてみる必要があります。

なお、アーリーアダプターは「〇〇というジョブを切実に抱えている人」などの表現ではなく、「ハーバード大生」といった客観的な分類で表現します。なぜなら、ハーバード大生にはボストンに行けば会えますが、「〇〇というジョブを切実に抱えている人」というのは、どうしたら会えるのか全くわからないからです。また、類は友を呼び、アーリーアダプターの知人はアーリーアダプターであることが多いため、一度話を聞いた人にはほかに話を聞くことができる人を紹介してもらうとよいでしょう。

● アーリーアダプターとは?

アーリーアダプター＝ジョブの切実度が高い人や組織のグループ

例：Facebookのアーリーアダプター

三つのポイント

1. 直接話を聞いてジョブの仮説を検証する
2. アーリーアダプターは客観的な分類で表現する
3. 類に友を呼ばせ、芋づる式に見つけ出す

- ジョブ：同窓生とのつながりを広げ、維持したい
- 状況：友達が将来大物になる可能性が高い
- 外形的特徴：ハーバード大学の学生
- 類友：ハーバード大学の中にたくさんの友達がいる

リーン・スタートアップで商品の基本アイデアを固める

ジョブの存在を確認することができたら、今度は、それを最も高いレベルで解決する製品やサービスを考えます。このときに役に立つのが、スタートアップ企業でよく使われる「リーン・スタートアップ」という手法です。通常、商品とは企業が考えてから顧客に提供するものです。しかし、リーン・スタートアップでは、設計の段階から商品を潜在的な顧客と一緒に考えます。ジョブを見つけたときと同様、「おそらくこんな商品が最も高いレベルでこのジョブを解決するだろう」というアイデアはいくつも浮かんでくると思います。しかし、商品アイデアは、浮かんだ段階では仮説でしかありません。実際にジョブを抱えている人に使ってもらい、結果としてジョブが満たされるかどうかをテストし、検証するのです。

そのためには、まず「ジョブを解決する最小限の機能を備えたテスト商品」を低コストで素早くつくり、それをアーリーアダプターに使ってもらいましょう。このテスト商品のことを「MVP（ミニマム・バイアブル・プロダクト）」と言います。

MVPの条件は、顧客が見たときに商品がどのようなジョブをどの程度解決するかがわかることです。MVPには無数の類型が存在しますが、よくある例について三つの型を紹介します。

① まだ存在しない商品を見せるためのデモ型

商品がまだ存在しない段階で、顧客に見せるためにつくるデモンストレーション（デモ）のことです。動画、アニメーション、ストーリーボードなどをつくり、製品・サービスのアイデアを表現します。まだ存在しない商品を絵に描いたり、まだ存在しないサービスを動画やアニメーションで表現したりして人に見せることで、クラウドファンディングでこれから行うプロジェクトの寄付を募ることも可能です。**想定したジョブの存在と切実度や、自分のアイデアが持つ充足度の高さについて、商品を実際につくる前に顧客の反応を知り、最適な形に修正できます。**

② 人力で補って再現する張りぼて型

効用や機能を人力で補填《ほてん》しながら再現した製品やサービスのことです。Airbnbやグルーポンなど、今や有名になったウェブベースのマッチングサービスにも、会員数が少ないときは一部を人力で補填していたものが多くあります。

例えば、中古品販売サイトであれば、売り手の売り注文が入った瞬間に主催者が買い手のふりをしてすぐに買い注文を出すことで、「不用品を即座に買い取ってもらいたい」というジョブに対する充足度を最大に高めたサービスを再現することができます。実際はシステムが完成していなくても、**売り手が抱えるジョブの有無と切実度、それに対する商品の充足度の高さを検証することができます。**

③ 身内だけで実際に使ってみる内輪型

身内だけでテストする不完全な製品・サービスのことです。ジョブを解決する機能だけの商品をつくり、不完全さを許容してくれる身内の少数の人々に使ってもらい、フィードバックを受けながら軌道修正していきます。例えば、個人のドライバーと乗客を結ぶマッチングビジネスのウーバーは、サービス開始当初は必要最低限の機能しかない簡単なアプリで、利用者は創業者とその友人・知人・紹介者に限定されていました。**身内の中で実際に使ってみることで、より高いレベルでジョブを満たす機能を加え、大ヒットの種を埋め込んだ状態で市場に出すことができます。**

実験によりジョブと商品を検証する

MVPをつくったら、リーン・スタートアップの手法に基づき、実験を開始します。この実験プロセスで検証すべきことは、**「①ジョブの有無と切実度」、「②提案する製品・サービスによるジョブの充足度」**の二つです。

実験プロセスは次の図にあるようなサイクルをたどります。まず、検証すべき仮説と基準を決めます。基準とは、「MVPを使った10人のうち、少なくとも5人はリピーターになる」というようなものです。想定したジョブが切実な形で多くの人や組織の中に存在し、MVPで想定した製品・サービスの機能が十分な充足度を実現しているかを判定できるものにしましょう。次に、アーリーアダプターに実際にMVPを使ってもらい、評価を計測します。そして、結果が合格基準を超えれば、実験はそこで終了です。

しかし、多くの場合は一度目のサイクルで仮説があっていることはありません。改善の余地が残る際は、実験の結果から改善点を見つけてMVPに改良を加え、またプロセスを1からはじめます。これを繰り返し、最も切実なジョブの存在と、最も解決度の高い商品を特定します。

● MVPを使った実験プロセス

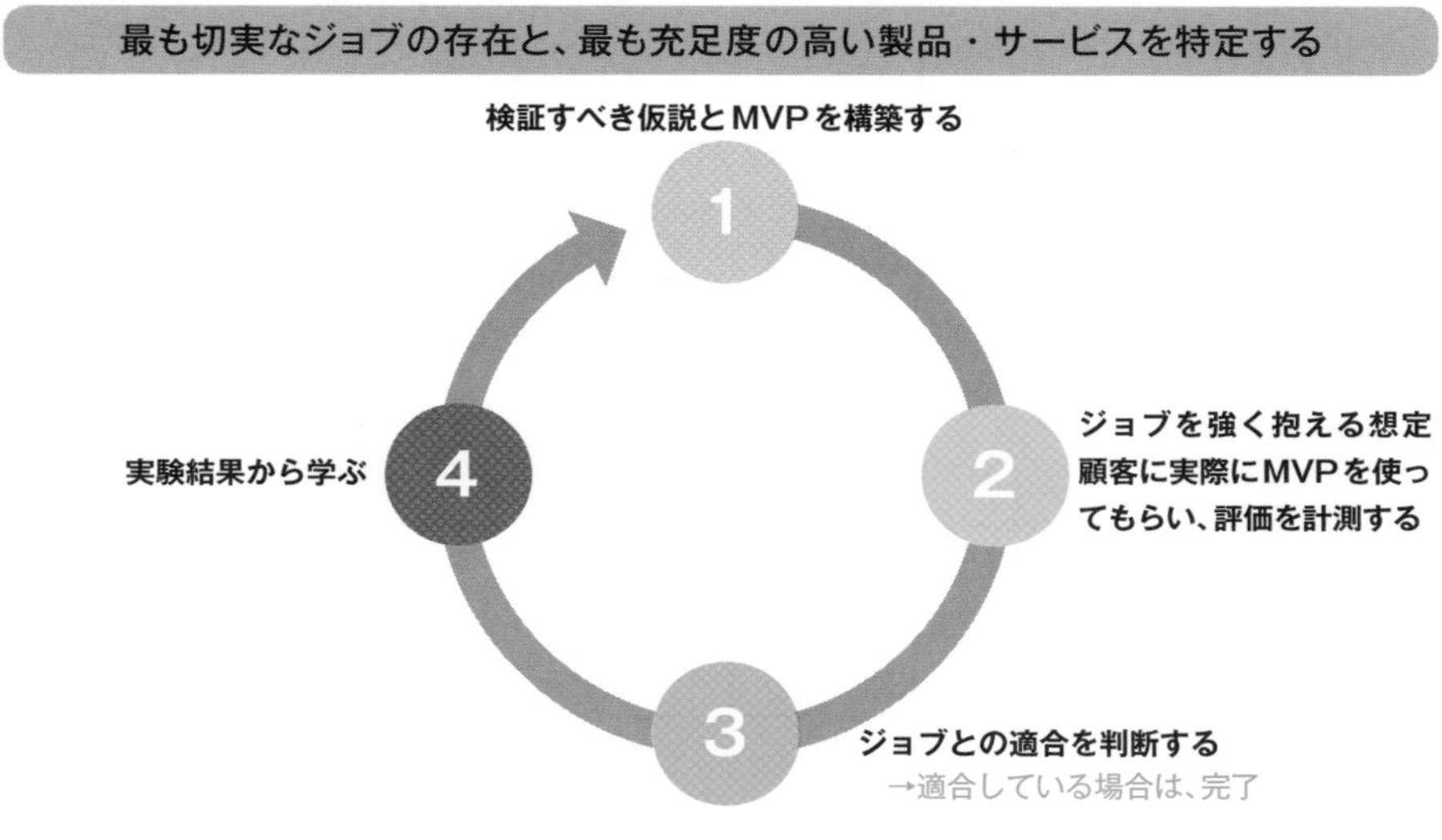
最も切実なジョブの存在と、最も充足度の高い製品・サービスを特定する
検証すべき仮説とMVPを構築する
1
2
ジョブを強く抱える想定顧客に実際にMVPを使ってもらい、評価を計測する
3
ジョブとの適合を判断する
→適合している場合は、完了
4
実験結果から学ぶ

Action 3

ビジネスモデルをつくろう

ビジネスモデル・キャンバス（BMC）とは

切実なジョブと解決度の高い商品の形がわかったら、ビジネスモデルをつくります。このとき、**「ビジネスモデル・キャンバス（BMC）」**というフレームワークを使うと要点を押さえながら、ビジネスモデルを簡単につくることができます。

BMCとは、新しいビジネスを考案するために鍵となる九つの要素を1枚の紙にまとめたものです。さまざまな図やグラフを含んだ何ページにもわたる企画書は、新規事業創出には向いていません。簡単につくることができて簡単に捨てられるBMCはラフアイデアをまとめるために有用であり、多くの新規事業の作り手に実際に活用されています。**まずは、ビジネスモデルの本質的な要素だけを簡潔に埋めていきましょう。**

● ビジネスモデル・キャンバス（BMC：Business Model Canvas）に記入するもの

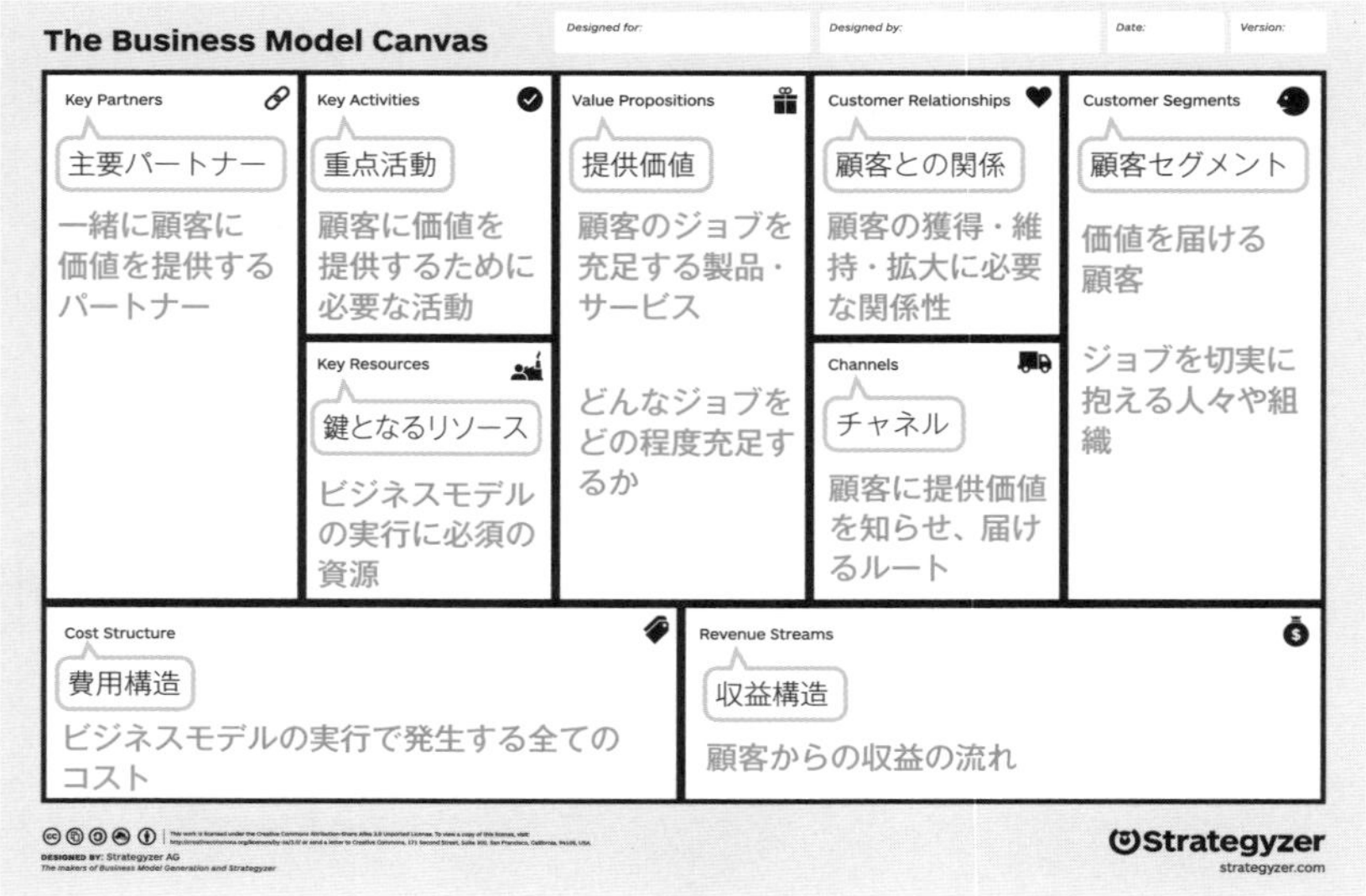

ビジネスモデルの例：アマゾン

BMCについてイメージを持つために、アマゾンのビジネスモデルを見ていきましょう。まず、アマゾンには売り手と買い手の２種類の顧客がいます。買い手側の顧客は、「効率的に買い物をしたい」というジョブを抱える全ての人です。アーリーアダプターは、忙しくてお金を使う暇のない会社員などです。また、売り手側の顧客は「より多くの人にアプローチしたい」というジョブを抱える業者です。具体的には、自前のECサイトでは集客効果が出ずに維持管理にコストや手間がかかっている地方の小さな製造会社などでしょう。

こうした顧客に対して、アマゾンは買い手側には「買い物にかかる手間を最小化できる」、売り手側には「商品を多くの顧客に見せられる」という価値を提供しています。双方の顧客とアマゾンとは「会員制度」という関係で結ばれておりアマゾンのウェブサイトというインターネットチャネルでやりとりをしています。

こうした顧客に価値を届けるために宅配業者、決済会社、加盟店というパートナーとの関係を築き、ECサイト、会員プール、独自の物流システムというリソースを管理・運営しています。このビジネスモデルを回すためには人件費とシステム開発および運営費がコストとしてかかっており、一方で会員料、広告料、出店料を収益として受け取っています。

● アマゾンのビジネスモデル

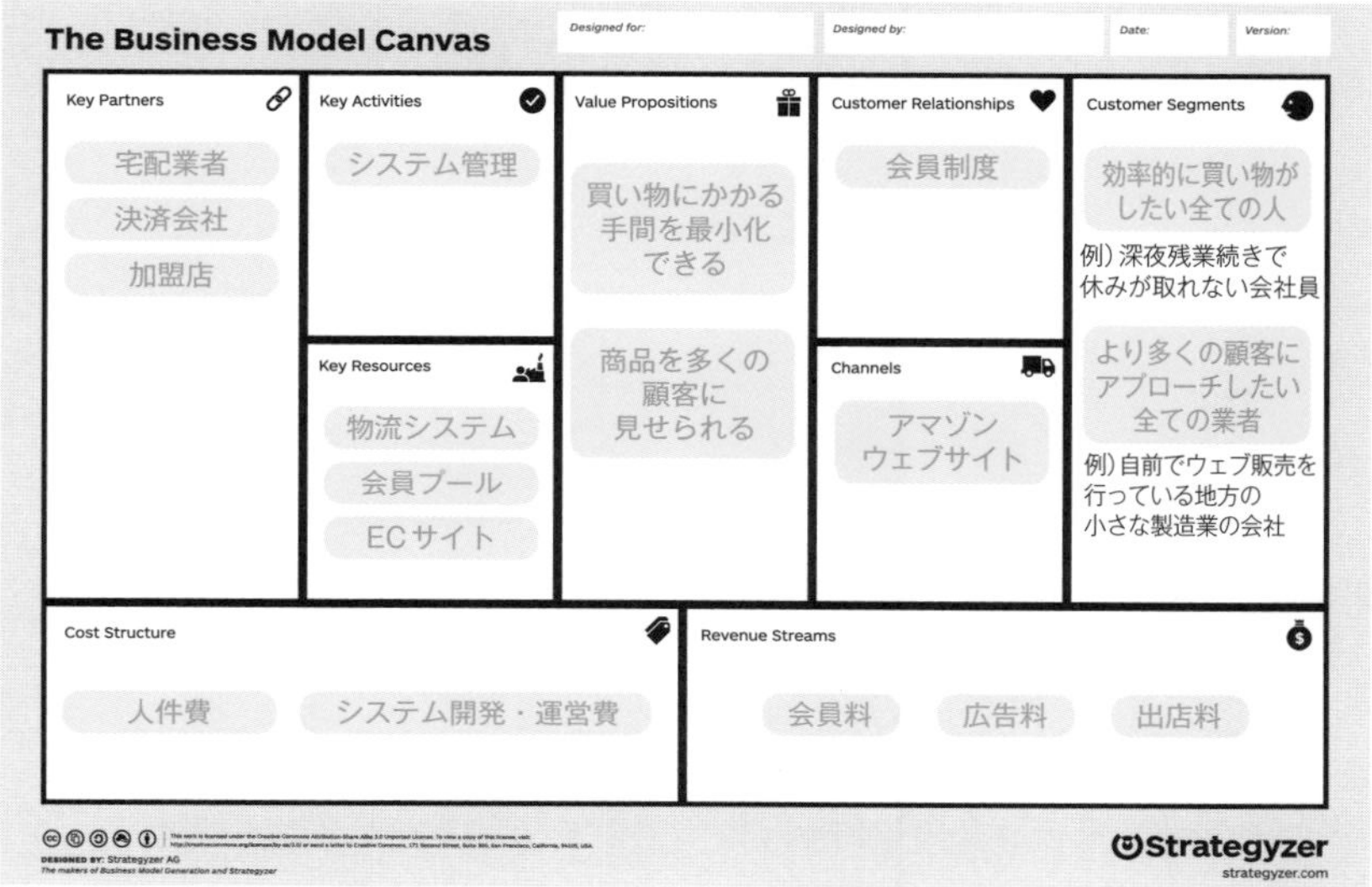

売り方を工夫する

SDGsビジネスのBMCを描く際には、収益を最大化する課金方法を考案することが大事です。そのコツは、**「固定だと思われている要素を変動にしてみる」**ことです。目を付けるべきポイントは、「①価格」、「②商品」、「③顧客」、「④タイミング」、「⑤チャネル」の五つです。

① 価格「いくらで売るか?」

普段の買い物では、商品には固定の値段がついていることが多いです。したがって、「価格は固定的なもの」という先入観が多くの人の中にあります。しかし、世の中を見渡してみると、実は固定価格で売られているものばかりではありません。

例えば、農産物や海産物はその年や季節の収穫量によって値段が大きく変わります。電力は従量や稼働率ベースで金額が変わり、オークションサイトでは時価で商品が取引されます。音楽配信サービスの多くは購入量と関係なく定額です。こう考えてみると、あなたのビジネスモデルで想定している商品は、固定の定価をつけて売るべきでしょうか。都度交渉、従量・稼働率ベース、成果報酬、市場価格、定額性などにすることで、収益が多くなる可能性があるかもしれません。

② 商品「何を売るか?」

商品でも、多くの人の中に「商品は全てを一括で売るもの」という先入観があります。しかし、トレーニングジムがダイエット食品を売るようにブランドを生かして商品ラインアップを増やす、アプリのように効用だけを売る、ビデオショップのようにレンタルする、転職支援会社のように仲介だけをする、民放メディアのようにコンテンツではなく広告を売る、ECサイトやコンビニのように販売チャネルを売るなど、実際にはさまざまな方法が考えられます。

③ 顧客「誰に売るか?」

顧客も分割できます。ZoomやSkypeなどのようにライトユーザーとヘビーユーザーに分けて、後者からのみお金を取る方法はフリーミアムと呼ばれています。銀行の多くは個人と法人とで別の料金体系になっており、アマゾンやメルカリなどは、売り手と買い手の両方から収益を得られるしくみになっています。

④ タイミング「いつ売るか?」

売買のタイミングも複数考えられます。剃刀《かみそり》のブランド、ジレットは替え刃の価格を高く設定し、継続利用時に収益を生むしくみになっています。ディズニーランドは来園時の入園料だけでなく、グッズや映画などの二次利用時に高い収益を生んでいます。オンデマンドの映画視聴サービスの多くは、何十年分にも及ぶ数多くの古い映画の小さな需要を積み上げることでビジネスを成立させています。

⑤ チャネル「どこで売るか?」

販売チャネルも固定的な店舗とは限りません。ユニクロのように店舗とECサイトの両方を展開することもできますし、テレビ通販やソーシャルメディアのインフルエンサーなどの活用や代理店や個人を通しての販売も考えられます。

●売り方の工夫ポイント

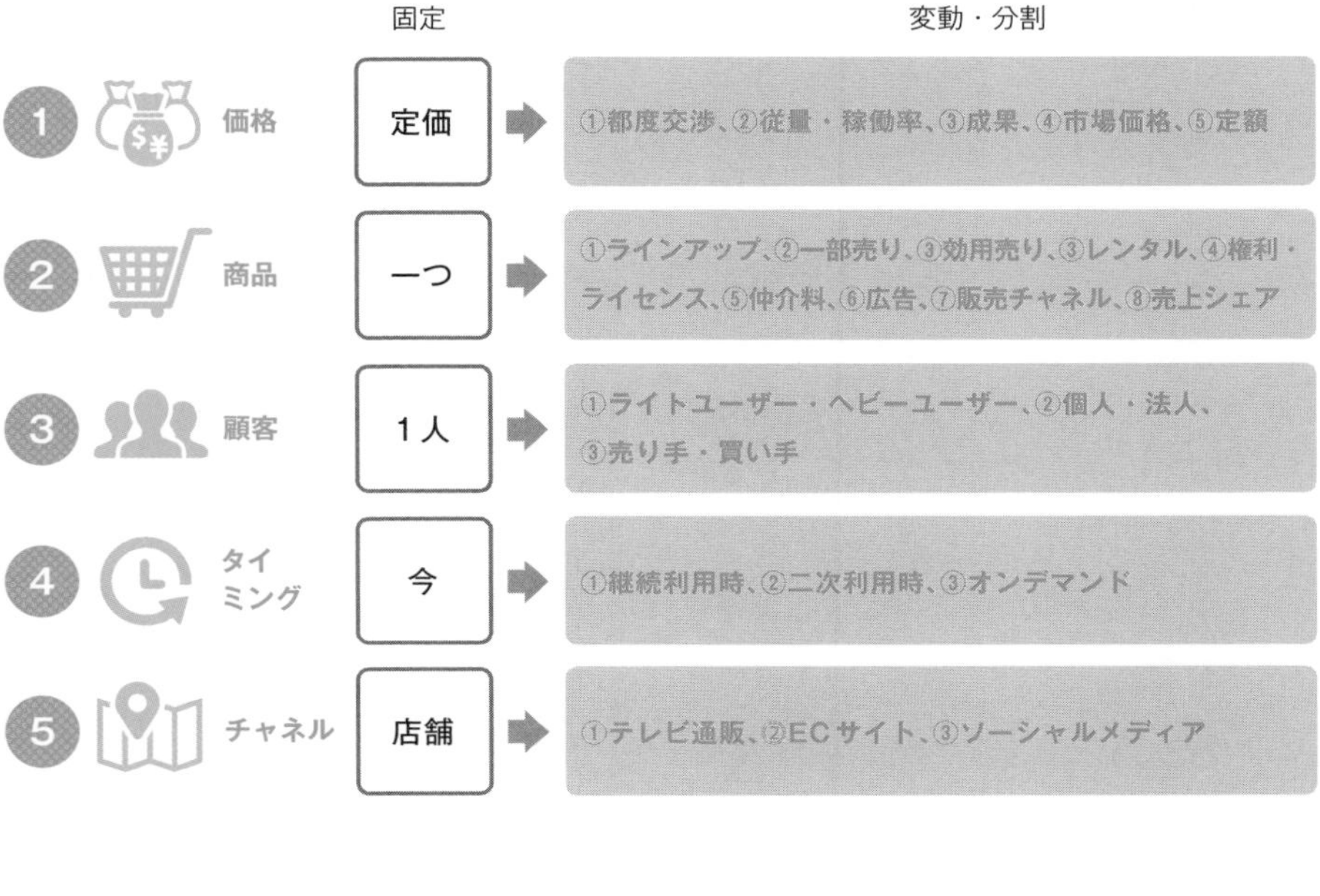

STEP5のチェックポイント

まとめ

新しいSDGsビジネスをつくり出す

STEP 5は、SDGsに貢献する全く新しい事業、つまり、「SDGsビジネス」のつくり方を扱いました。ジョブ理論やリーン・スタートアップなどの世界中の新規事業創出の知恵を活用し、「①ジョブを見つける」、「②顧客を見つける」、「③ビジネスモデルを構築する」の三つのステップで解説しました。「楽しいことをはじめる」というポジティブな発想を持ち、自由に夢を描き、自分の人生の時間をささげるに値する一番やりたいことをやりましょう。

Action 1 「ジョブ」を見つけよう

社会課題解決につながるジョブを見つける

- ジョブとは「人や組織にとっての片付けるべき仕事（Jobs-to-be-Done）のこと
- 社会全体で多くの人や組織が切実に抱えているジョブを見つけ出す
- 解決することで社会課題の解決につながるようなジョブを見つける
- ジョブを見つける具体的な方法には、「見る（観察・人の行動を見る）」、「聞く（対話・人の話を聞く）」、「考える（想像・人の身になる）」の三つがある
- 人々が抱えているジョブを解決できる商品が存在しないため、代わりにやっていることや使っている商品、すなわち、「不自然な行動（人）」や「不自然な使われ方（物）」を探す

Action 2 顧客を見つけよう

アーリーアダプターを発見し、ジョブを確認する

- アーリーアダプターに会い、観察、対話、想像といった方法で見つけたジョブが本物かどうか直接聞いて仮説を検証する
- アーリーアダプターは、「〇〇というジョブを切実に抱えている人」といった表現ではなく、「ハーバード大生」といった客観的な分類で表現する
- 一度話を聞いた人には他に話の聞ける知人を紹介してもらう

リーン・スタートアップで商品の基本アイデアを固める

- ジョブを充足する最小限の機能を備えたテスト商品（MVP）を低コストで素早くつくる。MVPには、主に「デモ型」、「張りぼて型」、「内輪型」がある
- リーン・スタートアップの手法に基づくMVPを使った実験により、ジョブの有無と切実度および提案する製品・サービスによるジョブの充足度を検証する
- 実験プロセスの基本的な手順は、「①検証すべき基準を決める→②アーリーアダプターに実際にMVPを使ってもらい、評価を計測する→③結果が合格基準を超えれば実験は終了」の流れ
- 上記で、改善の余地が残る場合は、実験の結果から学習し、MVPに改良を加え、またプロセスを1からはじめて、これを繰り返し、最も切実なジョブの存在と、最も充足度の高い商品を特定する

Action 3 ビジネスモデルをつくろう

ビジネスモデル・キャンバス（BMC）をつくる

- BMCを使って提供価値、顧客セグメント、顧客との関係、チャネル、主要パートナー、鍵となるリソース、重点活動、コスト構造、収益構造の九つを明確にする
- 各要素の関係性を考え、ビジネスモデルの全体像、流れ、成長の方向性を描く
- ①価格、②商品、③顧客、④タイミング、⑤チャネルの五つを変動にすることで課金方法を工夫し、収益を高める余地がないか検討する

Column

新規事業が大ヒット商品になるには段階を踏む必要がある

はじめからヒット商品を目指さない方がよい二つの理由

ジョブ理論やリーンスタート・アップは、ジョブを切実に抱えるアーリーアダプターに対して商品をつくることを教えています。しかし、あなたの会社がSDGsビジネスで生み出したいのは、アーリーアダプターのような少数の人たちだけが買ってくれるマイナーな商品ではなく、世界中のあらゆる人が買ってくれる大ヒット商品ではないでしょうか。「なぜ最初から万人受けするようなヒット商品の開発を目指さないのか？」と感じる方もいるかもしれません。その理由は二つあります。

一つ目は、全ての人が持っているようなジョブは既に誰かが解決策を出しており、いくら探しても新規事業のとっかかりとなる未解決のジョブを見つけることができないからです。二つ目は、そうであるからこそ新規事業におけるヒット商品の多くははじめから万人受けを狙ったものではなくニッチな商品が育っていった結果、どこかで火がついてヒット商品に成長したものだからです。

ニッチ商品をヒット商品に変えるために有効な「キャズム理論」

ジェフリー・ムーア氏の提唱する「キャズム理論」によれば、あらゆる新しい製品・サービスは市場全体の16%の人々に買ってもらうところまでは、それほど難しくありません。どのような製品・サービスに対しても、ニッチ市場（規模の小さい隙間市場）が存在し、ジョブを持つ人が一定層いるためです。しかし、それ以上顧客層を拡大しようとすると、そこにはニッチ市場とメインストリーム市場を分ける大きな溝（キャズム）が存在します。キャズムを越える方法は、ニッチ市場で熱狂的なファンを大勢つくり、まずはその中でトップを取ることだと言われています。

そのためには、ジョブを切実に抱えるアーリーアダプターを厳選し、彼ら彼女らにとって今までなかった満足度の高い商品を提供して、熱狂的なファンつくることが必要です。その熱とともにメインストリーム市場に参入することで、埋もれることなく新しい顧客を増やすことができるのです。万人受けするような商品を最初から市場に投入しても、誰にも刺さらない、どこかで見たような製品やサービスになってしまいます。

ニッチ商品がヒット商品になっていくプロセス

Facebookはハーバード大学の学生の間での熱狂的な盛り上がりを受けてから、商業化をはじめました。初めのうちはハーバード大学の学生と同じジョブを持つアイビーリーグ（アメリカの八つの名門私立大学）の学生を対象に一校一校広めていきました。アーリーアダプターからの要望やフィードバックを受けて学習と改良を繰り返し、現在のFacebookに近い形の製品をつくり上げていきました。そのニッチ市場で熱狂的な盛り上がりを確認してから、その火を移す形で全世界の人々を対象としたメインストリーム市場に参入し、現在のような誰もが知っているサービスへと成長していきました。アマゾンもはじめから現在のようなあらゆる商品をあらゆる人へ販売するインターネットサイトを目指していましたが、サービス開始時には書店というニッチな市場の本というニッチな商品に特化していました。

●**キャズム理論と市場の関係性**

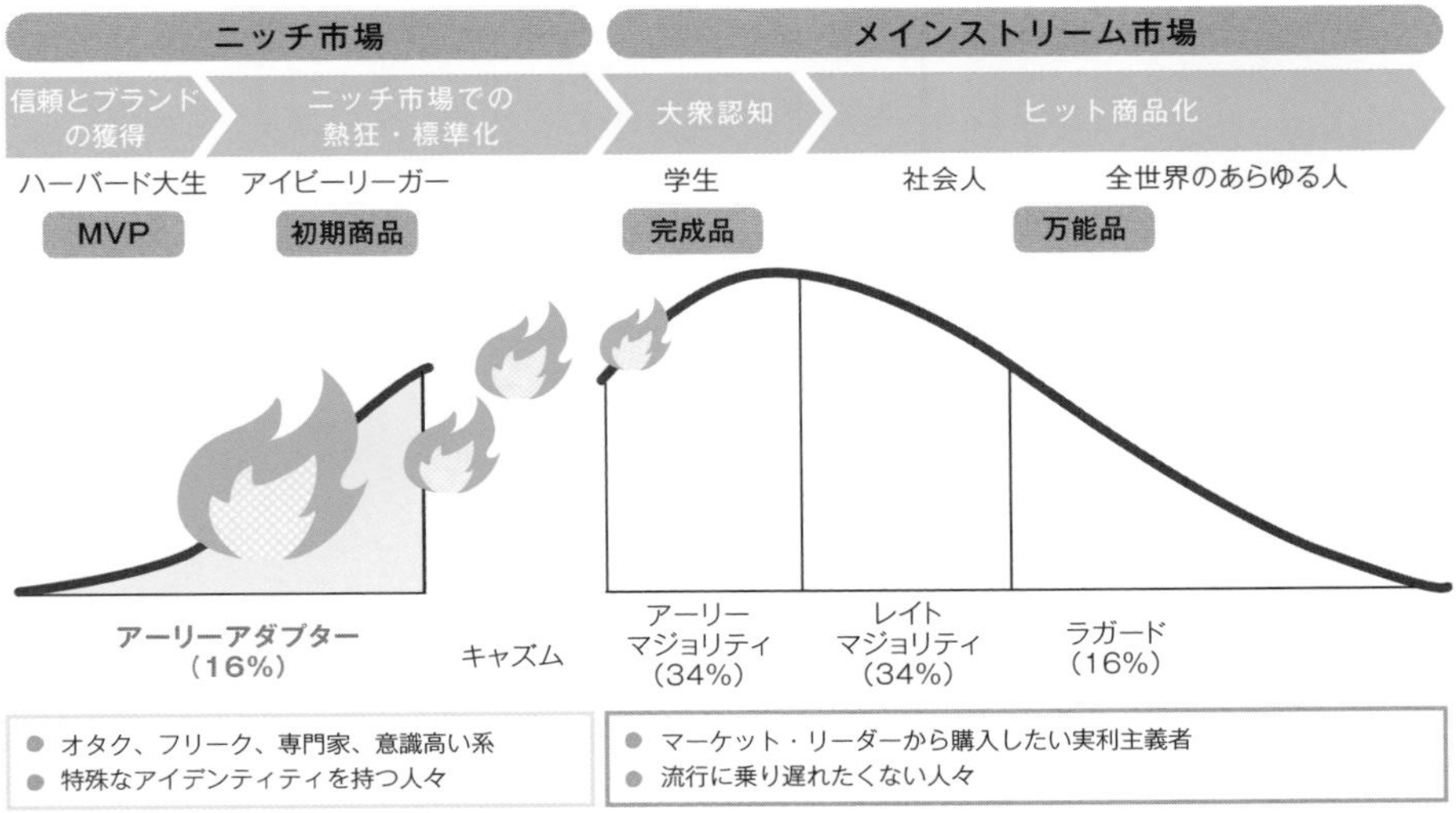

STEP 6

SDGsを会社に定着させよう

Action 1

SDGsを会社の理念や方針に取り込もう

今までのSTEPでSDGsを自社に取り入れ、新しいビジネスを生み出しました。しかし、このままの勢いを維持しながら、会社に定着させる必要があります。STEP 6では、放っておいても社員が主体的にSDGsビジネスを考えて実行する会社になる方法を解説します。ここまでくれば、あなたの会社はSDGsのトップランナー企業です。

Action 2

経営戦略として活用しよう

Action 3

外部へ発信しよう

SDGsをあなたの会社の「当たり前」にする

SDGsの取り組みを定着させる

ここまでのSTEPをのぼり、SDGsに取り組みはじめ、事業を通して共通価値を生み出す活動ができていれば、あなたの会社は十分にSDGsへの本質的な取り組みができていると言えます。しかし、同じことを続けているだけでは、マンネリ化し次第に勢いを失ってしまいます。

SDGsへの取り組みを継続的に発展させていくには、**SDGsを会社の「当たり前」として定着させることが重要です。**そのために、「会社の理念や方針として取り込む」、「経営戦略として活用する」、「外部に発信する」という三つの方法を解説していきます。

大きな会社のまねをしない

企業がSDGsを自社に定着させることは、「SDGs経営」や「サステナビリティ経営」と呼ばれ、大企業の間で積極的に行われています。しかし、こうした大企業のやり方をまねすることは小さな会社にはおすすめできません。なぜなら、大企業では株主や規制当局からのプレッシャーが強く、「それにどう応えるか」が発想の出発点になっていることが多いからです。

上場しておらず、中小企業用の規制しか受けない小さな会社では、大企業のESG投資やサステナビリティ報告（STEP 7参照）の方法をそのまま取り込んでもほとんど意味がありません。それどころか、方法論に振り回され、自社が行いたいSDGsへの取り組みにつなげることに苦労し、そもそもやらなくてよい作業に時間と手間を割くことになる可能性すらあります。

小さな会社では、大企業のように社会や環境に対する責任を外部から開示要求されることはありません。あなたが本当に知りたいのは、「義務や責任を果たすことで株主や規制当局からどれだけ褒められ、批判されるリスクが減るのか」ではなく、「SDGsへの取り組みがどのくらい企業の成長や競争力の強化につながるのか」といった、ビジネス上のメリットなのではないでしょうか。

小さな企業は尖《とが》ることが大事

大企業と中小企業とでは、扱っている事業の数が違います。中小企業の場合、主要な事業は一つか二つ、多くても5個未満であることが多いと思います。一方、大企業は何十もの事業を扱っていることが普通です。

多くの事業を扱う大企業は、一つか二つの目玉事業でSDGsに取り組んでも、会社全体で取り組んでいることにはなりません。経営にSDGsを導入するということは、扱う全ての事業と活動にSDGsを導入する必要があります。

一方、中小企業の場合は、網羅的にSDGsを導入しようとすると、小粒な活動の寄せ集めのようになり、事業や広報などあらゆる面でインパクトに欠けます。**SDGsに関係しそうな事業や活動を「あれもこれも」と考えるのではなく、「これ」と決めた自社の強みとなる一つの柱を軸にして、徹底的に社会価値を拡大していく方法が小さな会社にとってはベストと言えます。**

Action 1

SDGsを会社の理念や方針に取り込もう

SDGsで自社の経営理念を考え直す

SDGsを定着させるには、「経営理念」を振り返ることからはじめましょう。なぜなら、経営理念とは、自社が社会に対してどんな価値を与える存在であるかを明確にし、自らの存在意義を定めるものだからです。あなたの会社の経営理念は、社訓、社是、使命、経営哲学など、別の言葉で表現されているかもしれません。また、会社によっては「経営理念をはっきりとした形で打ち出していない」、「代々受け継いできた経営理念はあっても、実際の経営や事業で参照されることはない」ということもあるでしょう。SDGsを会社の理念や方針に取り込むには、まず企業理念に相当する情報を社内から集め、整理する必要があります。整理にあたっては、ピーター・ドラッカー氏が提唱し、世界中の多くの企業で採用されている「MVV(Mission・Vision・Value)」を使うと便利です。なお、既に整理された企業理念を詳細な形で持っている企業は、Action 1は飛ばしてかまいません。

1　ミッション(Mission):使命

ミッションとは、**社会の中での自社の役割や存在意義**のことです。なぜあなたの会社はこの世界に必要で、社会にどんな価値を提供しているのでしょうか。企業ですから、「収益を得るため」という面はあると思います。しかし、収益があるのは、何かの役に立っているからです。87ページで紹介したウォーターサーバーの会社は、「喉が渇いた人に手軽においしい水を届ける」という機能を「オフィスの水不足を解消し、人々の仕事の生産性を上げストレスを減らす」ことに変化させました。SDGsの視点によって、このように自社の新しい価値を再発見しましょう。

2　ビジョン(Vision):未来像

ビジョンとは**未来でありたい姿**のことです。3年後、5年後、10年後、あるいは

100年後に、あなたの会社や社会はどうなっていたいでしょうか。単純に「業界No.1になる」ことがまず思い浮かぶかもしれません。しかし、SDGsの視点で考えると「貧困のない世界」に対する思いや、「日本の貧困の子どもたちを救う企業になる」といった、社会課題などを解決する会社になるというビジョンが見えてきます。

3　バリュー（Value）：価値観

バリューとは、**会社で働く人々が持つ共通の価値観**のことです。同じ仕事であっても、「やるかやらないか」、「何をやるか」、「どのようにやるか」などの意思決定は、その組織に共通する価値観によって変わってきます。「安全を確保することとチャンスをつかむこと」、「幅広く意見を聞くことと素早く決めること」、「収益を上げることと社会の役に立つこと」など、企業が決定を行う際の判断基準はしばしば対立します。その際にどちらをとるかの判断軸になるものがバリューです。

● MVVの例

	岡山ビューホテル	滋賀銀行	SDGsアントレプレナーズ
ミッション 使命	・「心のビュー（景色）」を美しくすることで良い人間関係を築き、感謝と思いやりに満ちたうるおいのある社会をつくる	・顧客の信頼と期待に応え、地域社会の発展に貢献する ・人権や個性を尊重し、働きがいのある職場を提供する ・地球環境を守り、持続可能な社会をつくる	・ビジネスによる社会課題解決の実践知を普及させる
ビジョン 未来像	・「思いやり（OMOIYARI）」を世界標準語にする ・思いやりとは、相手を大切に思い、相手の立場に立って考え、相手から見返りを求めない心と行動	・自分らしく未来を描き、誰もが幸せに暮らせる社会、地域との共創による持続可能な社会を実現する	・経済価値と社会価値の両方で企業の競争が行われるような、持続可能な世界のための市場をつくる
バリュー 価値観	・人のお役に立つことを自分の喜びにする ・人につくすことで、なくてはならない存在になる ・良い人間関係をたくさん築くことで、周りに良い影響を生み出す	・自分にきびしく、人には親切、社会につくす	・あらゆる仕事において社会価値と経済価値を両立させる ・心躍る仕事をつくり、他に与える ・世界の変化の最前線で、自ら社会実験に取り組む

新しい経営理念や事業コンセプトを生み出す

SDGsを経営理念に取り込む具体的な方法は、あなたの会社の**MVVの柱となっている要素とSDGsとを掛け合わせ、新しい経営理念や事業コンセプトを生み出すこと**です。例えば、岡山ビューホテルは、心を美しくすることで良い人間関係を築き、感謝と思いやりに満ちたうるおいのある社会がつくれるという「心のビュー(景色)」や相手を大切に思う、相手の立場に立って考える、相手から見返りを求めないような心と行動を意味する「思いやり（OMOIYARI)」のコンセプトを発信しています。

生み出した経営理念や事業コンセプトを、社内で完結せずに持続可能な社会のための新たな概念として発信することで、SDGsの推進に貢献できます。これまでも多くの企業が生み出した概念がSDGsの潮流を勢いづけてきました。優れたものは、会社の規模にかかわらず他社に参照され、SDGsの大きな推進力となります。

持続可能な世界をつくるための国際的なコンセプトを掲げる

新しいものを自ら考えるのではなく、**SDGsのコンセプトを経営理念や事業コンセプトに取り込む方法**もあります。例えば、新潟県魚沼市でお米からつくるプラスチックの製造を行うバイオマスレジン南魚沼は、欧州を中心に国際的に盛り上がっている「循環経済（サーキュラー・エコノミー)」を掲げています。77ページで紹介した会宝産業は、新品部品から新車をつくる「動脈産業」に対して、中古車を解体して使える部品を取り出す「静脈産業」を掲げています。

こうした国際的に有名なコンセプトも、もともとは一企業がつくり上げてきたものです。例えば、STEP 4で登場した共通価値創造（CSV）の概念は、もともとネスレが自社の経営理念や事業コンセプトとして考えたものが原型になっています。また、1990年代に企業に対する環境規制が強まり、どの会社も対応に苦しんでいました。ゼネラル・エレクトリック（GE）は「環境規制をビジネスチャンス」だととらえ、エコロジーとイマジネーションを掛け合わせた「エコマジネーション」を打ち出しました。それに取り組んだ結果、現在のGEは売上の半分以上が、環境や社会の課題解決の助けになる製品となっています。

● 新しいコンセプトの考え方の例

	古い常識		新しいコンセプト
エコマジネーション GE	環境への取り組みは企業にとってコストである	▶	環境への取り組みは意思と想像力を持って工夫をすれば、企業にとって莫大な収益機会になる
共通価値創造（CSV） ネスレ	企業が提供すべきは、対価を支払ってくれる顧客に対する価値である	▶	企業が提供すべきは、顧客を含むステークホルダー全体への経済価値、知識価値、社会価値である
サーキュラー・エコノミー バイオマスレジン南魚沼	資源やエネルギーは有限で１度きりしか使えない	▶	資源やエネルギーは再生可能で何度でも使える
静脈産業 会宝産業	天然資源は加工されて製品になり、使用後は廃棄される	▶	天然資源は加工されて製品になり、使用後は製品、部品、素材として再利用され、再び製品になる

同様に、SDGsを含む社会課題解決を目的とするビジネスを意味する「ソーシャル・ビジネス」という言葉は、バングラデシュの貧困削減に金融を通して取り組み、国際的な一大産業を築いたグラミングループによって考案されました（95ページ参照）。健康食品にこだわったスーパーマーケットとしてアメリカで多くのファンを持つホールフーズは、SDGs時代の経営者の在り方や、社会価値と経済価値を両立させるような市場競争原理を想定した新しい資本主義として、「コンシャス・キャピタリズム」というコンセプトを提唱しています。

商品にSDGsに関連付けた名前を付ける

スタートアップ企業では、社名や商品そのものがSDGsにひも付いたものになっていることがあります。例として、ミャンマーで優秀な先生の授業をビデオ化し、貧しい人々の教育機会拡大につなげる「e-Education」、地域の人々と子育てをシェアする「子育てシェア」、浄水器とストローを合体させて手軽に飲める水をつくり出す「LifeStraw」などがあります。これらは、社名、商品名であると同時に、SDGsを推進するコンセプトでもあります。

Action 2

経営戦略として活用しよう

経営戦略にはハードとソフトの二つがある

SDGsを経営理念に取り込むことができたら、その後は**事業や活動の基盤となっている方針、すなわち経営戦略に取り込んでいきます。**経営戦略とは「変化する市場環境の中で最大限自社を成長させ、事業を拡大するための方針と実行の手引き」と定義されます。小さな会社では経営戦略と言えるほどのものがないか、あったとしても予算と案件管理の計画程度で、場当たり的に各レベルの社員の判断と合意で動いていることもあります。

経済価値のみを追求する経営であれば、「売上や利益につなげる」という暗黙の了解を全社員がはじめから共有しています。しかし、社会価値にはそのような誰もが疑問のない軸はありません。社会価値の実現には、明確な意思と戦略の共有が必要です。小さな会社が的確にSDGsを経営戦略に取り込むには、**ハードとソフトの両方で経営戦略を考える**ことがポイントとなります。

ハードの経営戦略に取り込む

まずハードの経営戦略からはじめます。ハードの経営戦略とは、紙でまとめるような目に見える**中長期的な企業の戦略文書**です。持続可能な社会へ向かう変化の中で、会社がどのようなポジションをとって事業を行うことで、経済価値と社会価値を最大化し、成長していくかをまとめます。

例えば、社会課題解決と経営戦略の一体化を進めてきたことで有名なネスレは、途上国の貧困層に対して驚異的に低価格の栄養機能食品を開発しています。代表的な商品の「ミロ」を、貧困層にも購入できるよう小分けにして一袋数十円程度で販売しています。また、へき地の農村まできめ細かく流通網を構築することで、世界中に熱狂的なファンを数多く生み出しています。ミロにはタンパク質とビタミン類が含まれており、毎日おいしく飲み続けることで、貧困の子どもたちのほとんどが陥っている発育阻害を予防することができます。ネスレが収益の割に手間のかかる貧困層の課題解決にコストをかけて取り組むのには理由があります。それは、SDGsの達成によって貧困を脱し、お金を持つようになったネスレの熱狂的なファンが、将来的に世界最大の手付かずの市場（ブルーオーシャン）を形成することが予想されるからです。ネスレにとってSDGsのゴール1の達成とは、単なる貧困の撲滅ではなく、7億人の絶対的貧困層を新しい顧客として自社のビジネスに迎え入れることなのです。

●持続可能な社会におけるビジネスの例

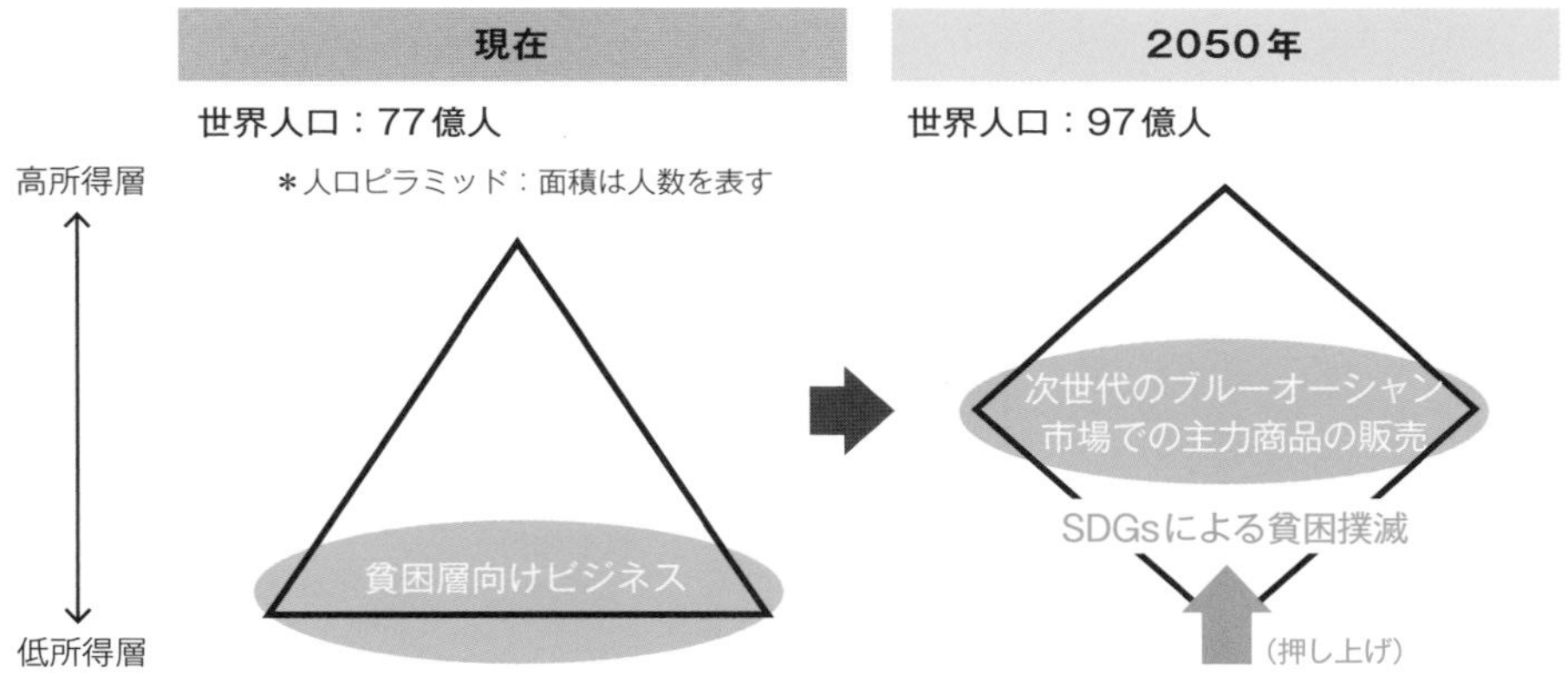

SDGsの目指す方向に合わせて、彼らが健康的に育ち中間層になることを手伝い、そのプロセスを加速させることは、現在世界一の食品会社であるネスレにとって社会価値と経済価値の両方を最大化し、企業として飛躍的な成長を続けていくための基本的な戦略になっています。企業にとってのSDGsを通した世界の課題解決への取り組みは、**次に訪れる持続可能な世界の新たな市場において成長を続けるための経営と事業に関する本質的な戦略**なのです。

ソフトの経営戦略に取り込む

ハード面と並行して、ソフトの経営戦略へもSDGsを取り込みましょう。ソフトの経営戦略とは、目には見えない**組織文化**のことです。ハードの経営戦略が会社の行動に反映されるには、単に論理的に優れた経営戦略であるだけでは不十分です。幹部や社員の普段の仕事における意思決定や行動を変えるためには、経営戦略が示す方向性が、組織文化として受け入れられる必要があります。組織文化とは、会社の中で日常的に社員に共有されている価値観、行動様式、暗黙のルール、社内の雰囲気などです。例えば、集団での意思決定と行動を重視し、依頼に忠実に実行することに重きを置く官僚主義的な企業に対して、個人主義のクリエイティブな仕事をする前提で考えられたスタートアップ企業のような経営戦略を突然示しても、社員は戸惑ってしまいます。

この「ハード」と「ソフト」の二つが会社を構成するという考え方は、経営戦略の研究で有名なコンサルティング・ファームのマッキンゼー・アンド・カンパニーが考案した「7S」という理論によるものです。そして、経営や組織の戦略、システムといったハードは、人材、価値観、行動様式といったソフトに支えられていなければ機能しないと言われています。特に「あうんの呼吸」が得意な日本における小さな会社の場合は、実質的な経営戦略はソフトの組織文化にあることが多くあります。そのため、**組織文化にSDGsをどう根付かせるかは非常に重要です。**

●企業を構成する七つの要素（7S）

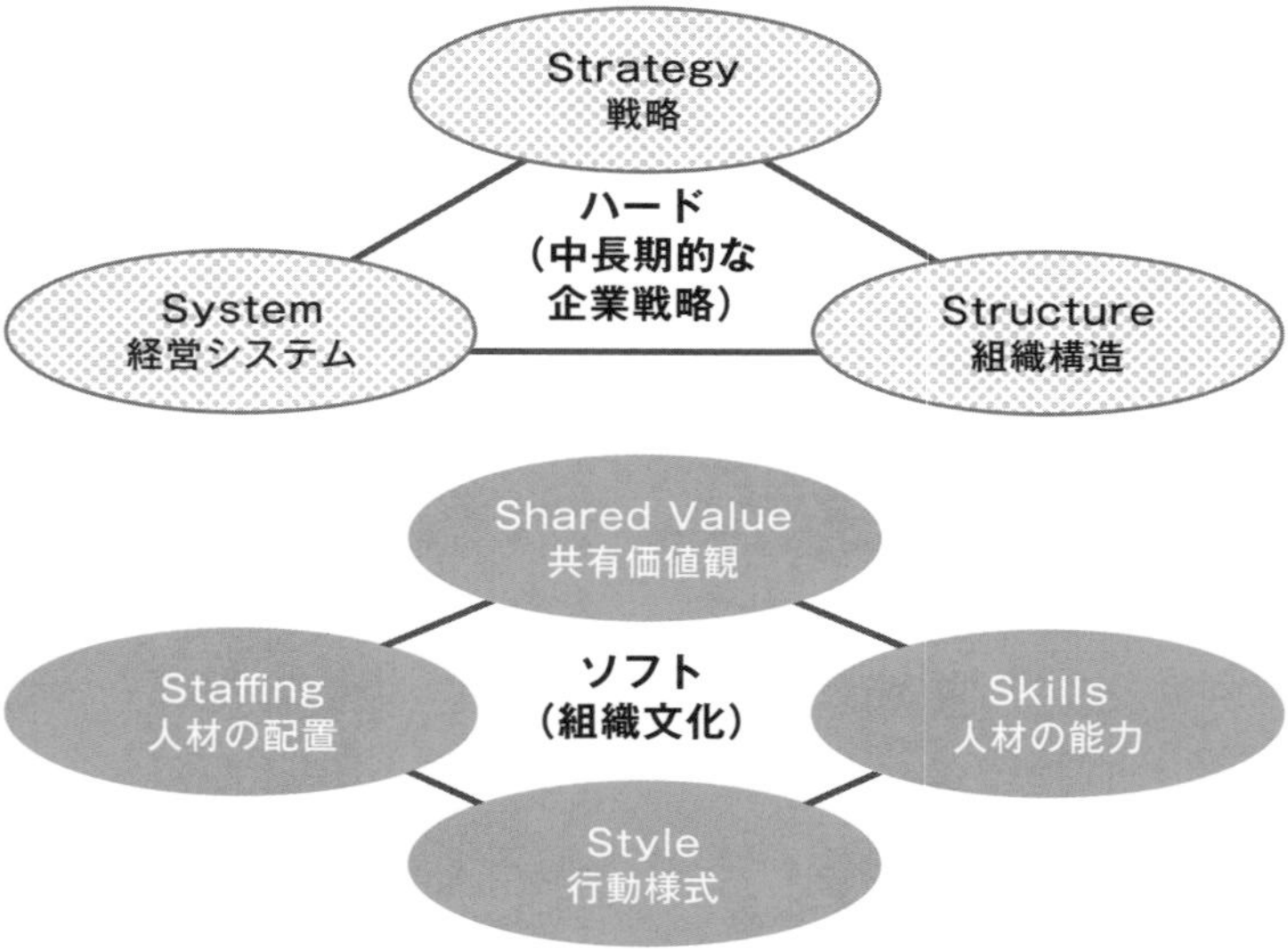

先ほど出てきたネスレでも、このソフトの経営戦略は非常に重視されています。ネスレは創業時から、単なる経済的な成功ではなく、飢餓や栄養不足の子どもの命を助けるといった人間主義的な価値観や行動様式の共有を大切にしてきました。こうしたソフトの上に成り立つ、リーダーシップスタイルや人事方針、労使関係といったハードのしくみは「ネスレプラス」と呼ばれ、他社にまねできない無形の競争優位となっています。ソフトの経営戦略に支えられることで、前述のような独自性の高いハードの経営戦略を実行することができるのです。

Googleでは、社員は勤務時間の2割は好きなことをしてよいというルールがあります。その中で、社員は大きな社会課題や今までにない技術と、革新的な方法論という条件を踏まえた新規事業創出を行っています。こうした社員の行動変容を促すしくみの中で、社会課題志向で革新性の強い組織文化が育まれます。このように、クリエイティブに社会課題を解決することで新しいビジネス領域を開拓し続けるというGoogleの経営戦略を支えているのです。

ソフトの経営戦略が重要であることは小さな会社でも同じです。伝統菓子づくりを通してSDGsや社会課題への貢献を目指す富山県の昌栄堂は、新型コロナウイルスの感染拡大によって学校給食の需要が激減した地元の酪農家を救うために、牛乳を普通よりも多く使った特製プリンの製造と販売をはじめました。こうした取り組みにより、お菓子づくりを通して収益を上げながら地域貢献ができることを社員が実感するようになったと言います。SDGsへの取り組みは、**社員が考える自社のイメージや社会的な存在価値、さらにはそこで働く自身のアイデンティティや仕事の価値を改めて発見し、ポジティブに再評価する動きにつなげていくこと**が肝心です。

タオルメーカーであるホットマンは、昨今、セネガル産のコットンを使用した国内初の日本製フェアトレードコットンタオルの生産と販売をはじめました。この取り組みを通して、弱い立場にあるコットン生産者の生活を守るとともに、工場排出ゴミの固形燃料化、ボイラー燃料の切り替えによるCO_2排出量削減などの環境対応を進めています。ホットマンは明治元年創業の老舗ですが、今までの経営や事業の方針を変えるにあたり、社員に対してSDGsと事業との関係を理解してもらう教育や啓発の機会を数多く実施してきたと言います。このように社員と一緒の取り組みや教育機会を増やしていくことで、組織文化を担うソフトの経営戦略へSDGsを取り込んでいくことができます。

Action 3

外部へ発信しよう

目的で人を引き付ける

SDGsを経営に取り込んで社内に定着させたら、**社外からもSDGsの推進企業であると認知されるように、外部へ情報を発信していきます。**企業は組織決定していない情報は外に出せません。よって、情報を発信することは、自社の中でSDGsを含んだ経営戦略や事業での実行は確定した方針であると明確にし、内外に知らしめて定着させることにつながります。そして発信してしまった以上責任を持つようになるので、SDGsを推進する方向へ自社を追い込むことにもつながります。

また、外部に発信するのであれば、広報や営業としての成果も求めたいところです。これらの趣旨を全て満たすような効果の高い外部への発信を行うには、**「目的(Why)」に焦点を当てること**がポイントです。

説明の仕方を逆転させる

世界中の優れたプレゼンテーションを集めたメディア「TED」の中で、多くの支持を集めた作品の一つに、サイモン・シネック氏の『優れたリーダーはどうやって行動を促すか』があります。この中でシネック氏は、過去のカリスマリーダーたちが多くの人々を動かす際の話し方について共通点を見いだし、**「ゴールデン・サークル」**という手法を伝えています。これは、普通の企業の商品の売り方とは真逆だと言います。

多くの企業は商品を販売する際、まず商品（What）の説明からはじめます。次にそれはどのように役に立つか（How）、そして、最後になぜそれをつくったのか（Why）を説明します。しかし、カリスマリーダーたちは、まず「なぜそれをつくったのか（Why）」から説明しはじめます。ビジネスであれば、商品よりも前に、会社は何を目指しているのかという経営理念やSDGsなどの社会課題への取り組みの意思を説明します。そして、それをどのように達成しようとしているか

(How)、最後に、その手段としてどんな商品（What）をつくったのか、を説明するのです。商品の価値を理解してもらう前に、まずあなたの会社を好きになってもらうのです。

この手法を最も得意としていた1人が、アップルの創業者の故・スティーブ・ジョブズ氏だったと言われています。アップルと普通の企業とのパソコンを売るときの説明は、次のような違いがあったと分析されています。あなたなら、どちらの会社から買いたくなるでしょうか？

● **人を動かすゴールデンサークル**

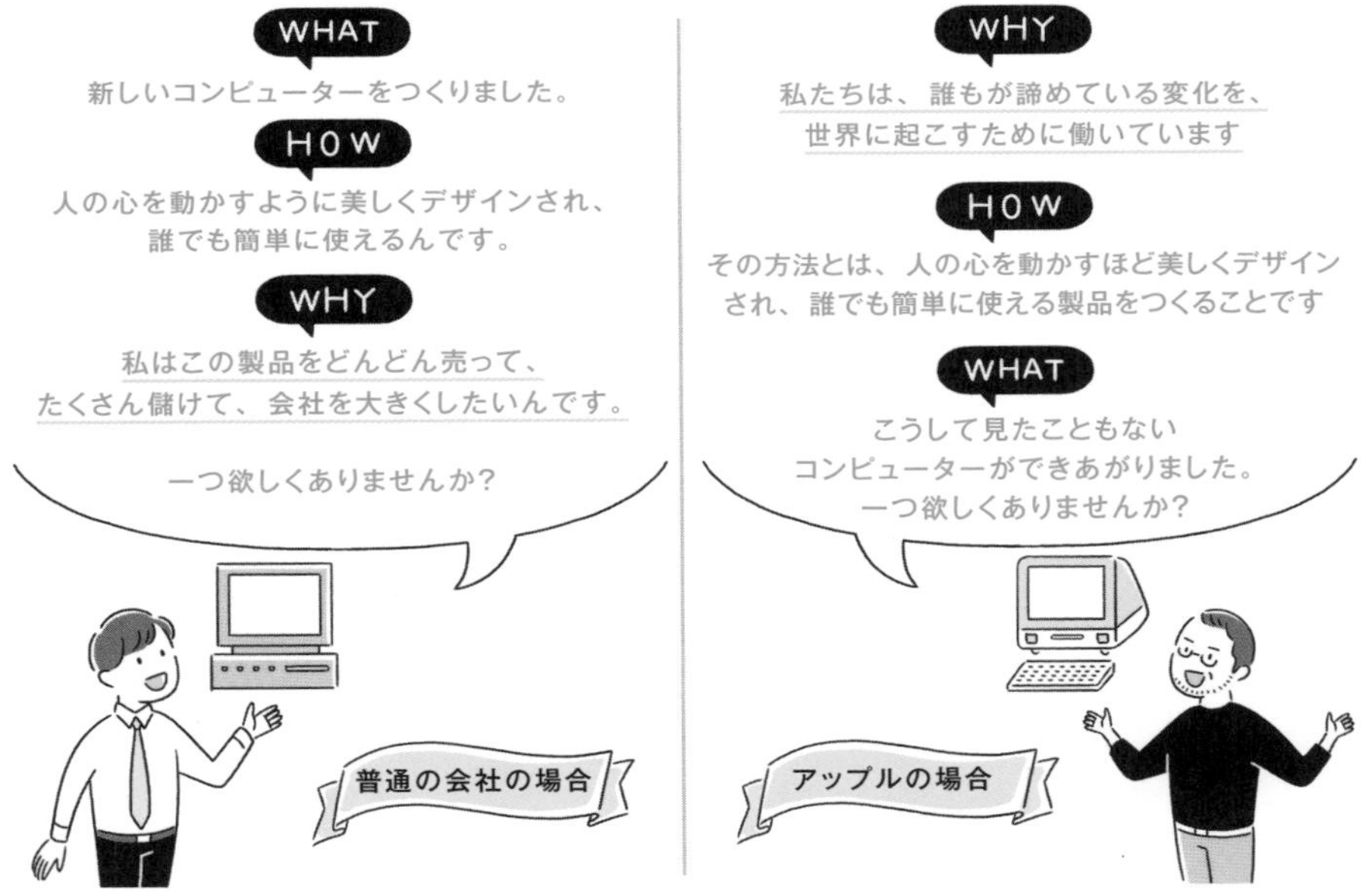
WHAT
新しいコンピューターをつくりました。
HOW
人の心を動かすように美しくデザインされ、
誰でも簡単に使えるんです。
WHY
私はこの製品をどんどん売って、
たくさん儲けて、会社を大きくしたいんです。
一つ欲しくありませんか？
普通の会社の場合
WHY
私たちは、誰もが諦めている変化を、
世界に起こすために働いています
HOW
その方法とは、人の心を動かすほど美しくデザイン
され、誰でも簡単に使える製品をつくることです
WHAT
こうして見たこともない
コンピューターができあがりました。
一つ欲しくありませんか？
アップルの場合

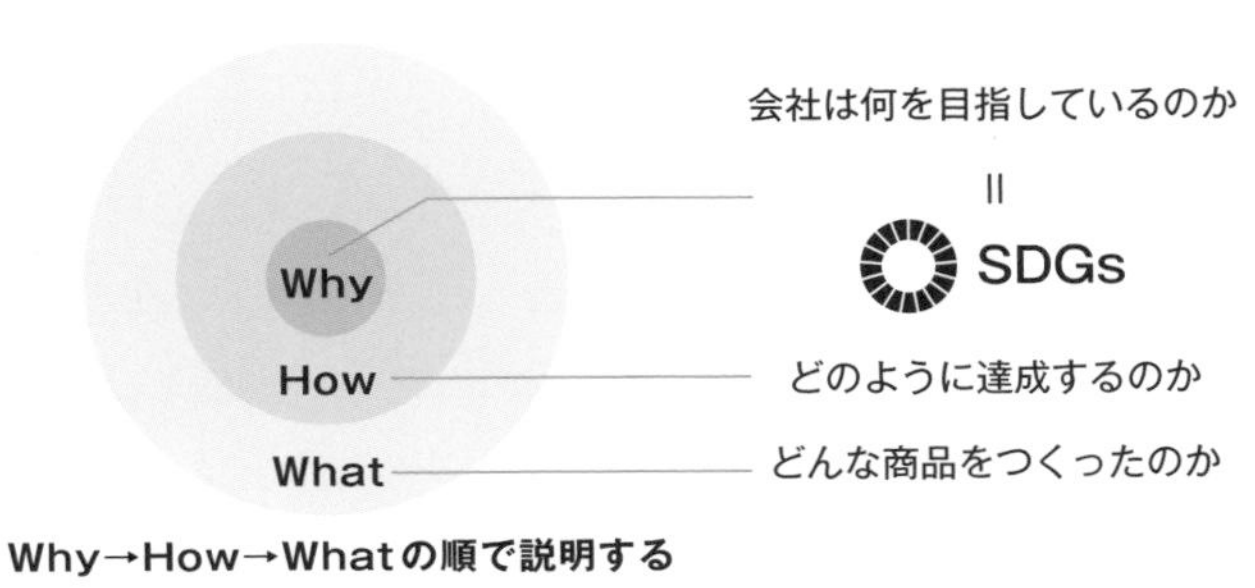
Why
How
What
会社は何を目指しているのか
＝
SDGs
どのように達成するのか
どんな商品をつくったのか
Why→How→Whatの順で説明する

SDGsをあなたの会社の「Why」にする

経営の理念や計画として掲げたSDGsとは、この場合の「Why」です。**訴求すべきは商品の値段や性能ではなく、それによって解決される社会課題や生み出される社会価値です。**「安くて良い品だから買おう」、「ほかよりも良いサービスだから使おう」だけではなく、「この商品を購入することを通して社会課題を解決しよう」、「世界に必要なこの会社を成長させるために応援しよう」という動機で製品やサービスを買ってもらうことを目指します。

バイオマスレジン南魚沼（128ページ参照）では、バイオマスプラスチックという製品の使い勝手や値段、通常のプラスチックと比べた優位性だけではなく、「循環経済（サーキュラー・エコノミー）を日本で実現する」、「新潟県の南魚沼という日本の一地域が地方創生の先駆けになる」といった目的を訴求することで、多くのファンをつくり、商品の販売につなげています。

自社のゴールデン・サークルをつくる

自社にとってのWhyは、SDGsゴールそのもの、または、Action 1で考えたSDGsとつながるMVVです。例えば、「貧困のない世界をつくる」、「日本の地方を持続化にする」、「循環型社会を実現する」などのミッションです。その後、Howでそれらにどう取り組んでいるのかを説明し、最後にWhat、つまり自社の製品やサービスがそれをかなえることを説明します。

HowとWhatを説明する際にありがちな失敗は、「わが社の製品はSDGsのあのゴールにもこのゴールにも達成貢献します」とSDGsのロゴをとにかくあちこちに貼り付けてしまうことです。そうではなく、STEP 2のAction 2で鍵となる要因を特定したように、**「わが社はSDGsゴール○○の最大の立役者です。なぜなら、最も鍵となる要因に対して、最も質の高い解決策を本業で提供しているからです」**と説明した方が説得力を持ちます。また、たくさんのゴールへの貢献をアピールしたい場合も、49ページの図に示したように、**各ゴールの関係性を整理し、自社が最も貢献度の高いゴールがほかのゴールに与える波及効果を説明しましょう。**

●ゴールデン・サークルの例

Why	人々の常識を変える	貧困のない世界をつくる	循環経済を日本で実現する
	美しくデザインされ、誰でも簡単に使える全く新しい製品で人の心を動かす	貧困層でも日常生活で手に入り、成長阻害を防止する食品を提供する	海洋プラスチック問題の恒久的な解決策をつくる
How			
What	iPhone	ミロ	お米のプラスチック
	アップル	ネスレ	バイオマスレジン南魚沼

発信ツールを使い分ける

自社のSDGsの取り組みを外部へ発信する際は、発信先に応じてツールを使い分けましょう。社外へのツールには、ホームページ、広報パンフレット、営業資料、採用パンフレット、ダイレクトメール、展示会用パネル、チラシ、施設見学、各種報告書、雑誌や業界誌掲載などがあります。また、社内へのツールには社内報、イントラネット、定例会議などがあります。Why-How-Whatで構成される基本の内容は変えずに、伝える相手とツールによって内容やデザインを変えていきます。

小さな会社の場合、そうしたツールを作成する作業は自前で行うことが多いでしょう。文章であれば自作することは簡単ですが、全体のレイアウトやイラストなどを含むデザインを一新するには、デザイナーの力を借りる必要があります。コストが高くかかるため、業者に頼めない場合は「クラウドワークス」や「ランサーズ」といったサービスを使って、フリーランスの方にお願いする方法もあります。コストが安いだけでなく、コンペ式の発注では数多くのアイデアの中から一番良いものを選ぶこともできます。

STEP6のチェックポイント

まとめ

SDGsを自社に取り込み発信する

STEP6では、取り組みを継続可能な確かなものにするために、SDGsを会社の「当たり前」として定着させていく方法を解説しました。まずは、会社の理念や方針として取り込み、経営戦略として活用することです。そして、自社の中でSDGsの経営戦略や事業での実行は確定した方針であると明確にし、内外に知らしめるために発信していきましょう。

Action 1 SDGsを会社の理念や方針に取り込もう

- SDGsで自社の企業理念を考え直す
  - 企業が自らの存在意義を定めている経営理念、社訓、社是、使命、経営方針、経営哲学などを振り返る
  - 「ミッション（使命）」、「ビジョン（未来像）」、「バリュー（価値観）」を整理する

- 新しい経営理念や事業コンセプトを生み出す
  - ミッション、ビジョン、バリューの柱となっている要素とSDGsとを掛け合わせ、新しい経営理念や事業コンセプトを生み出す
  - 生み出した経営理念や事業コンセプトは社内で自己完結せず、持続可能な社会のための新たな概念として外部へ発信する
  - 持続可能な世界をつくるための国際的なコンセプトを掲げる
  - 製品やサービスにSDGsに関連付けた名前を付ける

Action 2 経営戦略として活用しよう

ハードの経営戦略に取り込む

- ハードの経営戦略とは、書き物としてまとめられた中長期の事業戦略のこと
- 持続可能な社会へ向かう変化の中で、あなたの会社はどのような立ち位置をとり、事業を行っていくことで、経済価値と社会価値を最大化し、成長していくかについてまとめる

ソフトの経営戦略に取り込む

- ソフトの戦略とは、組織文化（日常の仕事場で社員に共有されている価値観、行動様式、暗黙のルール、雰囲気など）のこと
- 経営戦略が指し示す方向性や価値観が組織文化として受け入れられるよう、幹部や社員が自分の普段の仕事における意思決定や行動を変えていく

Action 3 外部へ発信しよう

発信のときはゴールデン・サークルを使う

- 目的（Why）で人を引き付けることを意識し、普段の説明の順序を逆転させる
- 商品よりも前に、会社は何を目指しているのかという経営理念やSDGsなどの社会課題への取り組みの意思を説明する。そして、それをどのように達成しようとしているか（How）、最後に、その手段として商品（What）を説明する
- SDGsゴールやMVVをあなたの会社の「Why」にする
- SDGsのロゴをあちこちに貼り付けるのではなく、鍵となる要因に対して、最も質の高い解決策を提供していると説明する
- 貢献度の高いゴールがほかのゴールに与える波及効果を説明する

発信ツールを使い分ける

- 伝える相手とツールにより内容やデザインを変える
- コストの関係で業者に頼めない場合はフリーランスの力を借りる

Column

SDGsの持つ共感を呼ぶ力

SDGsの根底にある共感

SDGsの盛り上がりは最近になって認知した人が多いと思います。しかし、歴史を振り返れば1990年代に国連環境開発会議（地球サミット）が開かれ、企業に対する環境規制が強化されてきたころからさまざまな社会変化が続いています。それらがSDGsの成立とともに主流化してきた結果というのが正しい見方と言えます。

これだけ長期間にわたって多くの社会変化が積み重なってきたことは、それだけ多くの人々の思いと行動があったことを意味します。SDGsの潮流をここまで強力なものに育て上げるに至った原動力は、一体何なのでしょうか？　SDGsの潮流の根底を見ていくと、そこには人々の共感の広がりがあることがわかります。

私たちは1日に1万人の子どもがお腹を空かせて亡くなる世界に生きている

右上の写真は、日本のある民間企業が、アフリカの子どもの栄養問題を解決する事業の一環で、ナイジェリアの貧困家庭を訪れたときのものです。ここに写っている現地の子どもたちは、何歳ぐらいに見えるでしょうか？

おそらく、あなたが想像する年齢よりも少し年上です。これは発育阻害という慢性の栄養不足によって脳や体が年齢にふさわしい水準まで発達しない病気のためです。大人になってから栄養をとっても、子どものときに成長しなかった分は取り戻せません。現在、世界の子どものおよそ5人に1人が発育阻害です。しかし、この子どもたちはまだよい方だと言えます。なぜなら、栄養不足が本当に深刻な子どもは、それが原因で命を落としているからです。ユニセフによれば、現在も年間に300万人以上の5歳未満の子どもが、栄養不足が原因で亡くなっています。これは、1日あたり1万人に近い数です。

●ナイジェリアの子どもたち

栄養不足の子どもは、ある日突然亡くなったりはしません。まず、何らかの厳しい経済状況に陥り、生活に困窮し、食事の回数を減らすようになります。そして、空腹に耐えられず、落ちているものや汚染された泥水を口にしてしまいます。そこに付着していた雑菌により感染症にかかり、腹痛や頭痛など、さまざまな症状を併発させながら何カ月も苦しみ、最後に亡くなっていきます。

これがあなたの大切なお子さんや家族に起こったら、と想像してみてください。絶対に受け入れ難い悲痛な経験だと感じるのではないでしょうか。 毎日1万人の子どもが栄養不足で亡くなるということは、こうした耐え難い経験が毎日1万回起きていることを意味します。このような状況を放置しながら、自分の身の回りだけ快適な生活を追求する世界は、持続させるべき世界と言えるでしょうか。

SDGsは前文の冒頭において、貧困の撲滅は持続可能な開発のための不可欠な必要条件であると訴えています。SDGsの潮流の一番深いところには、現状に対して何とかしたいと願う、多くの人々の共感の広がりがあります。その人々は、企業から見れば、消費者、投資家、労働者、あるいは規制監督者や政治家など、さまざまな帽子をかぶっています。そして、世界の課題解決に取り組む企業を応援したいと願っています。そうした共感が、ビジネスセクターにおけるSDGsの潮流を根底で支えているのです。

STEP7

成長のサイクルを回そう

Action 1

自己評価しよう

STEP 6ではSDGsを会社に定着させる方法を解説しました。しかし、同じことを繰り返しているだけでは継続するだけで成長していきません。最後のSTEPでは、やればやるほど社内が盛り上がり、社外の評価も向上し続けていく方法を教えます。自社の取り組みを評価・改善することで、成長のサイクルをどんどん回し、人々と社会に必要とされる存在価値の高い会社を目指しましょう。

Action 2

外部の評価尺度を使ってみよう

Action 3

優良事例と比較しよう

あなたの会社のSDGsの取り組みを評価し、改善する

企業価値向上のサイクルを回す

ここまでのSTEPによって、SDGsに本業で取り組み、それを継続させる基盤もできました。STEP 7では、SDGsの実践プロセスを継続させるだけではなく、成長させる方法を解説します。それは、**これまでのSDGsへの取り組みを評価・改善し、次のサイクルにつなげていくこと**です。企業価値向上のサイクルを回すことで、**経営や事業での取り組みを洗練させるのと同時に、SDGsや社会課題起点でビジネスを考えて自ら動ける人材を育て、会社のノウハウの強化ができます。**

なお、この章のAction 2以降はサステナビリティ報告やESG投資といった大企業向けの外部の評価基準が登場します。難しく感じる場合はAction 1のみを実践し、残りは目を通すだけでもかまいません。

●企業のSDGs実践サイクル

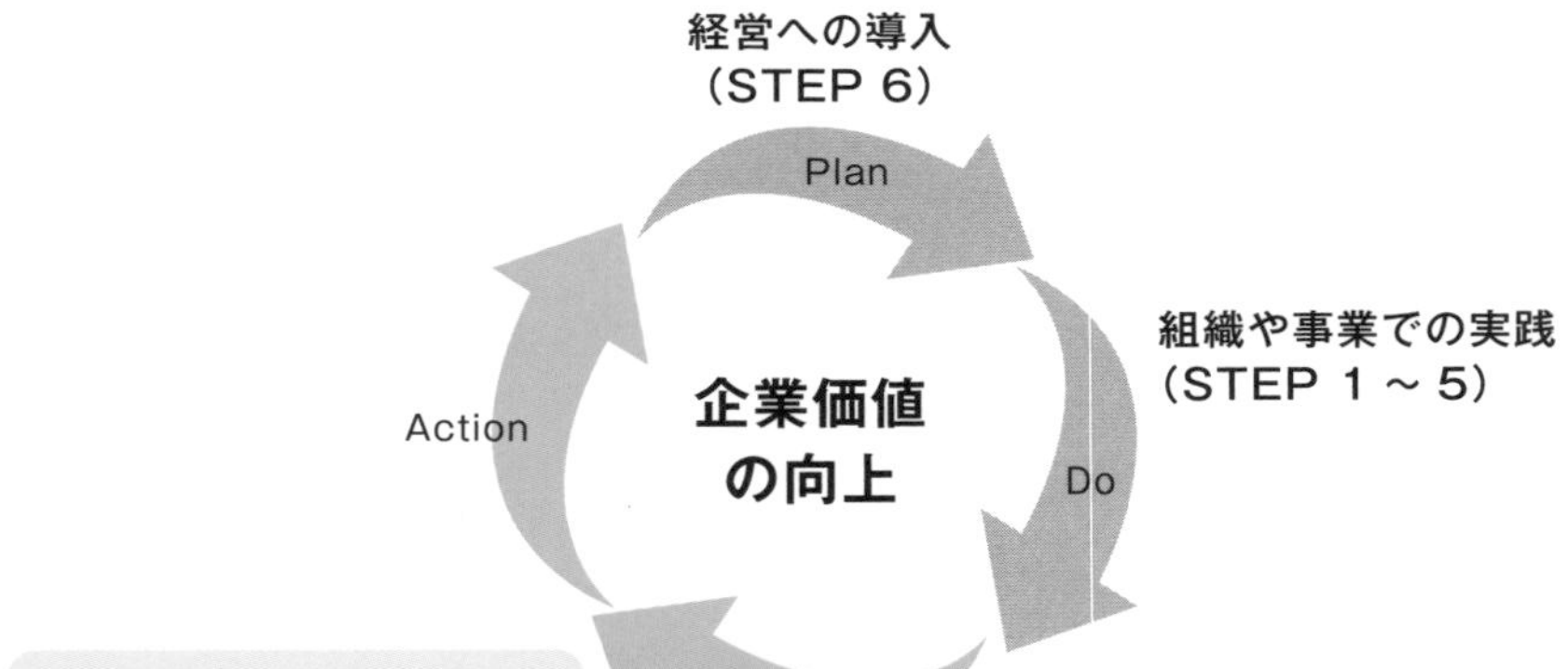

最終的に目指すものを間違えない

評価・改善を行う際には、まず評価の尺度を明確にする必要があります。SDGsの潮流によって、消費者、投資家、従業員、規制当局などから見た、「いい会社」の定義は変わってきています。この新しい評価尺度での「いい会社」に近づくほど、あなたの会社は競争力や成長力を高めることができます。こうした状況下で企業が陥りがちな失敗は、外から見たときの評価を高めようとしすぎて、社会や自社へ実質的な変化を起こすという本来の目的を見失い、SDGsを利用したイメージ・アップだけを目指してしまうことです。

SDGsに取り組む企業にとっての本来の意義とは、末永く人々と社会に必要とされる**「存在価値の高い企業になること」**です。それが、短期的に利益だけを追い求めることよりも、長期的な成長や生き残りにつながります。そして、世界にとって存在価値の高い会社は、長い目で見れば社会と人々に愛され、外部評価も後から追いついてきます。しかし、その逆はありません。

STEP 7では、自社のSDGsの取り組みを評価・改善するための方法として、「自己評価する」、「外部の評価尺度を使う」、「優良事例と比較する」の三つを解説していきます。存在価値を高めて外部評価を後追いさせるという方針を持ちつつ、こうした評価の尺度を使って実際の評価・改善を行ってみてください。

●「いい会社（企業価値の高い会社）」とは何か？

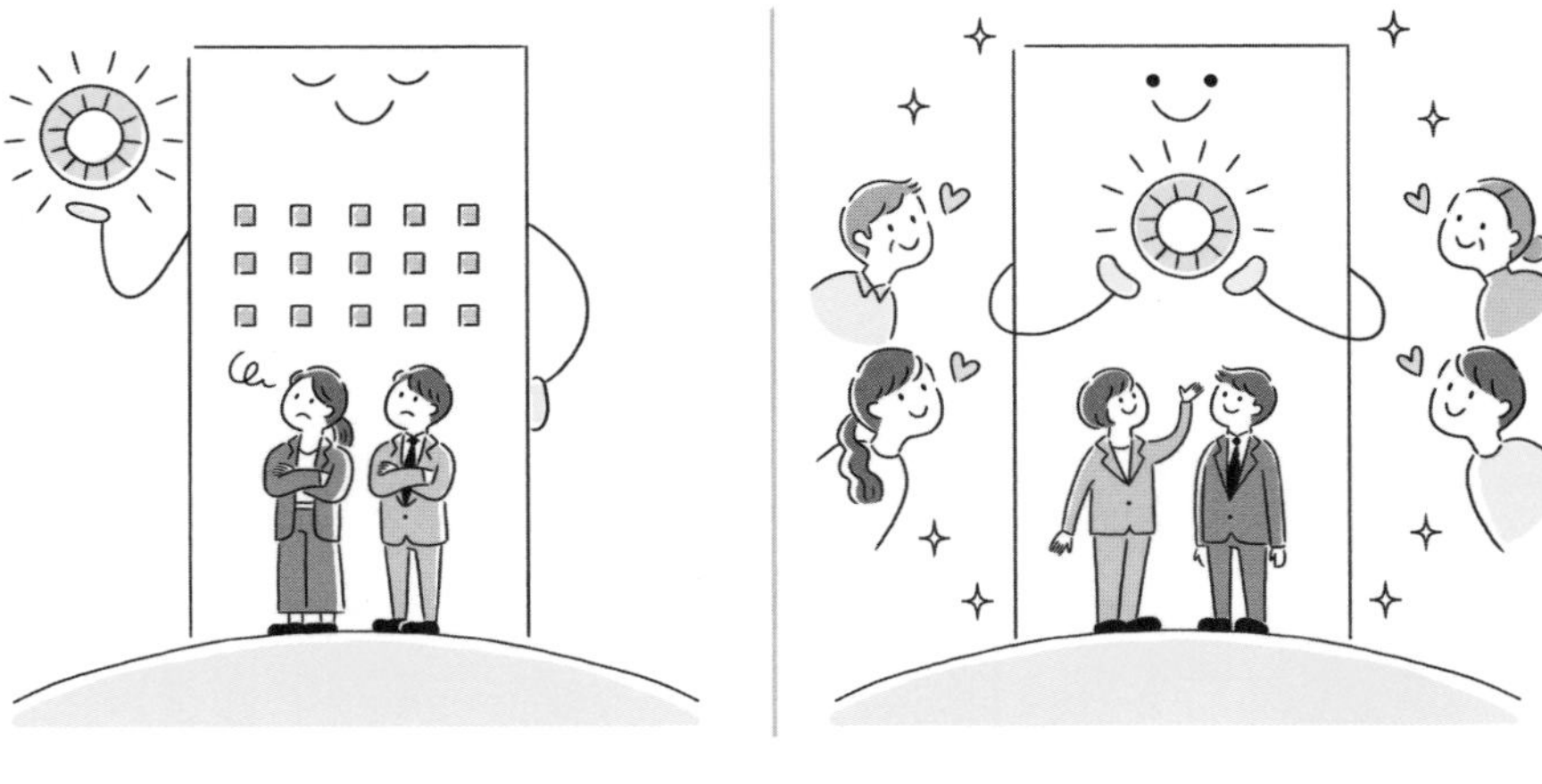

Action 1

自己評価しよう

二つのキーワードでSDGsの取り組みを自己評価する

SDGsへの取り組みは定性的なものが多く、成果を売上高や利益率のように数値で明確に評価するのは簡単ではありません。自社のSDGsの取り組みが本質的なものであるかを判断したり、それらの質の高さを測ったりするには、どうしたらよいのでしょうか。小さな会社が自己評価を行う最も簡単な方法は、**「①Sustainable：持続可能か？」**と**「②Development：変化があるか？」**の二つのキーワードで、自社のSDGsへの取り組みを見直してみることです。

● SDGsの取り組みを自己評価する基準

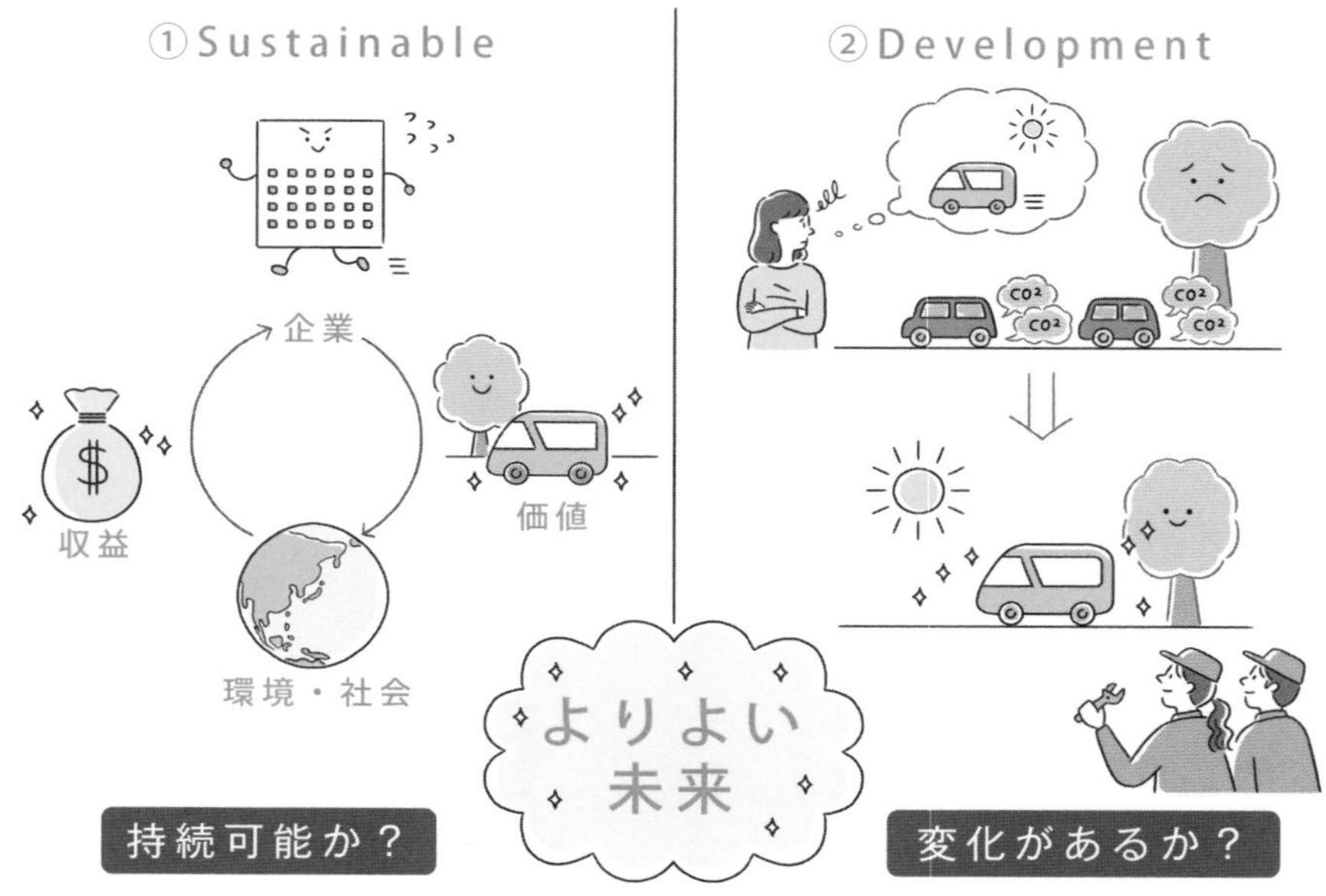

Sustainable：持続・拡大可能性の軸で評価する

ここでのSustainableとは、**「自社にとって持続可能な活動であるか」**どうかです。SDGsにおいて企業が期待されているのは、本業で負荷をかけてしまった社会や環境への埋め合わせをすることではなく、**本業を追求すればするほど社会もよくなっていくような社会と市場の新しいシステムをつくること**です。

そのため、最低でも損益分岐点を超えるようなビジネス活動として取り組むことが前提になります。そうでなければ、結局は企業のSDGsへの取り組みは予算次第で行うことになり、持続可能ではなくなります。また、事業であれば収益とともに活動規模は拡大していきますが、コスト活動では拡大余地は限られます。

例えば、トヨタ自動車は従業員による植林活動を行っていましたが、この事業は収入を生まないため、それのみで持続や拡大はできません。持続可能な活動とは、水素自動車の研究開発や「トヨタ環境チャレンジ2050」（73ページ参照）によるCO_2削減などの本業における取り組みです。こうした視点で、自社の本業から見たSDGsの取り組みの持続・拡大可能性を評価していきましょう。

Development：社会変化の大きさの軸で評価する

一方、Developmentとは、**「その取り組みによる社会変化の大きさ」**を意味します。このとき社会変化には2種類あることを認識する必要があります。一つは「現在と未来の単純な差分」で、もう一つは**「現在の延長線上の未来と人々や組織の意思と活動でつくり出す新しい未来との差分」**です。前者も意味のある変化ではありますが、ここでは後者の方がより高く評価されるべきです。

あなたの会社の周りの世界や社会は放っておいても変化し続けています。しかし、SDGsは今の世界がこのままの方向に進んでいけば、私たち全員が持続可能ではないことを示しています。したがって、企業のSDGsへの取り組みが起こす変化とは、今までの延長線を変えるものでなければなりません。放っておいても未来で起きると予想される変化に乗っかっているだけの活動では、本質的なSDGsへの取り組みとは言えないのです。

例えば、2015年時点で世界人口の約10%（約7.4億人）が極度の貧困下にあり、現在の見通しでは2030年までに約6%にまで減少するとされています。この10%→6%という変化、つまり4%が現在と未来の差分です。しかし、この未来とは、現在の延長線上の未来です。SDGsはこの放っておいてもそうなるであろう変化の域を越えて、2030年に貧困を撲滅することを目指しています。つまり、SDGsが起こす本当の社会変化とは、残りの6%を0%にするという付加的な変化です。

● SDGsによる実質的な社会変化

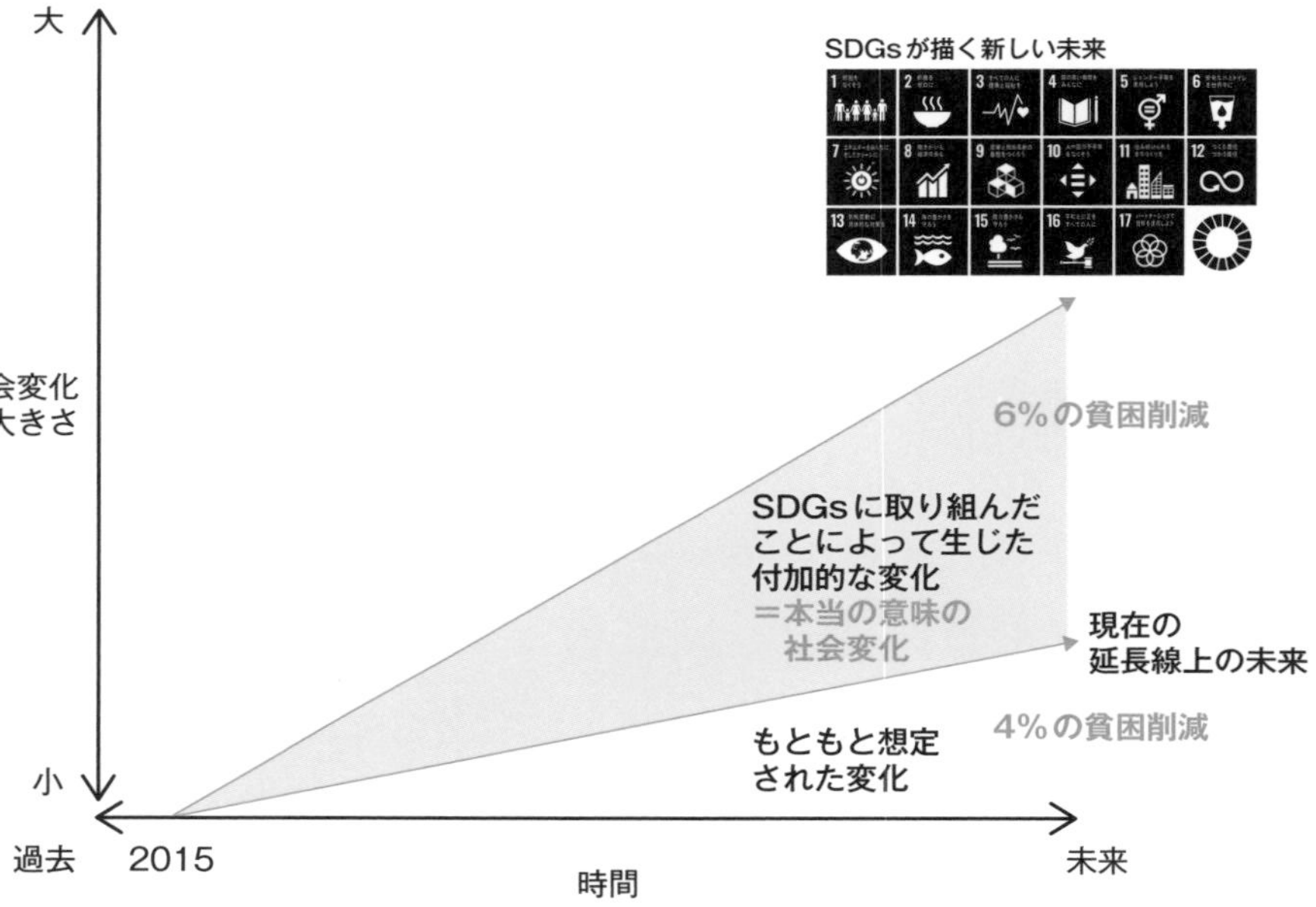

これは、個々の企業の取り組みにも同じことが言えます。例えば、SDGsゴール13の気候変動対策においては、ガソリンを前提としたハイブリッドカーの効率性改善は現在の延長線上の未来です。世界的なエコカーブームで省エネやハイブリッド化が進むのは自然な流れであり、企業の収益向上にもつながります。SDGsがあってもなくても、自動車メーカーは開発に一生懸命取り組んだことでしょう。他方で、そもそもガソリンを使わず温室効果ガスも発生させない燃料電池車を開発・実用化し、販売すること現在の延長線上の未来を変える挑戦です。もちろんハイブリッドカーの開発にも価値はありますが、SDGsの取り組みとしてよりインパクトが大きいのは慣行軌道上の未来を大きく変える燃料電池車の開発と言えます。

大きな流れとの連帯を感じる

あなたの会社のSDGsへの取り組みがSustainableか、Developmentかを考える際には、それが世界中の大きなSDGs達成努力の一部として機能しているかどうかを見ることも重要です。貧困や環境などのSDGsの課題は、規模が大きく企業の単独の取り組みでは解決できません。さまざまな関係者の協力がなければ、大きな社会変化はつくれず、持続可能でもないのです。

東日本大震災という未曽有の危機の際には、多くの人々や組織がテレビやスマートフォンで情報収集をしながら、「人助けの活動に乗り出す」、「ツイッターで注意喚起や情報拡散を行う」、「支援活動へ寄付する」など、それぞれの立場でできることを行いました。それは、大災害という課題に対し、「社会全体で何とかしなければ」と感じた人が多かったからでしょう。このような**「社会が一つになる」、「たくさんの人々の心がつながる」**感覚が自社の取り組みにあるかを考えてみてください。SDGsは共感が世界中に広がっています。**この共感の輪と一体となって各アクターが取り組んでいくことでSDGsの達成は現実味を帯びてきます。**

社会的インパクト評価を使う

ここまで紹介してきたのは小さな企業でもすぐに活用できる手軽な評価の方法です。一方で、研究機関やコンサルティング・ファームによって実施される本格的な方法もあります。それは、SDGsの達成を目指す事業や活動の結果として生じた短期・長期の社会的な効果を定量的・定性的に把握する「社会的インパクト評価」という手法です。小さな会社が自社のSDGsへの取り組みの評価を外部に依頼するのはコストの面で厳しいかもしれません。しかし、そのような手法があることを知り、必要な際に参照することは役に立ちます。

これらは今までは各国政府による政府開発援助（ODA）や国際機関による途上国支援への取り組みにおいて活用されていました。最近は、ESG投資などの投資資金がどのような社会価値を生んだかを知りたいという需要が投資家を中心に増えて、民間向けの手法が進化しています。なお、企業の行う事業が生む社会価値への投資は**「インパクト投資」**と呼ばれ、投資額の増加に伴って評価手法も洗練されてきています。

Action 2

外部の評価尺度を使ってみよう

企業の社会価値を測るものさしはたくさんある

企業のSDGsの取り組みや社会価値の評価をするために、客観的な評価尺度を使う方法もあります。しかし、2020年現在、世界全体でそうした評価尺度は600個以上もあると言われており、どれを使ってよいかを判断するのは簡単ではありません。ここでは、それらを「①サステナビリティ報告」、「②ESG投資」、「③日本政府のガイダンス」に大きく分類し、小さな会社でも使えるものを紹介します。

なお、ここで紹介する評価尺度は全てを参照する必要ありません。あなたの会社で参考になりそうだと思ったものがあれば、一つでも二つでも使ってみてください。

● 評価尺度の3分類

サステナビリティ報告	ESG投資	日本政府のガイダンス
GRI Standards	FTSE Blossom Japan Index	環境省ー環境報告ガイドライン2018年版・環境報告のための解説書
ISO 26000	MSCI Japan ESG Select Leaders Index	経済産業省ー価値協創ガイダンス
SASB: Sustainability Accounting Standards	Dow Jones Sustainability World/Asia Pacific Index	内閣府ー地方創生SDGs・ESG金融調査・研究

※各評価尺度の詳細は192ページの巻末付録4を参照。

サステナビリティ報告の評価尺度を参照する

1990年代から、SDGsを含む持続可能な社会をつくるために企業が取り組むべき事項をまとめ、外部に報告するという取り組みが進んできました。これを**「サステナビリティ報告」**と言います。小さな会社にとってはなじみのない言葉かもしれませんが、大企業の多くは外部からの要請によりサステナビリティ報告を行っており、各種の報告資料を作成して毎年公開しています。

サステナビリティ報告の評価尺度とは、その際に使われる評価や認証の基準や要求される開示項目のことです。小さな会社には外部からの要求があるわけではないため、義務的にこれらを取り入れる必要はありません。しかし、ここで使われている評価基準や項目から**「SDGsにより効果的に取り組むにはこういう点が大事なのか」といった気付きを得ることができます。**

ここではサステナビリティ報告として有名な「GRI（グローバル・レポーティング・イニシアチブ）基準」、「ISO26000」、「SASB（サステナビリティ・アカウンティング・スタンダード・ボード）基準」を紹介します。それぞれの評価尺度はインターネットから無料で入手できます。

91ページでも紹介したとおり、GRI基準は全ての規模と業種の企業にとって汎用《はんよう》的に活用できる33個の評価指標と、それらに連なる多数の開示項目によって構成されています。**小さな企業にとっては最も参照しやすい基準**と言えます。

ISO26000は国際標準化機構が出している国際規格のうち、社会的責任に関するガイドラインを提供するものです。**中小企業でも認証取得することができ、自社の社会的価値の高さを内外に証明することが可能です。**

SASB基準はアメリカの非営利団体が発行するもので、**業種ごとに細かい評価基準を設けているので、自社の事情に近い評価基準が見つけられます。**しかし、英語のみの公開であるのが難点です。次表の縦列に示すような評価尺度があり、横列に示すような業界によってそれぞれの評価尺度の重要度が変わってきます。最も関係のあるものが●、次が○、あまり関係ないものは無印となっています。自社が属する業種はどんな尺度で評価されるのかを見てみてください。なお、これらは最も大きなカテゴリーであり、それぞれにさらに細分化された評価尺度や項目が別途設定されています。

● 細かな基準を設けている「SASB」基準

課題分類＼セクター	消費財	抽出物・鉱物加工	金融	食品・飲料	ヘルスケア	インフラストラクチャー	再生可能資源・代替エネルギー	資源転換	サービス	技術・通信	運輸
環境											
GHG排出量		●		●	○	○	○	○		○	●
大気質		●				○	○	○			●
エネルギー管理	○	○		●	○	○	●	●	○	●	○
水及び排水管理	○	●		●		○	●	○	○	○	
廃棄物及び有害物質管理		●		○	○	○	○	●		○	○
生物多様性影響		●		○		○	○		○		○
社会関係資本											
人権及び地域社会との関係		○			○		○	○			
お客様のプライバシー	○		○						○	●	
データセキュリティ	○		○	○	●			○	○	●	
アクセス及び手頃な価格			○		●	○					
製品品質・製品安全	●			●	●	○		●	○		○
消費者の福利				●	●				○		
販売慣行・製品表示			●	●	●				○		
人的資本											
労働慣行	○	○		○		○			○	○	○
従業員の安全衛生		●		○	○	●	○	○	○	○	●
従業員参画、ダイバーシティと包摂性	○		○		○				○	●	
ビジネスモデル及びイノベーション											
製品及びサービスのライフサイクルへの影響	●	○	●	●	○	●	●	●		●	○
ビジネスモデルのレジリエンス（強じん性）		○				●					
サプライチェーンマネジメント	●	○		●	○		○	○		○	○
材料調達及び資源効率性	○			●		○	●	●		●	○
気候変動の物理的影響			○		○	○	○		○		
リーダーシップ及びガバナンス											
事業倫理		○	●		●	○		○	○		○
競争的行為		○							○	●	○
規制の把握と政治的影響		○					○	○			
重大インシデントリスク管理		●				○	○	○			●
システミックリスク管理			●			○				○	

出所：Sustainability Accounting Standards Board（SASB）Foundation、三菱UFJリサーチ＆コンサルティング（和訳版）『SASBマテリアリティマップ』https://materiality.sasb.org/resources/SASB_Materiality_Map_Sectors_Japanese.pdf（2020年12月14日）

ESG投資の評価尺度を参照する

サステナビリティ報告と並んで、企業の社会価値の評価尺度として機能しているのが、ESG投資の指標や指数（インデックス）です。「ESG」は、Environment（環境）、Social（社会）、Governance（企業統治）を意味しています。

ESG投資とは、株式市場における企業価値を従来のような財務的価値（キャッシュフローや利益率）だけではなく、非財務的価値（環境、社会、企業統治）を併せて評価する新しい投資の方法です。株式市場において投資家が企業を選ぶ基準を、経済価値のみから経済価値と社会価値の両方へと変化させる動きと言えます。詳しくは160ページで解説しています。

ESG投資の評価機関はたくさんありますが、日本企業としてはまず年金積立金管理運用独立行政法人（GPIF）に採用されているFTSE（エフティーエスイー／フッツィー）やMSCI（モルガン・スタンレー・キャピタル・インターナショナル）の評価基準を参照するとよいでしょう。例えば、MSCIの評価基準は次の表のようになっています。サステナビリティ報告における評価基準と同様に、一つひとつ見ながら自社に当てはまるかどうか考えてみるだけで、得意・不得意分野や今まで考えていなかった評価尺度などが見えてきます。

● MSCIの評価尺度の大項目

キーイシュー

環境				社会				ガバナンス	
地球温暖化	自然資源	廃棄物処理	環境市場機会	人的資源	製品サービスの安全	ステークホルダーマネジメント	社会市場機会	コーポレートガバナンス	企業行動
二酸化炭素排出	水資源枯渇	有害物質と廃棄物管理	クリーンテクノロジー	労働マネジメント	製品安全・品質	紛争メタル	コミュニケーションへのアクセス	取締役会構成	企業倫理
製品カーボンフットプリント	生物多様性と土地利用	包装材廃棄物	グリーンビルディング	労働安全衛生	製品化学物質安全		金融へのアクセス	報酬	公正な競争
環境配慮融資	責任ある原材料調達（環境）	家電廃棄物	再生可能エネルギー	人的資源開発	プライバシー&データセキュリティ		ヘルスケアへのアクセス	オーナーシップと支配	汚職と政治不安
温暖化保険リスク				サプライチェーンと労働管理	責任ある投資		健康市場機会	会計リスク	財務システムの安定
					人口動態保険リスク				租税回避

出所：MSCI ESG Research『MSCI ESG リサーチ～ ESG Rating メソドロジーサマリー～』（2017年、5ページ）

日本政府のガイドラインの評価尺度を参照する

サステナビリティ報告やESG投資の指標以外に参照できるものとして、**環境省や経産省の出しているガイドライン**があります。これらのガイドラインはサステナビリティ報告やESG投資の**国際的な動きを踏まえながら日本企業が取り込みやすい評価尺度を示しています。**環境省は日本の企業向けに「環境報告ガイドライン」や「環境報告のための解説書」を公表しており、「ESG対話プラットフォーム」や「グリーン・バリューチェーン・プラットフォーム」でも役に立つ関連情報を提供しています。経産省は企業の価値協創とSDGsやESGによる社会価値とのつながりを整理しており、「価値協創ガイダンス」を発行しているほか、SDGsに取り組む企業に向けたさまざまなレポートを取りまとめています。経済産業省関東経済産業局や内閣府は、中小企業に特化したガイドラインや事例集なども提供しています。

Action 3

優良事例と比較しよう

他社のSDGsへの取り組みの優良事例はどこにあるのか？

あなたの会社のSDGsへの取り組みを評価するには、評価尺度を用いた方法だけではなく、他社の事例と比較して相対的に評価する方法もあります。SDGsの優良企業としてすぐに名前が挙がるのは、ネスレ、P&G、ユニリーバ、ダノン、ホールフーズ、GEなどの、SDGsよりも以前からSDGsの提唱する理念に沿った経営や事業を推進してきた海外の大企業です。しかし、海外の事例は情報を入手することすら簡単ではありません。でも、安心してください。実は、身近な日本企業のSDGsへの取り組みの成功事例や企業のデータベースは数多く存在し、無料で閲覧することができます。

事例から探す

SDGsの実践事例に関する情報はインターネットからたくさん見つけ出すことができます。大企業が全体数としては多いですが、中小企業の事例も相当数存在します。また、大企業の事例でも、参考になる取り組みやヒントになるアイデアはたくさんあります。事例を比較する際には、**「優れた取り組みやアイデアをまねする」**、**「よくある失敗の対策を考える」**、**「新しいコンセプトの創出と発信を学ぶ」**、**「経営や事業への取り込み方を参照する」**などの視点を持つとよいでしょう。次ページで紹介するもののほか、巻末付録の188ページで紹介している各プラットフォームでも数多くの事例を参照することができます。

● 企業のSDGsへの取り組みの優良事例集

No.	タイトル・機関名／URL	内容
1	SDG Industry Matrix 日本語版 （産業別SDG手引き） URL https://www.ungcjn.org/activities/topics/detail.php?id=204	国連グローバルコンパクト（UNGC）が発行した業界別のSDGsに関連する企業行動の事例およびアイデア集をグローバル・コンパクト・ネットワーク・ジャパンとKPMGあずさサステナビリティ株式会社が日本語訳したもの。2017年更新。
2	KeidanrenSDGs （Innovation for SDGs/Road to Society 5.0） URL https://www.keidanrensdgs.com	一般社団法人日本経済団体連合会（経団連）が発行した日本のSDGsビジネスの事例集。会社別、目標別で探すことができる。2018年発行。
3	欧州のSDGs実践に関する調査 URL https://dl.ndl.go.jp/info:ndljp/pid/11507557	日本貿易振興機構（JETRO）が発行したSDGsの取り組みの進んでいる欧州における企業のSDGs実践の事例集。2019年発行。
4	支援メニュー一覧 URL https://www.jica.go.jp/priv_partner/activities/index.html	国際協力機構（JICA）が日本企業とともにSDGsの貢献を目指す事業。SDGsビジネス支援や中小企業支援などの過去に実施された案件の概要を参照できる。随時更新。
5	ビジネス行動要請（BCtA） URL https://www.jp.undp.org/content/tokyo/ja/home/partnership-section/private-sector/BCtA.html	国連開発計画（UNDP）が支援する民間企業のSDGsに貢献する事業概要を見ることができる。随時更新。
6	持続可能な開発目標（SDGs）への科学技術イノベーションの貢献 URL https://www.jst.go.jp/sdgs/	科学技術振興機構（JST）が発行した科学技術の観点からのSDGs実践事例集。企業、政府、教育機関などの幅広い事例が参照できる。2018年発行。
7	SDGsに取り組む中小企業等の先進事例の紹介 URL https://www.kanto.meti.go.jp/seisaku/sdgs/sdgs_senshinjirei.html	経済産業省関東経済産業局が取りまとめた日本の中小企業のSDGs実践事例集。随時更新。

企業から探す

Action 2で示した評価尺度で高く評価された企業がどんな取り組みをしているかを見ることでも、自社の取り組みのへの気付きを得られます。サステナビリティ報告は各主催団体が優良事例を積極的に公開していますし、ESG投資はGPIFが日本企業のスコア上位400社程度を毎年公表しています。日本政府のガイドラインや調査報告書の中でも、優良事例は紹介されています。

また、それら以外に日本企業向けのアワードやランキングも多数あります。**ランキングやアワードに選ばれた企業は、受賞理由として「どのような取り組みをしているのか」の情報が載っています。**例えば、下記はウェブサイトから無料で参照することができます。

- **ジャパンSDGsアワード**－JAPAN SDGs Action Platform・外務省
  URL https://www.mofa.go.jp/mofaj/gaiko/oda/sdgs/award/index.html
- **ESGファイナンス・アワード【環境サステナブル企業部門】**－環境省
  URL https://www.env.go.jp/policy/award.kigyobumon.html
- **日経「SDGs経営」調査**－日経リサーチ
  URL https://www.nikkei-r.co.jp/service/survey/sdgs_survey/

ただし、アワードやランキングはサステナビリティ報告やESG投資における評価基準とは異なり、主催者による独自基準での評価となることに注意が必要です。評価尺度は明確でなく、結果の妥当性に関する説明も十分ではないケースもあります。

ジャパンSDGsアワードは中小企業も多く受賞しており、本書でも事例として取り上げています。例えば、日本リユースシステム、大和ネクスト銀行、そらのまちほいくえん、会宝産業、虎屋本舗、大川印刷などがあります。企業だけでなく、各種団体や自治体なども対象となっており、現在最新の第3回までに最優秀賞に相当するSDGs推進本部長（内閣総理大臣）賞を受賞したのは、日本フードエコロジーセンター、魚町商店街振興組合、北海道下川町、みんな電力の四つです。なお、ESGファイナンス・アワードはESG投資と関係する上場企業のみが対象になっています。

日経「SDGs経営」調査では日経が独自の基準で評価した結果を偏差値という形

で表現して企業をリストアップしており、例えば第1回の結果では、70以上のトップ3企業はキリン、コニカミノルタ、リコーでした。また、偏差値65以上70未満はオムロン、イオン、アンリツ、エーザイ、小野薬品工業、コマツ、セイコーエプソン、積水ハウス、第一三共、ダイキン工業、大日本印刷、大和ハウス工業、パナソニック、ブリヂストン、丸井グループ、ユニ・チャームなどです。

海外では、SDGsやサステナビリティ関連の優良企業のアワード・ランキングは数多くあります。主要な例として、世界経済フォーラムの年次総会（ダボス会議）でも共有されている「Global100」ランキングなどがあります。これは、カナダのコーポレートナイツ社が世界7,500社を対象に最も持続可能な企業を評価したものです。

また、CSV提唱者であるマイケル・ポーター教授が2000年に創立した社会貢献をグローバル規模で支援するコンサルティング企業のFSG社は、フォーチュン誌と共同でCSV事業の先進企業50社に関する世界ランキングを2015年以降毎年発表しています。日本企業では、トヨタ自動車、伊藤園、パナソニック、NTTなどが選出されています。

気になった企業を深く調べる

自社が参照すべき企業が見つかったら、ウェブサイト、統合報告書、サステナビリティレポートなどを見てみます。SDGsについて先進的な企業の取り組みの詳細は既に外部向けのレポートにまとめられています。中小企業が外部レポートをつくっている例は稀《まれ》ですが、ウェブサイトを見れば詳細な内容が載っている場合があります。大企業では、味の素グループの経営ビジョン、NTTドコモのCSRレポート、日立の統合報告書、トヨタ自動車のSustainability Data Bookなどは高い評価を受けています。小さな会社が取り組みそのものを直接的にまねをするのは規模の面で困難ですが、参考になる知恵はたくさん得られます。

なお、SDGsは経営戦略に関わることが多く、本当に重要な情報は内部情報扱いになっています。したがって、外部向け情報を参照したのみで、その企業のSDGsの取り組みの全てを理解したつもりにならないよう注意が必要です。

こうした先進企業や取り組みから、自社の取り組みと比較分析ができる事例が発見できます。そこから**SDGs実践に役立つ情報を見つけ出し、自社独自の取り組みの効果を高めることができます。**

STEP 7のチェックポイント

まとめ

自社を評価して改善しよう

STEP 7ではSDGsの取り組みを評価・改善する方法として、①自己評価する、②外部の評価尺度を使う、③優良事例と比較するという三つを解説しました。存在価値を高めて外部評価を後追いさせる方針を持ちつつ、こうした評価尺度を使って評価・改善を行い、企業価値向上のサイクルを回していきましょう。

Action 1 自己評価しよう

- [ ] 持続・拡大可能性（Sustainable）の軸で評価する
  - どの程度本業の中心に近いところで展開しており、今後の事業展開とともに持続可能かつ拡大可能なものであるかを評価する
  - 持続不可能な慈善活動になってしまっていないかチェックする

- [ ] 社会変化の大きさ（Development）の軸で評価する
  - まずは社会に与えている変化の大きさを考える
  - 社会変化のうち、現在の延長線の未来と、人々や組織の意思と活動でつくり出す新しい未来との間での差分を重要視する

- [ ] 大きな流れとの連帯を感じる
  - 世界中の大きなSDGsの達成努力の一部として機能しているかどうかを見る
  - 社会全体での課題解決努力の共感の輪の中で活動する
  - 社会的インパクト評価の基準も参照してみる

Action 2 外部の評価尺度を使ってみよう

サステナビリティ報告の評価尺度を参照する

- GRI基準、ISO26000、SASB基準の評価尺度をインターネットで入手する
- 義務的に取り入れる必要はないが、気付きを得るために使う

ESG投資の評価尺度を参照する

- FTSEとMSCIの評価基準を参照する
- 一つひとつ見ながら自社に当てはまるかどうか考え、得意、不得意の分野や、今まで考えていなかった分野を洗い出す

日本政府のガイドラインの評価尺度を参照する

- 環境報告ガイドラインや価値協創ガイダンスなどを参照する

Action 3 優良事例と比較しよう

事例から探す

- 中小企業の優良事例を見つけ、比較分析する
- 大企業の事例を参照し、参考になる取り組みやヒントになるアイデアを得る、優れた取り組みやアイデアをまねする、よくある失敗の対策を考える、新しいコンセプトの創出と発信を学ぶ、経営や事業への取り込み方を参考にする

企業から探す

- サステナビリティ報告、ESG投資の優良事例、日本企業向けのアワードやランキングにおいて優良とされた企業を特定し、ウェブサイト、統合報告書、サステナビリティレポートなどで深く調べる
- 外部向け情報を見ただけで、その企業のSDGsの取り組みの全てを理解したつもりにならない

Column

企業のSDGsの取り組みを促進するESG投資とは何か?

152ページで解説したとおり、ESG投資とは新しい投資の方法です。株式市場における企業価値を従来のような財務的価値だけではなく、非財務的価値と併せて評価します。これは、株式市場において投資家が企業を選ぶ基準を「経済価値のみから経済価値と社会価値の両方へと変化させる動き」と言えます。

2020年現在で世界の約3,400兆円の資金がESG投資で動いています。

●新しい市場をつくるESG投資とは?

企業価値=財務価値(キャッシュフロー、利益率等)+非財務価値(ESG)

Environment 環境
気候変動、資源、海洋・土壌汚染、生物多様性 等

Social 社会
ダイバーシティ、ジェンダー平等、サプライチェーン 等

Governance ガバナンス(企業統治)
取締役会の構成、少数株主の保護、法令順守

ESGという言葉は、2006年にコフィー・アナン国連事務総長がはじめたPRI(責任投資原則:Principles for Responsible Investment)という国連のプログラムの中で初めて使われました。PRIとは投資家に対して、投資に関する意思決定や企業の株主として、ESGを考慮するという誓約をしてもらうものでした。2019年3月末時点で、約2,400の年金基金や運用会社などが署名しています。日本においてESG投資が盛り上がったきっかけは、2017年に年金積立金管理運用独立行政法人(GPIF)がESG投資をはじめたことでした。GPIFは公的年金の積立金の管理・運用を預託

された公的機関で、信託銀行や投資顧問会社を通して国内外の債券市場や株式市場で資金を運用しています。世界の機関投資家の上位を各国の年金基金が占める中、GPIFは2019年時点で約160兆円という世界一の運用資産を保有していました。東証一部上場企業全体の約4分の1の間接的な筆頭株主であるGPIFがPRIに署名し、ESG投資をはじめたことは日本の経済界に強烈な衝撃を与えました。

また、GPIFは下に示した図を使って「ESG投資」を発信しました。それまでは投資家しか知らなかった専門用語を、SDGsという国際共通言語に結び付けることでビジネスセクターでの社会課題潮流を勢いづけたのです。

●社会課題解決が事業と投資の機会を生むことを示したGPIF

出所：年金積立金管理運用独立行政法人『ESG投資』https://www.gpif.go.jp/investment/esg/（2020年12月14日）

ESG投資が浸透すれば、SDGsなどの社会課題解決に無関心な企業は、投資のお金が集まらず、苦しい立場に追い込まれるようになります。例えば、ESG投資の主流であるポジティブスクリーニングという方式では、評価スコアの上位数パーセント以外は新規の投資対象から外されてしまいます。ダイベストメント方式では、投資家が既に保有済みの株式を、ESGにきちんと取り組んでいない企業から引き揚げてほかの優良企業に付け替えます。ESG投資では、情報の開示度も評価の対象となるため、何も対応しないでいると低い評価を受けることになります。株式市場での評価が下がれば株価は下がり、市場からの資金調達コストや企業買収リスクが高まります。株主から経営に対する突き上げも厳しくなり、経営者や従業員の働く環境は、苦しいものに変わっていきます。

Q & A

もっと詳しく知りたい人のためのQ&A

ここまで読んで、「まだまだ知りたいことがある」、「さらにいろいろ知りたくなってきた」という人のために、本編で詳しく扱わなかった内容のうち、筆者のもとに届くよくある質問について回答します。また、巻末付録にも参考となる資料やサイトを載せています。SDGsを実践する上での疑問を解消していきましょう。

Q1 17のゴールを簡単に覚える方法はないですか?

A 「五つのP」で覚えましょう。

SDGsでは17のゴール一つひとつがとても大切です。しかし、人間の記憶力では新しいものを覚えるときは七つまでが限界だと言われており、17個全てを暗記するのはなかなか難しいと思います。

実は、国連の公式な説明としてSDGsの17ゴールは「五つのP」で分類することができます(下図参照)。なお、SDGsの17ゴールは独立した目標ではなく、原文にある持続可能な世界の構想を実現するための要素と位置付けられています。

● SDGsの五つのP

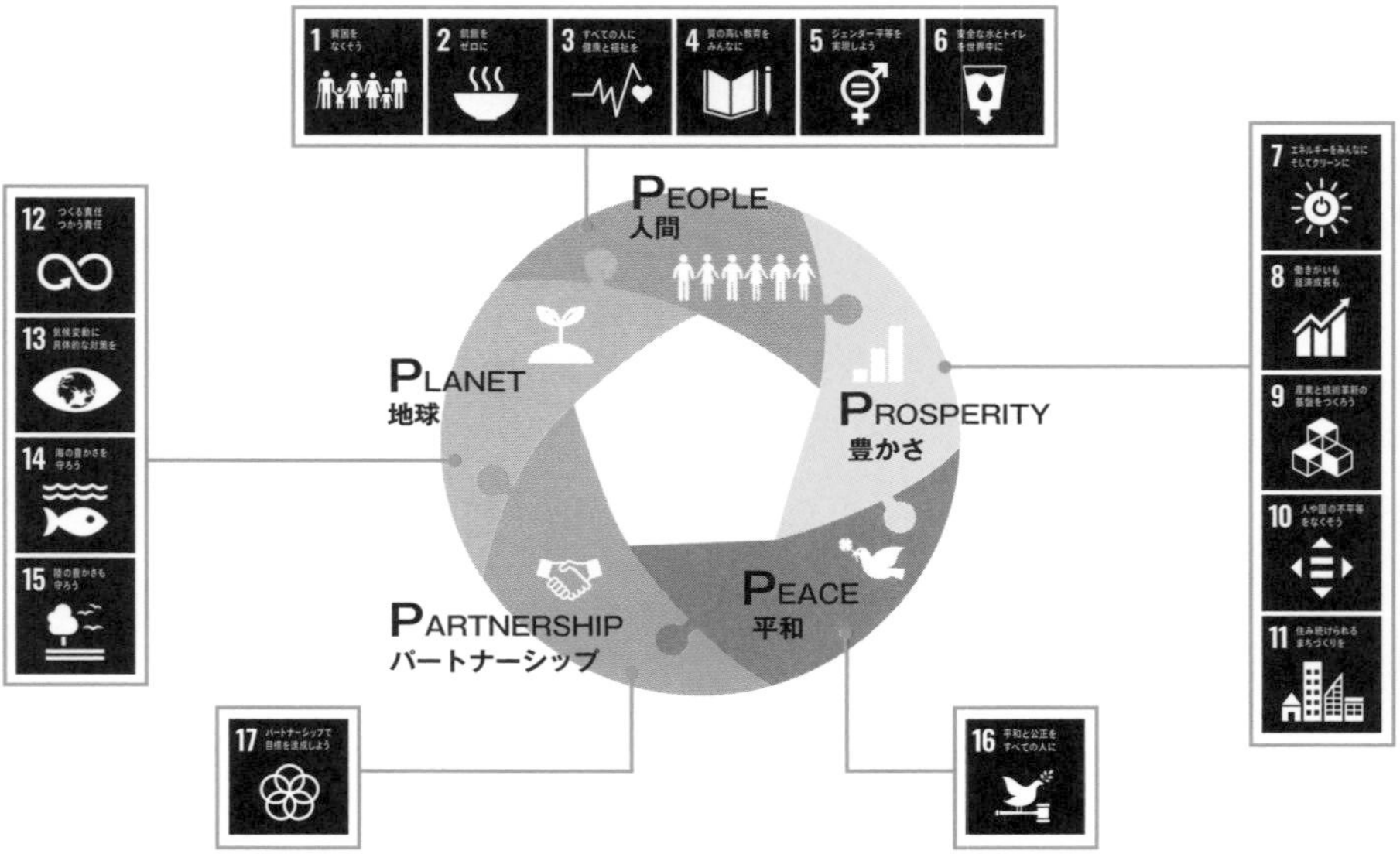

Q2 SDGの原文に書かれていることを知りたいです。

A ビジネスパーソンは三つのポイントを押さえておきましょう。

SDGsの原文は『我々の世界を変革する：持続可能な開発のための2030アジェンダ』という国連総会の合意文書にまとめられています。この中から、ビジネスパーソンにとって、押さえておくべきポイントを三つお伝えします。

はじめに、SDGsには「誰一人取り残さない」という基本理念があります。SDGsは地球上の全ての人が実施者であり、受益者です。17ゴールと169ターゲットは、目立つ部分だけを解決しても達成したことにはなりません。全ての国、全ての人、全ての社会の部分が満たされること、そして、最も遅れているところに第一に手を伸ばすことが原則とされています。

次に、民間企業は目標達成の不可欠な存在であると位置付けられています。企業の活動や投資、イノベーションは持続可能な社会を実現する鍵なのです。

最後に、SDGsとは2030年で終わる15年間の目標ではなく、21世紀の100年間において持続可能な世界をつくるための人間と地球の憲章であると定義されています。

● **SDGsの原文で企業が覚えておくべきポイント**

① 基本理念の**「誰一人取り残さない」**（前文・第4節）

② 目標達成に不可欠な存在だという**「企業の役割」**（第15、41、60、67節）

③ 「人間と地球の憲章」だという**SDGsの立ち位置**（第51節）

出所：国際連合（原文）、外務省（日本語訳）『我々の世界を変革する：持続可能な開発のための2030アジェンダ』
https://www.mofa.go.jp/mofaj/files/000101402.pdf（2020年12月14日）

Q3 SDGsは一時的なブームなのでしょうか？

A SDGsはブームではなく、企業にとっての「市場」変化です。

これまで説明してきたとおり、SDGsは一時的なブームではなく、本質的な市場環境の変化です。SDGsは2015年に突然できたものではなく、長年の社会変化の積み重ねの上に成り立っています。まず1990年代に地球サミット、気候変動枠組条約、MDGsといった地球規模の課題解決のために歴史的な合意が数多く成立しました。その勢いを受け、サステナビリティ、企業の社会的責任（CSR）、ESG投資、社会的起業（ソーシャル・スタートアップ）といった持続可能な社会をつくるための民間セクターの取り組みが盛り上がりました。その流れに後押しされ、気候変動に関する歴史的な合意である「パリ協定」とともにSDGsは成立されました。こうして、全世界がそれらの目標達成に向けて一斉に動き出しました。

このような変化に、消費者、投資家、政治リーダー、若者、市民社会、経済団体などの共感による自発的な動きが加わり、SDGsは社会や市場のルールとして主流化してきたのです。最近、急に生まれたものではないということは覚えておきましょう。

● SDGsの背景にある社会変化の積み重なり

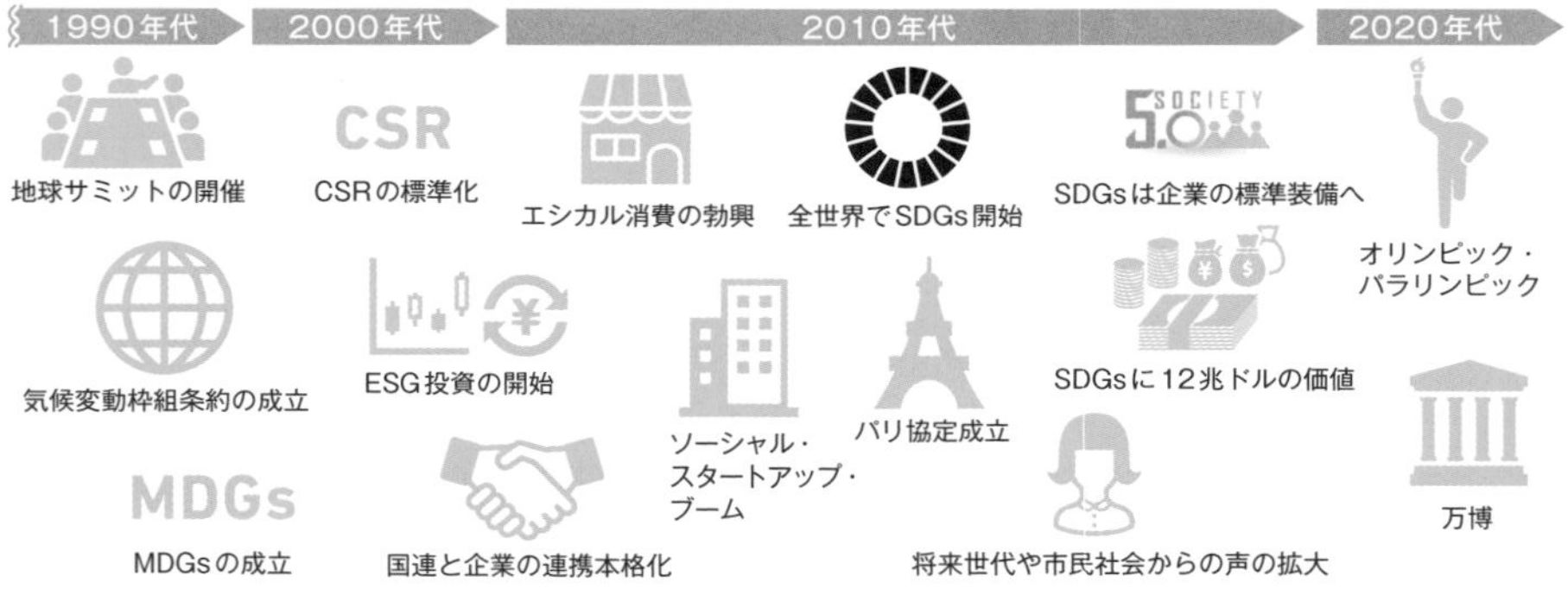

Q4 SDGsはどうやってできたのですか?

A SDGsは国連で議論を重ねて誕生しました。

SDGsは、2001年から2015年までの世界の目標だったミレニアム開発目標（MDGs）の後を継いで生まれました。MDGsの達成期限が迫る2012年ごろから国連や加盟国の中で検討がはじまり、リオ+20というブラジルで開かれた地球規模の環境に関する会合で骨子が示されました。SDGsはMDGsだけでなく、気候変動やサステナビリティといった環境課題、政府開発援助（ODA）の効率性向上や資金量増加といった開発課題など、当時、国際社会で論点となっていたさまざまな課題を取り込みました。

その後、30カ国によるオープンワーキンググループや国連事務総長に指名されたハイレベルパネルなどの議論、2年間にわたる世界各国へのコンサルテーションなどを経て課題が集約され、2014年の国連総会において現在の17ゴール169ターゲットという形が決定づけられました。そして、翌年の国連総会で193カ国の全ての国連加盟国により全会一致で承認されました。

● SDGs誕生の流れ

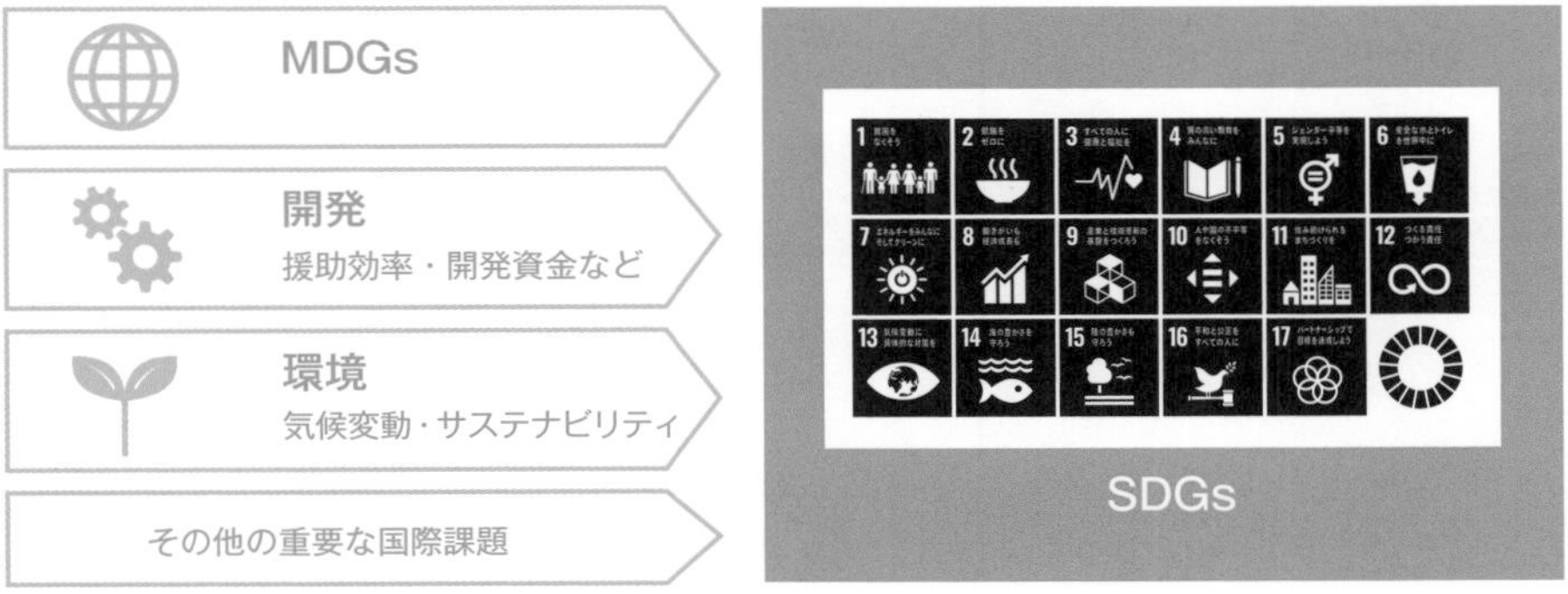

Q5 SDGsの達成状況は今どのような状況ですか?

A 達成に向けては、まだたくさんの「大きな課題が残っている」状況です。

SDGsの達成状況は、国連本部が取りまとめを行い、毎年夏に開かれる国連総会で国連事務総長から公式の報告が行われています。また、世界各国での毎年の進捗状況を分かりやすく示している『The Sustainable Development Report』（持続可能な開発報告書）という報告書もあります。この中の「SDGsダッシュボード」では、全世界のSDGsの達成状況と推移を国、地域、全世界のそれぞれの分類で見やすく整理しています。

下図は地域別に示した全世界の2020年時点のSDGs達成状況です。●と矢印の色ごとに、達成度合いが示されています。全体的に「非常に大きな課題が残る」や「大きな課題が残る」ものが多いのが現状です。17個中12個のゴールは「達成」が一つもなく、SDGs達成に向けた厳しい状況が示されています。

● 各地域のSDGsの達成状況（2020年）

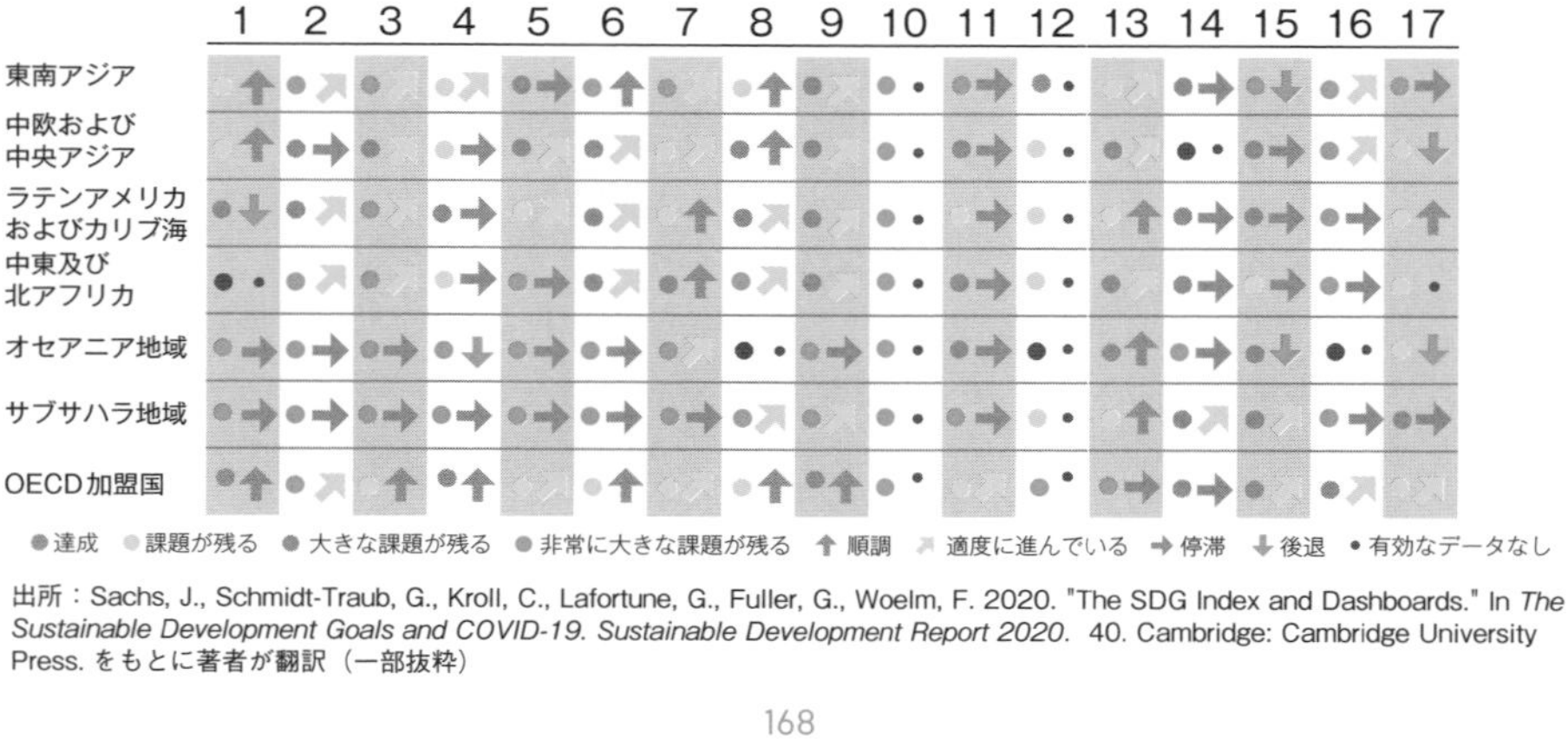

出所：Sachs, J., Schmidt-Traub, G., Kroll, C., Lafortune, G., Fuller, G., Woelm, F. 2020. "The SDG Index and Dashboards." In *The Sustainable Development Goals and COVID-19. Sustainable Development Report 2020.* 40. Cambridge: Cambridge University Press. をもとに著者が翻訳（一部抜粋）

Q6 日本のSDGsはどんな達成状況にあるのですか？

A 順位は上位にいますが、達成度は低い傾向にあります。

2020年の『The Sustainable Development Report』によると、日本のSDGs達成度は全世界で17位となっています。順位としては上位ですが、世界的に達成の進捗が遅れていることもあり、日本のSDGs達成度は低水準にとどまっています。

下図は同レポートでの日本の評価です。達成しているのは「4教育」、「9産業・インフラ」、「16平和と公正」の三つのゴールだけです。一方で、「5ジェンダー」、「13気候変動」、「14海洋資源」、「15陸上資源」、「17パートナーシップ」の項目では非常に大きな課題が残っています。また、その図の下にある矢印は各ゴールの進捗の方向性を示しています。全体的に上昇傾向にありますが、現状維持のゴールも多いです。「10不平等」については低下傾向になっています。

● 日本のSDGsの達成状況（2020年）

出所：Sachs, J., Schmidt-Traub, G., Kroll, C., Lafortune, G., Fuller, G., Woelm, F. 2020. "JAPAN." In *Country Profiles." In The Sustainable Development Goals and COVID-19. Sustainable Development Report 2020.* 270. Cambridge: Cambridge University Press. をもとに著者が翻訳（一部抜粋）

Q7 日本国内にはどのようなSDGsの課題があるのですか?

A 相対的貧困、女性の社会進出の遅れ、長時間労働、少子高齢化など、たくさんの課題があります。

前ページのとおり、日本では多くのSDGsゴールが未達成の状況です。ゴール1の貧困問題のように先進国の日本では関係ないと思われがちな課題も残っています。貧困の場合、1日1.25ドル以下で生活しているような絶対的貧困層は日本にはほぼいません。しかし、物価や税金などを勘案すると十分な生活水準を維持できない人々は数多く存在します。

現在、日本の子どもの約14%は衣食住や教育の機会で不利な状況にある相対的貧困世帯（世帯の可処分所得が国内平均の半分以下の世帯）で暮らしています。地方部の貧しい地域だけではなく、東京などの大都市にも母子家庭を中心とした相対的貧困世帯は多く存在します。それ以外にも、女性の社会進出の遅れ、長時間労働と低い生産性、少子高齢化、東京一極集中と地方の過疎化、ゴミの廃棄やCO_2排出の問題など、SDGsで指摘されているさまざまな課題が日本には残っています。

● 日本におけるSDGsの課題の例

目標1　貧困をなくそう
目標2　飢餓をゼロに
目標3　すべての人に健康と福祉を
目標4　質の高い教育をみんなに
目標5　ジェンダー平等を実現しよう
目標6　安全な水とトイレを世界中に
目標7　エネルギーをみんなにそしてクリーンに
目標8　働きがいも経済成長も
目標9　産業と技術革新の基盤をつくろう
目標10　人や国の不平等をなくそう
目標11　住み続けられるまちづくりを
目標12　つくる責任つかう責任
目標13　気候変動に具体的な対策を
目標14　海の豊かさを守ろう
目標15　陸の豊かさも守ろう
目標16　平和と公正をすべての人に
目標17　パートナーシップで目標を達成しよう

- 絶対的貧困はないが、購買力の低い相対的貧困層が存在
- 女性の社会進出が遅れており、男女の賃金格差も高い
- 長時間労働で生産性が低い、ブラック企業やハラスメントの問題も存在
- 格差拡大と少子高齢化が進行、結婚・子育てや孤独化対策は遅い
- 東京一極集中による公共交通のパンク・老朽化・賃料高騰、地方過疎化
- 大量廃棄および化石燃料依存の社会構造

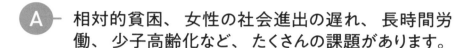

Q8 CSRや社会貢献活動とSDGsは何が違うのですか?

A 多くの企業のCSRや社会貢献活動は、SDGsと異なり本業とは別の独立した活動になっています。

日本企業の多くは1990年代に主流化した企業の社会的責任（CSR）を導入し、社会貢献活動を既に行っています。CSRや社会貢献活動とSDGsの大きな違いは、端的に言えば、「本業としての取り組みであるかどうか」です。多くの場合、CSRは本業のビジネスで発生させてしまった社会や環境への負荷を埋め合わせるために、本業とは別にコストをかけて行っています。一方で、SDGsは本業を通じて経済価値と社会価値の両方を生み出し、収益を上げながら社会と環境にも好影響を与えることを目指しています。

下図で言えば、これまでのCSRや社会貢献活動では、企業は経済価値のみを目指す右下の収益追求事業を本業とし、そこで発生した社会や環境への負荷に対して、左上の社会価値の創出のみを目指す活動を行っていました。つまり、これらはそれぞれ独立した領域の取り組みだったのです。一方、企業のSDGsへの取り組みとは初めから経済価値と社会価値の両立する右上の領域で本業を行うことを意味します。

なお、実態とは異なり、CSRの本来の理念ももともとはこの領域での企業の活動を促すものでした。

● SDGsビジネスの立ち位置

Q9 SDGsとサステナビリティの違いは何ですか?

A サステナビリティを実現する方法の一つがSDGsです。

SDGsのような世界を持続可能にしようとする動きの総称を「サステナビリティ」と言います。SDGsは直訳すると「持続可能な開発目標」です。一方、サステナビリティは直訳すると「持続可能性」です。この二つと混同されがちな言葉にもう一つ「ESG」(160ページ参照)があります。ここでは、この三つを整理します。なお、ここでのESGとは、ESG投資だけではなく「投資家主導のサステナビリティ全般」とします。

これら3者の関係を簡単に言えば、「企業がサステナビリティに取り組む際には、SDGsとESGの大きく二つの方法がある」と言えます。SDGsとESGはお互いを強めながら、持続可能な世界を実現するためのサステナビリティの潮流を推進する最も強力な二つの動力であり、車の両輪のような関係と言えます。

● ESGとサステナビリティ、SDGsの関係

- 社会的責任投資の主流化が産んだ新たな投資のルール
- 背景に株主と規制当局によるプレッシャー

- 国連の場で世界の193カ国が合意に至った国際目標
- 背景に持続不可能な世界に対する危機感と共感

Q10 SDGsとESGの違いは何ですか？

A 二つの大きな違いは取り組みの起点にあります。

SDGsとESGが目指すのは、「社会価値と経済価値の両方で企業の競争が行われる市場をつくること」です。また、理念としても重なる部分が多くあります。しかし、企業が取り組む際にはいくつかの重要な違いがあります。

ESGに関する株主や規制当局からの強いプレッシャーを受ける大企業は、これらの違いを詳細に理解する必要があります。しかし、小さな会社は「取り組みの起点が違う」ことだけ覚えておけば十分です。

SDGsでは、持続可能な世界の実現に向け、社会課題解決のために経営と事業を革新する「目標の立案」が起点です。そこから実行がはじまります。ESGでは、現在、自社の活動が外の世界に与えている影響を網羅的にチェックする「評価」が取り組みの起点と言えます。そこから今後の目標の立案や実行へとつながっていきます。

●企業のSDGs実践の全体像

Q11 中小企業と大企業でSDGsに取り組むときの違いは何ですか?

A 本書におけるSTEP 6とSTEP 7の部分が大きく異なります。

大企業と中小企業とのSDGs実践における特に大きな違いは、STEP 6と7の部分です。特に次の二つに注意する必要があります。

1　大企業は外部要求に対応する必要がある

SDGsに取り組む際に、大企業と中小企業で決定的に違うのは、投資家や株主の影響です。ESG投資を中心に株式市場ではSDGsやサステナビリティなどの企業の非財務価値の開示や規制の要求が年々強まっており、大企業はそれらの外部要求に応えることを、SDGsへの取り組みの中に入れ込む必要があります。

一方、中小企業は投資家の影響はほとんど受けません。本書において投資家の要求についてはSTEP 7で軽く触れている程度ですが、大企業ではこの点をより詳細に状況を把握し、対応する必要があります。

2　大企業は事業による実践からではなく、 経営への導入からはじめる

小さな会社では、SDGsについてあまり難しく考えず、まず実践してから本格的な定着を図る方法が有効です。しかし、社員数が多く組織が細分化された大企業の場合、その方法で組織全体を動かすのは困難です。初期的な目に見える成果を見せることは大事ですが、経営の方針や計画として同時並行で一定の方向性を示すことが必要です。また、経営への導入の際も、大企業の場合は、SDGs推進体制として、役員レベルの司令塔と実施部署の設立や、経営計画の中での数値目標の設定などが必要となります。

Column

新型コロナウイルスとSDGs

SDGsの観点でコロナ禍がもたらした社会の変化

2019年に新型コロナウイルス（COVID-19：新型コロナ）の感染拡大がはじまって以来、あらゆる国際的な潮流もその影響なしに考えるのが難しくなりました。SDGsの観点から見ても、新型コロナウイルスがもたらした社会の変化の中で最も重要なものは、地球規模の課題に対する共感が一気に広がったことです。

SDGsは世界が持続不可能であると主張してきました。しかし、そうした認識に対し、これまで頭ではわかっていても、自分事として共感している人は多くはありませんでした。なぜなら、貧困、環境、紛争といった地球規模の課題は、世界の多くの人々にとって「遠いどこかの話」であり、たった今、自分の身の回りで起きていることではなかったからです。

しかし、今回のコロナ禍では、ニュースで見ていた中国での出来事が、あっという間に自分自身の周辺にまでおよび、毎日の仕事と生活のスタイルを一変させてしまいました。また、持続不可能な世界とはどんなものかを身をもって知り、当たり前に感じていた普段の生活が実はとてももろい土台の上にあったことを実感した方も多いでしょう。

今回の新型コロナは、SDGsのゴール3に含まれる感染症の問題であり、SDGsの示す社会課題そのものだと言えます。また、感染がこれほどまで拡大した背景には、発生源の地域の衛生環境の悪さ、大気汚染による都市住民の免疫力低下、世界全体での都市の過密化、国際機関や各国のパートナーシップの欠如による水際対策の遅れなどがあります。これらの問題も全て、SDGsに書かれている社会課題です。つまり、もしSDGsに対して適切な対策を以前から行っていたならば、今回のような感染拡大は起きなかった可能性が高いということでもあります。

もっと感染力が高く致死率の高いウイルスがまん延していたら、人類は絶滅の危機に瀕《ひん》していたでしょう。コロナ禍を無事に抜けたとしても、そうしたリスクはこれからも存在し続けます。地球や人類といった大げさなことではなく、自分自身の生活を持続可能にするために、普段から社会課題に取り組むことの重要さを感じた人は少なくないのではないでしょうか。そうした共感の広がりは各国の政治や世界経済全体にも反映されてきており、国、企業、人々などの考え方と行動にさまざまな変化をもたらしています。

小さな会社はどうするべきか?

小さな市場変化の波にも翻弄される中小企業にとっては、コロナ禍の影響は死活問題でしょう。多くの中小企業はまだSDGsに取り組めていませんし、着手していたとしても今はいったん脇に置いて収益確保に集中したいのが本音だと思います。危機的な経営状況を前に、生き残りに精一杯になるのは自然なことです。

しかし、新型コロナという予測不可能な事態によって、強制的な市場の変化が進む中で、これまで自社がやってきたことにしがみつくのは、本当に正しい選択なのでしょうか。消費者を含む大勢の人々に社会課題に対する共感が広がっていることは、ビジネスチャンスとしてとらえることもできます。持続可能な世界の実現に向けて本業の革新や新規の事業を思い切って打ち出すことで、新しい発想を生み、生き残りと成長を続ける機会を増やす道も考えることができるはずです。

社会課題に対する新たな解決策は、企業にとってビジネスの機会と言えます。なぜなら、そこには人々の新しい需要が大量に発生しているからです。新型コロナは、直接の解決策となるワクチンや治療薬だけでなく、マスク、消毒液、テレワーク設備などの予防策やその周辺を支える製品・サービスに対する膨大な需要を生み出しました。さらに、新しいライフスタイルが定着することで、在宅勤務やウェブミーティングを快適かつ便利にしてくれるさまざまなソフトや、子どもを静かに遊ばせる室内用トランポリンなど、新しい商品が売れています。本書で説明してきたように本業でのSDGsへの取り組みを進め、自社の製品・サービスを社会課題の新しい解決策として提示することで、新しい成長の道は無数に広がっているのです。

あとがき
SDGsはあなたの会社を持続可能にする

「最初は、SDGsに取り組むことで社会の役に立ちながら、売上や従業員のやりがいの向上に結び付けばよいと考えていた。しかし、取り組むにつれて、これは自社の存在意義そのものを高める機会だととらえるようになった」

これは、福岡県でサーキュラー・エコノミーの実現を目指した次世代型の表面加工を行っている東洋硬化の小野賢太郎社長に言われた言葉です。この一言の中に、小さな会社がSDGsに取り組むための本質が示されている気がしました。

小さな会社がSDGsに取り組む最初の動機は、売上や利益の向上など商売上のメリットを得るためという面が強いかもしれません。SDGsの潮流がお客さんの意識や市場の競争ルールを急速に変えている今、導入した企業が高売上のメリットを得られることは間違いありません。

しかし、実際に取り組んでみると、自社がもともと大切にしていた信念と通ずるところがあることに気が付きます。長期的な視点で考えれば、自社が生き残り、成長を続けていくためには、将来にわたって人々と社会に必要とされる会社であり続けるしかないからです。SDGsはその指針を示すものであり、小さな会社にとってのSDGsとは、世界だけでなく自社をも持続可能にするためのものなのです。

さまざまな中小企業とのSDGs導入の並走経験から、きちんとした説明を受ける機会さえあれば、小さな会社がこのようにSDGsを理解するのは難しいことではないという確信を持ちました。東洋硬化のように、そもそも事業を通して社会の役に立つという意志を持ち、自社や社員の生活の持続可能性を気にかけている意識の高い経営者や社員が日本の小さな会社には多くいるからです。

日本の上場企業の9割は既にSDGsへの取り組みを始めています。あとは企業数にして99%、人数にして7割を超える中小企業がSDGsに取り組むようになれば、世界に先駆けて、日本における持続可能な世界をつくるための市場形成は一気に進んでいきます。そうなれば、日本のビジネスセクターは国連や政府を超えるSDGsを解決力として世界で存在感を発揮していくことになるでしょう。そのために必要なことは、一社一社の小さな会社、つまりあなたの会社がSDGsの本質を理解し、取り組みをはじめることなのです。

本書は著者が2016年に国連開発計画（UNDP）駐日代表事務所の広報官として日本におけるSDGsの広報普及に携わって以来、それ以前から20年近くの国連、JICA、グローバル企業での社会課題解決の経験と、現在代表を務める一般社団法人SDGsアントレプレナーズにおける日本企業とのSDGs実践経験をもとに研究を続けてきた「企業が実際に使えるSDGsの実践法」を中小企業向けに1冊の本にまとめたものです。それぞれの章で紹介している実践法は、理論的に考え出したものではなく、背景には一つひとつの企業と並走して得た成功と失敗の実践経験の積み重ねがあります。読むだけでなく、使ってみることで、その真価を感じていただけると思います。

本書を作成するにあたっては、SDGs導入で並走した企業のほかにも、たくさんの中小企業の皆さまから知見をいただきました。ピー・ディー・ネットワークとの協力で放送中のラジオ番組、「SDGsティーチャー」（Tokyo FM）に出演いただいた大川印刷、日本フードエコロジーセンター、バイオマスレジン南魚沼、SALASUSU、トラストバンク、ナカダイといったゲスト企業や、東京、大阪のほか、宇都宮市、富山市、舞鶴市、朝霞市、新潟市、和歌山市におけるSDGsイベントおよびセミナーでお会いした各社さまをはじめ、これまでSDGsの普及活動の中でお会いした多くの皆さまにこの場を借りて厚く御礼申し上げます。

また、オリックス銀行、キャタラー、読売テレビエンタープライズなど、大企業の非上場子会社の方々との意見交換からも、大企業とも中小企業とも異なる独特のSDGsの視点を学ばせていただきました。こうした知恵を一つにまとめ、SDGs実践において小さな会社を取り残さないという重要な挑戦にお声がけいただいた翔泳社および国連時代の元上司であり、本書の推薦文もいただいたUNDPの近藤哲生駐日代表に感謝を申し上げるとともに、本書がSDGsに取り組む日本の小さな会社の背中を押し、具体的に動くための実践知を提供するものになることを心より願っています。

2020年2月　青柳 仁士

Appendix
巻末付録

1 覚えておこう！ SDGs用語集
2 おすすめSDGsツール・資料集
3 参加しよう！ SDGsに取り組む企業のためのプラットフォーム
4 企業の社会価値やSDGsへの取り組みの評価基準
5 SDGs以外の社会課題
6 SDGs17ゴール・ターゲット詳細

巻末付録 1

覚えておこう！SDGs用語集

用語	内容
3R 参照 →076ページ	Reduce（削減：消費資源や廃棄物の量を減らす）、Reuse（再利用：使用済み製品を繰り返し使う）、Recycle（リサイクル：廃棄物等を原料やエネルギーとして有効利用する）の略。
BOP	Base of the Pyramid（ピラミッドの最下層）の略。ピラミッドとは所得階層を意味する。最貧困層を意味する言葉。
CSR 参照 →166、171ページ	Corporate Social Responsibility（企業の社会的責任）の略。企業が利益追求のみを目指さず、市民や投資家等のステークホルダーおよび社会全体に対しての責任を果たすために、戦略を持ち自発的に行動を起こすこと。
CSV 参照 →084、092、097、128ページ	Creating Shared Value（共通価値の創造）の略。社会課題を自社の強みで解決することで企業の持続的な成長へつなげる差別化戦略。
ESG投資 参照 →150、156、160、172ページ	Environment（環境）、Social（社会）、Governance（ガバナンス）の三つを非財務価値と定義し、利益率やキャッシュフロー等の財務価値とともに企業の評価に使う投資。
MDGs 参照 →016、166、167ページ	Millennium Development Goals（ミレニアム開発目標）の略。2000年9月の国連ミレニアム・サミットにて採択された2015年までの世界の八つの目標。SDGsの前身。
MVV 参照 →126、136ページ	Mission（使命）、Vision（ビジョン）、Value（価値観）の略。ピーター・ドラッカー氏によって提唱された企業の経営理念を構成する主要な要素。
PRB	Principle for Responsible Banking（責任銀行原則）の略。PRIの銀行版。2019年に創設され、当初世界の28の銀行が参加した。

用語	内容
PRI 参照 →160ページ	Principle for Responsible Investment（責任投資原則）の略。2006年に国連が金融業界に提唱したイニシアチブ。機関投資家の意思決定にESG課題を受託者責任の範囲内で反映させるべきとしたガイドライン。
RE100 参照 →074ページ	Renewable Energy 100%の略。企業が生産活動等において使用するエネルギーを全て再生可能エネルギーに切り替えることを推進する国際的なビジネスイニシアチブ。
SDGsウォッシュ 参照 →060、100ページ	SDGsに実質的な貢献をせず、表面的にSDGsを使うことで自社の都合の悪い部分を隠し、イメージアップを図る行為。
SDGsビジネス 参照 →104、171ページ	SDGsへの貢献を目指し、収益につながる顧客にとっての価値（経済価値）と、社会や環境に対する価値（社会価値）を両立させたビジネス。
Society 5.0	日本が提唱する、狩猟、農耕、工業、情報社会に続く、第5次の新たな社会のコンセプト。仮想空間と現実空間を高度に融合させ、経済発展と社会的課題の解決を両立する。
インクルーシブ	社会的な包含。全ての人が孤立したり、排除されたりしないよう援護し、社会の構成員とし支え合うという社会政策の理念。マイノリティ（少数派）をつくらないしくみ。
エシカル消費 参照 →070ページ	消費者が社会的課題の解決を考慮したり、そうした課題に取り組む事業者を応援しながら消費活動を行うこと。倫理的消費とも言われる。
エンパワーメント	社会的に立場の弱い人や差別されている人が、主体的に社会と関わるための支援を行うこと。また、集団や個人がもともと持っている力を認識させ、発揮させること。
共通コスト 参照 →064ページ	社会や環境に対する負荷であり、自社にとっての損失にもなっている消費。無駄な資源・エネルギー、労働力、管理システムなど。共通価値に対比する形で本書の中で使用した造語。
クリーンエネルギー 参照 →048、053、074ページ	二酸化炭素（CO_2）や窒素酸化物（NOx）などの有害物質の排出がない、または、少ないエネルギー。主に太陽光、水力、風力、地熱などの再生可能エネルギーを指す。

用語	内容
グリーン・ボンド	企業や地方自治体等が国内外の環境プロジェクトに必要な資金調達のために発行する債券。調達資金が追跡管理され、発行後の報告を通じて透明性が確保される。
グリーンウォッシング 参照 →060ページ	環境への取り組みをしているように装い、上辺を取り繕うことにより、市場における自社の評価を高めようとする行為。
サステナビリティ 参照 →172ページ	社会、環境、経済の三つの側面から見た世界の持続可能性。SDGsを含む概念として、世界共通の目標として政府・国際機関や企業を含む各セクターによる取り組みが進んでいる。
ジェンダー 参照 →160、169、170ページ	性別によって決められる社会的な属性、機会、および異性・同性の関係性など。生理的、身体的な性別の違いではなく、文化や学習によって社会的に構築される性別の役割。
循環経済 参照 →076、128、136ページ	資源の効率的な利用と再生産を行うことにより、持続可能な形で循環利用していく社会。英語のサーキュラー・エコノミーが原語。
静脈産業 参照 →077、128ページ	天然資源から製品を生産する産業を動脈産業と呼ぶのに対し、動脈産業が排出した不要物を社会や自然の物質循環過程に再投入する産業のこと。
食品ロス 参照 →077ページ	売れ残り、食べ残し、期限切れ食品など、本来消費できたはずの食品が廃棄されること。消費時点だけでなく、生産、加工、小売、消費の各段階で発生している。
絶対的貧困 参照 →015、131、170ページ	人間が生活を営む上で最低限必要とされるものやサービスを購入する所得のない人々。SDGsの定義では、1日1.25ドル未満の所得水準で暮らす人々とされている。
相対的貧困 参照 →036、170ページ	世帯の可処分所得がその国の平均値の半分に満たない状態。日本では1人世帯で120万円、4人世帯で240万円程度。日本の子どもの7人に1人が相対的貧困下にある。
ソーシャル・ビジネス 参照 →129ページ	社会や環境の課題に対して、寄付金などの外部資金に頼らず、自社で事業収益を上げることで継続的な解決を行うビジネスの総称。
ダイバーシティ（多様性） 参照 →037、093、160ページ	個人や集団の間に存在しているさまざまな違いを受け入れ、活用しようとする考え方のこと。年齢、性別、国籍、学歴、職歴、人種、民族、宗教などの多様性。

用語	内容
ダイベストメント 参照 →081、161ページ	インベストメントの反対語。株、債券、投資信託を手放したり、銀行口座から資金を引き揚げること。
ディーセント・ワーク 参照 →027ページ	働きがいのある人間らしい仕事。権利が保護され、十分な収入を生み、適切な社会保護が与えられた生産的な仕事。労働者の人権を尊重しつつ高い生産性を実現する考え方。
バックキャスティング	未来のあるべき姿から未来を起点に解決策を見つけ、取り組みを考える思考法。
バリューチェーン 参照 →048、084、090ページ	商品を生み出すための原材料・部品の調達から、製造、在庫管理、配送、販売、消費までの各工程における価値創造の連鎖。
パリ協定 参照 →081、166ページ	気候変動枠組条約の全加盟国である196カ国が合意した、2020年以降の気候変動に関する国際的枠組み。世界の平均気温上昇を産業革命以前に比べて2℃より十分低く保ち、1.5℃に抑える努力をすること、およびそのためにできるかぎり早く世界の温室効果ガス排出量をピークアウトし、21世紀後半には、温室効果ガス排出量と吸収量のバランスをとることを世界共通の目標としている。
ポジティブスクリーニング 参照 →161ページ	ESG投資において非財務価値の優れた企業を選び出し、投資先とすること。反対に、非財務価値の面で劣った企業を投資先から外すことをネガティブスクリーニングと言う。
マイクロプラスチック	環境中に存在し、自然分解されずに半永久的に残る微小な（直径5mm以下の）プラスチック粒子。海に流れ込み、紫外線や波の影響で劣化したものが海洋環境を悪化させている。
マテリアリティ	SDGsやサステナビリティの観点で自社が取り組むべき優先度の高い重点課題。
マテリアル・フットプリント	ある国の消費を満たすために必要とされるバイオマス、化石燃料、金属鉱石、非金属鉱石等の天然資源の採取量。日本では減少傾向だが、開発途上国では増大傾向にある。
レジリエンス	人、組織、制度、国・地域などが、外的なショックを受けたとき、立ち直ることのできる反発性や弾力性。また、リスク対応能力や危機管理能力の意味で使われることもある。

巻末付録 2

おすすめ SDGsツール・資料集

ウェブ上から無料でダウンロードできる有用なSDGs関連資料を紹介します。ぜひお役立てください。

我々の世界を変革する：持続可能な開発のための2030アジェンダ

発行元：国際連合（原文）、外務省（日本語訳）／発行年：2015年

URL：https://www.mofa.go.jp/mofaj/files/000101402.pdf

2015年に193カ国で合意されたSDGs原文の日本語訳。17ゴール・169ターゲットの原文が確認できるだけでなく、持続可能な世界の構想を描いた前文や「誰一人取り残さない」という理念など、SDGsの全体像について一次情報として確認することができる。SDGsに取り組む上では一度は目を通しておくことが推奨される。

なお、SDGsの原文は国連公用語の英語、中国語、フランス語、ロシア語、スペイン語、アラビア語で書かれており、日本語版は翻訳の扱いとなる。英語の原文を確認したい場合は『Transforming our world: the 2030 Agenda for Sustainable Development』でインターネット検索をかけると国連のウェブサイトから入手可能。

SDGs17ゴール・169ターゲット・232指標

発行元：国際連合（原文）、総務省（日本語訳）／発行年：2017年

URL：https://www.soumu.go.jp/main_content/000562264.pdf

SDGsの17ゴール・169ターゲット・232指標を見やすく一覧にした日本語訳。エクセルで作成されており、参照する上で使い勝手がよい。SDGsのゴールやターゲットを確認したいときに簡単に確認できる。本書の巻末付録6にこの資料にあるSDGs17ゴール・169ターゲットのうち、民間企業に関係のないものを除いた一覧を掲載。

持続可能な開発（SDGs）活用ガイド

発行元：環境省／発行年：2018年

URL：https://www.env.go.jp/policy/sdgs/

環境省が取りまとめた企業がSDGsを導入するためのガイドブック。本編に加え、SDGsに取り組む企業にとって有用なツールをまとめた資料編と、それらを簡潔にまとめた概要版の3部構成になっている。環境分野を中心に、先に出版された国連や政府機関によるSDGs関係資料から重要情報を取りまとめながらSDGsの活用法を解説している。中小企業の事例もあり、小さな会社にも使える内容になっている。

環境報告ガイドライン2018年版

発行元：環境省／発行年：2018年

URL：http://www.env.go.jp/policy/2018.html

企業が環境に対する外部報告を行う際のガイドライン。1997年に「環境報告書作成ガイドライン～よくわかる環境報告書の作り方」が策定されて以来、定期的に内容の改定が行われてきた。環境報告ガイドライン2018年版ではSDGsの国際的な潮流を踏まえ、企業活動に伴う環境負荷に関して開示すべき指標が具体的に例示されている。「環境報告のための解説書」一式とセットになっており、少々難解ではあるが、全て読むと企業の環境分野の動向の全ての論点を理解できる。

SDGs経営ガイド

発行元：経済産業省／発行年：2019年

URL：https://www.meti.go.jp/press/2019/05/20190531003/20190531003-1.pdf

経済産業省のSDGs経営／ESG投資研究会が取りまとめた企業のSDGs活用に関する考え方と方法論をまとめた資料。主な対象は大企業となっているが、ビジネスの視点でのSDGsのとらえ方や、パートナーとの協創によるイノベーションの創発など、中小企業にとっても参考となる知恵が多数盛り込まれている。企業が単にSDGsに取り組むだけで良しとせず、本質的な価値観につなげることを促している。

価値協創のための統合的開示・対話ガイダンス

発行元：経済産業省／発行年：2017年

URL：https://www.meti.go.jp/policy/economy/keiei_innovation/kigyoukaikei/Guidance.pdf

投資家に伝えるべき情報（経営理念やビジネスモデル、戦略、ガバナンス等）を体系的・統合的に整理し、情報開示や投資家との対話の質を高めるための手引きとして経済産業省が主導して作成したガイダンス。通称、「価値協創ガイダンス」と呼ばれている。原則主義の考え方に基づいて作成されており、SDGsに関する具体的な開示項目・指標の設定等の記載はない。

SDGsの企業行動指針 - SDG Compass

発行元：GRI、国連グローバルコンパクト、WBCSD／発行年：2015年

URL：https://sdgcompass.org/wp-content/uploads/2016/04/SDG_Compass_Japanese.pdf

国連関係機関から発行された企業向けのSDGs活用の指南書。企業がSDGsをビジネスで活用する手順を体系的に解説している。国連関係の組織が作成しているため信頼性があり、大企業を中心に多くの企業に採用されている。大企業を主な対象としているが、SDGsに基づく自社の社会的な価値を網羅的に把握し、強みや弱みに対応しながら外部へ発信し、改善していく方法が示されている。

企業行動憲章 実行の手引き（第7版）

発行元：一般社団法人日本経済団体連合会（経団連）／発行年：2017年

URL：https://www.keidanren.or.jp/policy/cgcb/tebiki7.pdf

2017年に改定された経団連の企業行動憲章の最新版、およびその実行のための手引き。実行の手引きは、事業・ビジネスの実行、情報公開、企業ガバナンス、働き方、環境配慮、社会参画、危機管理、経営者の役割等の各項目にわたり具体的な方法論と事例を踏まえながら、企業がどのように行動していくべきかを解説している。今回の企業行動憲章の改定の中核がSDGsと科学技術を活用した次世代の社会の創設となっていることから、企業がSDGsに取り組むための基本指針が示されている。

中小企業のSDGs経営推進マニュアルに関する調査研究

発行元：一般社団法人中小企業診断協会／発行年：2020年

URL：https://www.j-smeca.jp/attach/kenkyu/honbu/r1/sdgs-keieisuisin.pdf

中小企業のSDGs経営を支援する手法をまとめた手引書。中小企業の特性を考慮した実践的・効果的な取り組み方のモデルを提示している。中小企業診断士がその推進を支援するためのノウハウを確立し、包括的かつ段階的に取り組むことができるマニュアルをつくるという目的のもとで作成された。

中小企業のSDGs認知度・実態等調査

発行元：経済産業省 関東経済産業局／発行年：2018年

URL：https://www.kanto.meti.go.jp/seisaku/sdgs/sdgs_ninchido_chosa.html

SDGsの認知度、SDGsの印象、具体的な取組状況、SDGsに取り組む際の課題、SDGs推進のための支援策ニーズ、企業経営における社会課題解決の位置付け、取引先の動向の変化等に関する中小企業への調査結果がまとめられている。関東圏における中小企業のSDGsへの取り組み実態を把握することができる。

SDGsに取り組む地域の中堅・中小企業等を後押しするための新たな仕組み（支援モデル）

発行元：経済産業省関東経済産業局、NAGANO × KANTO地域SDGsコンソーシアム、一般財団法人日本立地センター／発行年：2019年

URL：https://www.kanto.meti.go.jp/seisaku/sdgs/data/sdgs_shien_model_shosai.pdf

地域SDGsコンソーシアムにおいて産官学共同で検討を重ねてきたSDGsに取り組む地域の中小企業等を後押しするための支援策を取りまとめた報告書。「SDGsの観点で市場・社会から期待される基本的な事項」として、SDGsの17ゴールに沿って中堅・中小企業に期待される具体的な取り組みを例示している。

巻末付録 3

参加しよう！ SDGsに取り組む企業のためのプラットフォーム

分野別、地域別のSDGsのプラットフォームを紹介します。参加できそうなものがあればぜひ参加してみてください。ここで紹介してるもの以外にもたくさんのプラットフォームがあるので、探してみるとよいでしょう。

● 分野別のSDGsプラットフォーム

JAPAN SDGs Action Platform

主催：外務省／設立：2017年

URL：https://www.mofa.go.jp/mofaj/gaiko/oda/sdgs/index.html

外務省が設置した日本政府のSDGsプラットフォーム。SDGsに対する政府の主要な動向やレポートが参照できるほか、SDGsに取り組む企業、自治体、NGO/NPO、教育・研究機関、科学技術研究機関、メディア等の400以上の事例や「ジャパンSDGsアワード」の内容および受賞企業・事例も載せており、SDGsに取り組む幅広いアクターにとって役に立つ情報が入手できる。

地方創生SDGs官民連携プラットフォーム

主催：内閣府／設立：2018年

URL：http://future-city.jp/platform

SDGsの国内実施を促進し、より一層の地方創生につなげることを目的に、広範なステークホルダーとのパートナーシップを深める官民連携の場として内閣府が立ち上げたSDGs×地方創生プラットフォーム。会員になると団体の情報およびSDGsに関連する取り組み等を、会員閲覧用のデータベースで掲載・閲覧できる。また、プラットフォームの普及促進活動、マッチング支援、分科会開催・参加のサービスが利用できる。2020年現在で2,000社近くの企業・団体等が加入している。

環境省ローカルSDGs—地域循環共生圏づくりプラットフォーム—

主催：環境省／設立：2019年

URL：http://chiikijunkan.env.go.jp

地域資源を最大限活用しながら自立・分散型の社会を形成しつつ、地域の特性に応じて資源を補完し支え合うことにより、環境・経済・社会が統合的に循環し、地域の活力が最大限に発揮されるという「地域循環共生圏」の構築を目指すプラットフォーム。2020年現在で約100の企業・団体が加盟している。情報や知見の共有にとどまらず、企業同士のマッチングや新しいしくみづくりを支援している。

国連グローバル・コンパクト

主催：国連グローバル・コンパクト／設立：1999年

URL：https://www.ungcjn.org/gc/

世界全体で約1万5千社以上が参加する国連主催のビジネス・ネットワーク。SDGsおよび人権や環境などの国連グローバル・コンパクト10原則に賛同し、社長の宣言により努力を持続することが加盟条件となっている。直接雇用のフルタイム従業員数で加盟カテゴリーが異なり、小さな会社は250人未満の中小企業として参加できる。

Business Call to Action

主催：UNDP、オランダ外務省、スウェーデン国際開発協力庁（Sida）、スイス開発協力庁、英国国際開発省（DFID）、米国国際開発庁（USAID）／設立：2008年

URL：https://www.businesscalltoaction.org　＊英語サイト

国連開発計画（UNDP）と各国援助機関が共同で立ち上げたSDGsにビジネスで取り組む企業のためのプログラム。2020年時点で257企業が参加している。日本からは12社が参加しており、うち1社は中小企業となっている。

● 地域別のSDGsプラットフォーム

市区町村：和歌山SDGs推進ネットワーク

主催：和歌山市企画課

URL：http://www.city.wakayama.wakayama.jp/shisei/1009206/1029316/1030208.html

SDGsに取り組む企業や団体の連携を深め、各々の活動の活性化を目指すとともに、地域におけるSDGsの達成に向けた取り組みの推進につなげるためのプラットフォーム。情報発信、他企業や団体の活動の共有、会員間のさらなるパートナーシップ構築などを行っている。

＊同様に市区町村が主催するプラットフォームには次のようなものがある。
和歌山市SDGs推進ネットワーク、陸前高田市SDGs推進プラットフォーム、つくばSDGsパートナーズ、日野市価値共創ポータル、SDGs未来都市とやま、浜松市SDGs推進プラットフォーム、とよたSDGsパートナー、みつけSDGsパートナー、豊橋市SDGs推進パートナー、真庭SDGsパートナー、宇部SDGs推進センター等

都道府県：かながわSDGsパートナー

主催：神奈川県政策局SDGs推進課

URL：https://www.pref.kanagawa.jp/docs/bs5/sdgs/partner.html

SDGsの推進に資する事業を展開している企業・団体等の取り組み事例を県が募集、登録、発信するとともに、県と企業・団体等が連携してSDGsの普及促進活動に取り組むプラットフォーム。会員には県の中小企業制度融資による支援、取り組み事例のPR、マッチング支援などの特典がある。2019年に発足し、2020年現在263団体が加盟。神奈川県政策局SDGs推進課が所管している。

参考 『神奈川県中小企業によるSDGs活用事例集』地球環境戦略研究機関（IGES）
https://www.iges.or.jp/jp/projects/sme-case-studies

＊同様に都道府県が主催するプラットフォームとして、北海道SDGs推進ネットワーク（北海道総合政策部政策局計画推進課主催）等がある。

地域圏：関西SDGsプラットフォーム

主催：独立行政法人 国際協力機構関西国際センター（JICA関西）、
経済産業省 近畿経済産業局、関西広域連合本部事務局

URL：https://kansai-sdgs-platform.jp

SDGsへの取り組みは関西の民間企業、市民社会・NPO/NGO、大学・研究機関、自治体・政府機関、全ての人々にとって、重要であることを広くアピールするとともに、各ステークホルダーの連携と協働により、関西において持続的社会の構築に向けた活動や高い社会的価値を生み出す経済活動を加速していくためのプラットフォーム。2017年に発足し、2020年現在、企業、金融機関、その他関連団体715団体、自治体・政府関係機関・公益法人等90団体、市民団体・NGO・NPO等175団体、大学・研究機関・教育関連機関56団体が参加している。関西で自前のプラットフォームを持つ多くの自治体や団体も参加しており、包括的なネットワークとなっている。

地域メディア：SDGsにいがた

主催：「地域創生プラットフォームSDGsにいがた」準備会事務局

URL：https://sdgs-niigata.net

新潟県内でSDGsを促進する地域創生プラットフォーム。SDGs関連情報を発信し、企業、自治体、教育・研究機関、各種団体、地域のネットワークを広げ、セミナーを実施しながら、各アクターがSDGs課題に取り組めるよう支援する。

地方大学：能登SDGsラボ

主催：金沢大学、珠洲商工会議所ほか

URL：https://noto-sdgs.jp

能登半島でSDGsへの共感が創発的に起こり、思いと取り組みが促進される環境をつくるソーシャル・ハブとしての役割を目指して活動を行っている。多様な生業を持つ能登の人々、学生、外国の方々が日常的に学び交流する金沢大学能登学舎の一室にラボを設置し、さまざまなアクションや出会いのきっかけをつくっている。

巻末付録 4

企業の社会価値やSDGsへの取り組みの評価基準

STEP 7で紹介した、社会価値やSDGsへの取り組みの評価基準を紹介します。ステップアップの際のヒントにしてください。

● サステナビリティ報告の基準・認証

GRI Standard / GRI Guideline（GRIスタンダード／GRIガイドライン）

発行元：GRIグローバル・サステナビリティ・スタンダード・ボード／発行年：2016年

URL：https://www.globalreporting.org/standards/gri-standards-translations/gri-standards-japanese-translations-download-center

GRI（Global Reporting Initiative：グローバル・レポーティング・イニシアチブ）が策定した企業や政府が気候変動、人権、汚職などの問題への影響を理解し、報告するための基準およびガイドライン。GRIとは、国連環境計画（UNEP）の公認団体であり、企業のサステナビリティ報告の基準策定に関する国際潮流をリードしてきた非営利の標準化団体である。日本語版があり、構成もわかりやすいため、現状、小さな企業にとっては最も参照しやすい基準・ガイドラインと言える。

SASB Sustainability Accounting Standards（SASBサステナビリティ会計基準）

発行元：SASB／発行年：2011年

URL：https://www.sasb.org/standards-overview/download-current-standards　＊英語サイト

SASB（Sustainability Accounting Standards Board：米国サステナビリティ会計基準審議会）が設立趣旨に則って作成した企業向けのサステナビリティ開示指針・会計基準。SASBとは、企業のサステナビリティ会計基準を開発するためにアメリカで設立した非営利団体である。投資家の視点で企業の非財務価値（投資分野における社会価値とほぼ同義）について業種別の評価基準が定められている。

ISO 26000 : 2010 Guidance on social responsibility（ISO26000 社会的責任）

発行元：ISO／発行年：2010年

URL: https://www.iso.org/standard/42546.html　＊英語サイト

ISO（International Organization for Standardization：国際標準化機構）とは、スイス・ジュネーブに本部を置く各国の国家標準化団体で構成される非政府組織。国際的な標準である国際規格を策定しており、ISO26000では中小企業も対象となる企業の社会的価値を測るための項目とガイダンスを提供している。英語サイトのみのため、書籍の『日本語訳ISO 26000:2010 社会的責任に関する手引』（日本規格協会刊）を参照するとよい。

TCFD提言

発行元：TCFD／発行年：2017年

URL：https://tcfd-consortium.jp　＊TCFDのウェブサイトは英語であるため、日本語でTCFDをわかりやすく解説しているTCFDコンソーシアムのURLを記載。

TCFD（Task Force on Climate-related Financial Disclosures：気候関連財務情報開示タスクフォース）とは、G20の要請を受け、国際的な枠組みである金融安定理事会により、気候関連の情報開示および金融機関の対応を検討するために設立されたタスクフォース。2017年6月に最終報告書を公表し、企業等に対し、気候変動関連のリスクおよび機会に関する開示推奨項目を提示している。

CDP質問書&ガイダンス

発行元：CDP／発行年：2000年

URL：https://japan.cdp.net/disclosure

CDP（Carbon Disclosure Project：カーボン・ディスクロージャー・プロジェクト）とは、世界の主要企業の環境活動に関する情報を収集・分析・評価し、その結果を機関投資家向けに開示するプロジェクトおよびそれを実施している非営利団体。気候変動、水セキュリティ、森林の3分野に関し、主要国の時価総額の上位企業に対して、毎年質問表が送付され、回答および取り組みの内容に応じた評価と得点付けが世界に公表されており、企業の社会価値を測る重要指標となっている。

国連グローバル・コンパクト10原則

発行元：国連グローバル・コンパクト／発行年：2000年

URL：http://www.ungcjn.org/gc/principles/

グローバル・コンパクトとは、1999年の世界経済フォーラムでコフィー・アナン国連事務総長（当時）が企業に対して提唱したイニシアチブ。メンバー企業に対し、人権・労働権・環境・腐敗防止に関する10原則を順守し実践するよう要請している。

● ESG投資の指標

ESG投資の評価機関は多数あり、尺度もさまざまであるため、日本企業としてはまず年金積立金管理運用独立行政法人（GPIF）に採用されているFTSEとMSCIを参照するとよい。それ以外では、Dow JonesやS&PのESG投資Indexが国際的に有名である。GPIFに採用されている指標（インデックス）の参照先は次のとおり。

No.	指標名	URL
1	FTSE Blossom Japan Index（FTSE Russell）	https://www.ftserussell.com/ja/index/spotlight/ftse-blossom-japan-index
2	ジャパンESGセレクト・リーダーズ指数（MSCI）	https://www.msci.com/msci-japan-esg-select-leaders-index-jp
3	日本株女性活躍指数（WIN：MSCI）	https://www.msci.com/msci-japan-empowering-women-index-jp

● 日本政府発行のガイドライン

サステナビリティ報告やESG投資の指標以外に参照できるものとしては、日本政府が発行しているガイドラインを活用することができる。これらのガイドラインは、SDGs、サステナビリティ報告、ESG投資等の国際的な動きを踏まえつつ、日本企業にとって理解しやすく、取り込みやすいような形で編集されている。

No.	指標名	URL
1	環境報告ガイドライン2018年版（環境省）	http://www.env.go.jp/policy/2018.html
2	価値協創ガイダンス（経済産業省）	https://www.meti.go.jp/policy/economy/keiei_innovation/kigyoukaikei/ESGguidance.html
3	地方創生SDGs・ESG金融調査・研究会（内閣府）	https://www.kantei.go.jp/jp/singi/tiiki/kankyo/kaigi/sdgs_kinyu.html

● SDGs関連のアワード・ランキング

SDGsに関するアワードやランキングの評価基準も企業の社会価値を測る尺度として参考になる。ただし、評価の視点や基準には不明確な点も多く、完成度や公平性は低いものとして考える必要がある。小さな企業にも参照しやすいアワードやランキングとしては以下のようなものがある。

No.	指標名	URL
1	ジャパンSDGsアワード（外務省）	https://www.mofa.go.jp/mofaj/gaiko/oda/sdgs/award/index.html
2	ESGファイナンス・アワード（環境省）	http://www.env.go.jp/press/107759.html
3	「STI for SDGs」アワード（科学技術振興機構）	https://www.jst.go.jp/sis/co-creation/sdgs-award/2020/items/sti_for_sdgs_award_flyer2020.pdf

＊以下は英語サイトのため参照はしにくいが、世界全体で社会価値の高いと見なされている企業を知る上で参考になる。

参考 『2019 Global 100 results』Corporate Knights
https://www.corporateknights.com/reports/2019-global-100/2019-global-100-results-15481153/

巻末付録 5

SDGs以外の社会課題

SDGsの項目以外の社会課題の参考資料を紹介します。自社で取り組みたい課題があれば参考にしてください。なお、SDGsに一部含まれる社会課題についても、視点の違うものは記載しています。

1. SDGs実施指針改定案（骨子）

発行元：日本政府（SDGs推進本部）

URL：https://www.kantei.go.jp/jp/singi/sdgs/pdf/jisshi_shishin_r011108.pdf

日本政府のSDGs実施指針に掲げられた優先課題をまとめた資料です。より重要とされている課題がわかります。

社会課題リスト

多様性（あらゆる人々が活躍する社会）・ジェンダー平等の実現／健康・長寿の達成／成長市場の創出、地域活性化（地方創生）、科学技術イノベーション／持続可能で強靭な国土と質の高いインフラの整備、省・再生可能エネルギー、防災・気候変動対策、循環型社会／生物多様性、森林、海洋等の環境の保全／平和と安全・安心社会の実現

2. COVID-19

発行元：United Nations

URL：https://www.un.org/en/desa/covid-19　＊英語サイト

国連経済社会局ほかが運営するサイト。ポストコロナを向かえたときにより重要視されると予想される課題がまとまっています。これらはコロナ禍において浮き彫りになった課題とも言えます。

社会課題リスト

医療体制整備／デジタルシフト／財政再建（国の債務増加）／飢餓・貧困の拡大、不平等（含む食糧難・配給難）／公衆衛生／雇用（失業）／教育・学校閉鎖／一極集中の是正（分散立地）／安定した電力供給

3. 構造改革のための経済社会計画 第1部我が国の課題と政策運営の基本方向

発行元：内閣府

URL：https://www5.cao.go.jp/j-j/keikaku/keishin2-j-j.html

内閣府が発表している課題がまとめられており、日本の現状をとらえることができます。

社会課題リスト

新規産業の展開の遅れと産業空洞化／雇用に対する不安／少子・高齢社会のくらしへの不安／豊かさの実感の欠如への不満／地球社会における責任と役割の増大

4. 第２期「まち・ひと・しごと創生総合戦略」

発行元：内閣官房まち・ひと・しごと創生本部事務局、内閣府地方創生推進事務局

URL：https://www.kantei.go.jp/jp/singi/sousei/info/pdf/r1-12-20-senryaku.pdf

地方創生の現状や課題、目指すべき方向性がまとめられています。各都道府県の現状も比べることが可能です。

社会課題リスト

稼ぐ地域をつくるとともに、安心して働けるようにする／地方とのつながりを築き、地方への新しいひとの流れをつくる／結婚・出産・子育ての希望をかなえる／ひとが集う、安心して暮らすことができる魅力的な地域をつくる／多様な人材の活躍を推進する／新しい時代の流れを力にする／少子高齢化による総人口と労働人口の減少／東京一極集中／地方の過疎化と地域経済の停滞

5. 日本が抱えるその他の社会課題

上記以外で筆者の視点で日本が抱える社会課題をまとめました。

社会課題リスト

地方自治体の財政破たん／赤字国債と国家の財政破たんのリスク増大／外国資本による土地の買収／待機児童／非正規雇用／成人病の増加／社会インフラの老朽化／空き家／サイバー攻撃／放射能問題／メディア・ネットリテラシー／学級崩壊／人のつながりの希薄化／地域スポーツ振興／日本文化発信／リストラ／アニマルライツ／表現の自由／フェアトレード／企業倫理／ブラック企業／ダイバーシティ／ハラスメント／いじめ／マイノリティ受容／薬害／病児保育／NPO支援／政治への無関心／騒音問題／社会的孤立／孤独死／竹島・尖閣・捕鯨等のセンシティブな外交問題／ミサイル／SNSによる自殺／野生動物管理／不法投棄／個人情報流出／低年齢犯罪／性犯罪／あおり・危険運転／難民受け入れ／外国人労働者の増加／レアメタルの争奪　等

巻末付録 6

SDGs17ゴール・ターゲット詳細

※総務省による仮訳を使用
※企業に関係のある項目のみを抜粋

① あらゆる場所のあらゆる形態の貧困を終わらせる

ターゲット

1.1 ▸2030年までに、現在1日1.25ドル未満で生活する人々と定義されている極度の貧困をあらゆる場所で終わらせる。

1.2 ▸2030年までに、各国定義によるあらゆる次元の貧困状態にある、全ての年齢の男性、女性、子供の割合を半減させる。

1.4 ▸2030年までに、貧困層及び脆弱層をはじめ、全ての男性及び女性が、基礎的サービスへのアクセス、土地及びその他の形態の財産に対する所有権と管理権限、相続財産、天然資源、適切な新技術、マイクロファイナンスを含む金融サービスに加え、経済的資源についても平等な権利を持つことができるように確保する。

1.5 ▸2030年までに、貧困層や脆弱な状況にある人々の強靱性（レジリエンス）を構築し、気候変動に関連する極端な気象現象やその他の経済、社会、環境的ショックや災害に暴露や脆弱性を軽減する。

② 飢餓を終わらせ、食料安全保障及び栄養改善を実現し、持続可能な農業を促進する

ターゲット

2.1 ▸2030年までに、飢餓を撲滅し、全ての人々、特に貧困層及び幼児を含む脆弱な立場にある人々が一年中安全かつ栄養のある食料を十分得られるようにする。

2.2 ▸5歳未満の子供の発育阻害や消耗性疾患について国際的に合意されたターゲットを2025年までに達成するなど、2030年までにあらゆる形態の栄養不良を解消し、若年女子、妊婦・授乳婦及び高齢者の栄養ニーズへの対処を行う。

2.3 ▸2030年までに、土地、その他の生産資源や、投入財、知識、金融サービス、市場及び高付加価値化や非農業雇用の機会への確実かつ平等なアクセスの確保などを通じて、女性、先住民、家族農家、牧畜民及び漁業者をはじめとする小規模食料生産者の農業生産性及び所得を倍増させる。

2.4 ▸ 2030年までに、生産性を向上させ、生産量を増やし、生態系を維持し、気候変動や極端な気象現象、干ばつ、洪水及びその他の災害に対する適応能力を向上させ、漸進的に土地と土壌の質を改善させるような、持続可能な食料生産システムを確保し、強靭（レジリエント）な農業を実践する。

2.5 ▸ 2020年までに、国、地域及び国際レベルで適正に管理及び多様化された種子・植物バンクなども通じて、種子、栽培植物、飼育・家畜化された動物及びこれらの近縁野生種の遺伝的多様性を維持し、国際的合意に基づき、遺伝資源及びこれに関連する伝統的な知識へのアクセス及びその利用から生じる利益の公正かつ衡平な配分を促進する。

3 すべての人に健康と福祉を

③ あらゆる年齢のすべての人々の健康的な生活を確保し、福祉を促進する

ターゲット

3.1 ▸ 2030年までに、世界の妊産婦の死亡率を出生10万人当たり70人未満に削減する。

3.2 ▸ 全ての国が新生児死亡率を少なくとも出生1,000件中12件以下まで減らし、５歳以下死亡率を少なくとも出生1,000件中25件以下まで減らすことを目指し、2030年までに、新生児及び５歳未満児の予防可能な死亡を根絶する。

3.3 ▸ 2030年までに、エイズ、結核、マラリア及び顧みられない熱帯病といった伝染病を根絶するとともに肝炎、水系感染症及びその他の感染症に対処する。

3.4 ▸ 2030年までに、非感染性疾患による若年死亡率を、予防や治療を通じて３分の１減少させ、精神保健及び福祉を促進する。

3.5 ▸ 薬物乱用やアルコールの有害な摂取を含む、物質乱用の防止・治療を強化する。

3.6 ▸ 2020年までに、世界の道路交通事故による死傷者を半減させる。

3.8 ▸ 全ての人々に対する財政リスクからの保護、質の高い基礎的な保健サービスへのアクセス及び安全で効果的かつ質が高く安価な必須医薬品とワクチンへのアクセスを含む、ユニバーサル・ヘルス・カバレッジ（UHC）を達成する。

3.9 ▸ 2030年までに、有害化学物質、並びに大気、水質及び土壌の汚染による死亡及び疾病の件数を大幅に減少させる。

3.a ▸ 全ての国々において、たばこの規制に関する世界保健機関枠組条約の実施を適宜強化する。

3.b ▸ 主に開発途上国に影響を及ぼす感染性及び非感染性疾患のワクチン及び医薬品の研究開発を支援する。また、知的所有権の貿易関連の側面に関する協定（TRIPS協定）及び公衆の健康に関するドーハ宣言に従い、安価な必須医薬品及びワクチンへのアクセスを提供する。同宣言は公衆衛生保護及び、特に全ての人々への医薬品のアクセス提供にかかわる「知的所有権の貿易関連の側面に関する協定（TRIPS協定）」の柔軟性に関する規定を最大限に行使する開発途上国の権利を確約したものである。

④ すべての人々への包摂的かつ公正な質の高い教育を提供し、生涯学習の機会を促進する

ターゲット

4.1 ▸ 2030年までに、全ての子供が男女の区別なく、適切かつ効果的な学習成果をもたらす、無償かつ公正で質の高い初等教育及び中等教育を修了できるようにする。

4.2 ▸ 2030年までに、全ての子供が男女の区別なく、質の高い乳幼児の発達・ケア及び就学前教育にアクセスすることにより、初等教育を受ける準備が整うようにする。

4.3 2030年までに、全ての人々が男女の区別なく、手の届く質の高い技術教育・職業教育及び大学を含む高等教育への平等なアクセスを得られるようにする。

4.4 ▸ 2030年までに、技術的・職業的スキルなど、雇用、働きがいのある人間らしい仕事及び起業に必要な技能を備えた若者と成人の割合を大幅に増加させる。

4.5 ▸ 2030年までに、教育におけるジェンダー格差を無くし、障害者、先住民及び脆弱な立場にある子供など、脆弱層があらゆるレベルの教育や職業訓練に平等にアクセスできるようにする。

4.6 ▸ 2030年までに、全ての若者及び大多数（男女ともに）の成人が、読み書き能力及び基本的計算能力を身に付けられるようにする。

4.7 ▸ 2030年までに、持続可能な開発のための教育及び持続可能なライフスタイル、人権、男女の平等、平和及び非暴力的文化の推進、グローバル・シチズンシップ、文化多様性と文化の持続可能な開発への貢献の理解の教育を通して、全ての学習者が、持続可能な開発を促進するために必要な知識及び技能を習得できるようにする。

4.c ▸ 2030年までに、開発途上国、特に後発開発途上国及び小島嶼開発途上国における教員研修のための国際協力などを通じて、質の高い教員の数を大幅に増加させる。

⑤ ジェンダー平等を達成し、すべての女性及び女児の能力強化を行う

ターゲット

5.1 ▸ あらゆる場所における全ての女性及び女児に対するあらゆる形態の差別を撤廃する。

5.2 ▸ 人身売買や性的、その他の種類の搾取など、全ての女性及び女児に対する、公共・私的空間におけるあらゆる形態の暴力を排除する。

5.4 ▸ 公共のサービス、インフラ及び社会保障政策の提供、並びに各国の状況に応じた世帯・家族内における責任分担を通じて、無報酬の育児・介護や家事労働を認識・評価する。

5.5 ▸ 政治、経済、公共分野でのあらゆるレベルの意思決定において、完全かつ効果的な女性の参画及び平等なリーダーシップの機会を確保する。

5.b ▸ 女性の能力強化促進のため、ICTをはじめとする実現技術の活用を強化する。

⑥ すべての人々の水と衛生の利用可能性と持続可能な管理を確保する

ターゲット

6.1 ▸2030年までに、全ての人々の、安全で安価な飲料水の普遍的かつ衡平なアクセスを達成する。

6.2 ▸2030年までに、全ての人々の、適切かつ平等な下水施設・衛生施設へのアクセスを達成し、野外での排泄をなくす。女性及び女児、並びに脆弱な立場にある人々のニーズに特に注意を払う。

6.3 ▸2030年までに、汚染の減少、投棄の廃絶と有害な化学物・物質の放出の最小化、未処理の排水の割合半減及び再生利用と安全な再利用の世界的規模で大幅に増加させることにより、水質を改善する。

6.4 ▸2030年までに、全セクターにおいて水利用の効率を大幅に改善し、淡水の持続可能な採取及び供給を確保し水不足に対処するとともに、水不足に悩む人々の数を大幅に減少させる。

6.6 ▸2020年までに、山地、森林、湿地、河川、帯水層、湖沼を含む水に関連する生態系の保護・回復を行う。

⑦ すべての人々の、安価かつ信頼できる持続可能な近代的エネルギーへのアクセスを確保する

ターゲット

7.1 ▸2030年までに、安価かつ信頼できる現代的エネルギーサービスへの普遍的アクセスを確保する。

7.2 ▸2030年までに、世界のエネルギーミックスにおける再生可能エネルギーの割合を大幅に拡大させる。

7.3 ▸2030年までに、世界全体のエネルギー効率の改善率を倍増させる。

7.a ▸2030年までに、再生可能エネルギー、エネルギー効率及び先進的かつ環境負荷の低い化石燃料技術などのクリーンエネルギーの研究及び技術へのアクセスを促進するための国際協力を強化し、エネルギー関連インフラとクリーンエネルギー技術への投資を促進する。

7.b ▸2030年までに、各々の支援プログラムに沿って開発途上国、特に後発開発途上国及び小島嶼開発途上国、内陸開発途上国の全ての人々に現代的で持続可能なエネルギーサービスを供給できるよう、インフラ拡大と技術向上を行う。

⑧ 包摂的かつ持続可能な経済成長及びすべての人々の完全かつ生産的な雇用と働きがいのある人間らしい雇用(ディーセント・ワーク)を促進する

ターゲット

8.1 ▸ 各国の状況に応じて、一人当たり経済成長率を持続させる。特に後発開発途上国は少なくとも年率7%の成長率を保つ。

8.2 ▸ 高付加価値セクターや労働集約型セクターに重点を置くことなどにより、多様化、技術向上及びイノベーションを通じた高いレベルの経済生産性を達成する。

8.3 ▸ 生産活動や適切な雇用創出、起業、創造性及びイノベーションを支援する開発重視型の政策を促進するとともに、金融サービスへのアクセス改善などを通じて中小零細企業の設立や成長を奨励する。

8.4 ▸ 2030年までに、世界の消費と生産における資源効率を漸進的に改善させ、先進国主導の下、持続可能な消費と生産に関する10年計画枠組みに従い、経済成長と環境悪化の分断を図る。

8.5 ▸ 2030年までに、若者や障害者を含む全ての男性及び女性の、完全かつ生産的な雇用及び働きがいのある人間らしい仕事、並びに同一労働同一賃金を達成する。

8.6 ▸ 2020年までに、就労、就学及び職業訓練のいずれも行っていない若者の割合を大幅に減らす。

8.7 ▸ 強制労働を根絶し、現代の奴隷制、人身売買を終らせるための緊急かつ効果的な措置の実施、最悪な形態の児童労働の禁止及び撲滅を確保する。2025年までに児童兵士の募集と使用を含むあらゆる形態の児童労働を撲滅する。

8.8 ▸ 移住労働者、特に女性の移住労働者や不安定な雇用状態にある労働者など、全ての労働者の権利を保護し、安全・安心な労働環境を促進する。

8.9 ▸ 2030年までに、雇用創出、地方の文化振興・産品販促につながる持続可能な観光業を促進するための政策を立案し実施する。

8.10 ▸ 国内の金融機関の能力を強化し、全ての人々の銀行取引、保険及び金融サービスへのアクセスを促進・拡大する。

⑨ 強靱(レジリエント)なインフラ構築、包摂的かつ持続可能な産業化の促進及びイノベーションの推進を図る

ターゲット

9.1 ▸ 全ての人々に安価で公平なアクセスに重点を置いた経済発展と人間の福祉を支援するために、地域・越境インフラを含む質の高い、信頼でき、持続可能かつ強靱(レジリエント)なインフラを開発する。

9.2 ▸ 包摂的かつ持続可能な産業化を促進し、2030年までに各国の状況に応じて雇用及びGDPに占める産業セクターの割合を大幅に増加させる。後発開発途上国については同割合を倍増させる。

9.3 ▸ 特に開発途上国における小規模の製造業その他の企業の、安価な資金貸付などの金

融サービスやバリューチェーン及び市場への統合へのアクセスを拡大する。

9.4 ▸2030年までに、資源利用効率の向上とクリーン技術及び環境に配慮した技術・産業プロセスの導入拡大を通じたインフラ改良や産業改善により、持続可能性を向上させる。全ての国々は各国の能力に応じた取組を行う。

9.5 ▸2030年までにイノベーションを促進させることや100万人当たりの研究開発従事者数を大幅に増加させ、また官民研究開発の支出を拡大させるなど、開発途上国をはじめとする全ての国々の産業セクターにおける科学研究を促進し、技術能力を向上させる。

⑩ 各国内及び各国間の不平等を是正する

ターゲット

10.1▸2030年までに、各国の所得下位40%の所得成長率について、国内平均を上回る数値を漸進的に達成し、持続させる。

10.2▸2030年までに、年齢、性別、障害、人種、民族、出自、宗教、あるいは経済的地位その他の状況に関わりなく、全ての人々の能力強化及び社会的、経済的及び政治的な包含を促進する。

10.3▸差別的な法律、政策及び慣行の撤廃、並びに適切な関連法規、政策、行動の促進などを通じて、機会均等を確保し、成果の不平等を是正する。

10.b▸各国の国家計画やプログラムに従って、後発開発途上国、アフリカ諸国、小島嶼開発途上国及び内陸開発途上国を始めとする、ニーズが最も大きい国々への、政府開発援助（ODA）及び海外直接投資を含む資金の流入を促進する。

10.c▸2030年までに、移住労働者による送金コストを３％未満に引き下げ、コストが5%を越える送金経路を撤廃する。

⑪ 包摂的で安全かつ強靱（レジリエント）で持続可能な都市及び人間居住を実現する

ターゲット

11.1▸2030年までに、全ての人々の、適切、安全かつ安価な住宅及び基本的サービスへのアクセスを確保し、スラムを改善する。

11.2▸2030年までに、脆弱な立場にある人々、女性、子供、障害者及び高齢者のニーズに特に配慮し、公共交通機関の拡大などを通じた交通の安全性改善により、全ての人々に、安全かつ安価で容易に利用できる、持続可能な輸送システムへのアクセスを提供する。

11.3▸2030年までに、包摂的かつ持続可能な都市化を促進し、全ての国々の参加型、包摂的かつ持続可能な人間居住計画・管理の能力を強化する。

11.4▸世界の文化遺産及び自然遺産の保護・保全の努力を強化する。

11.5▶ 2030年までに、貧困層及び脆弱な立場にある人々の保護に焦点をあてながら、水関連災害などの災害による死者や被災者数を大幅に削減し、世界の国内総生産比で直接的経済損失を大幅に減らす。

11.6▶ 2030年までに、大気の質及び一般並びにその他の廃棄物の管理に特別な注意を払うことによるものを含め、都市の一人当たりの環境上の悪影響を軽減する。

11.7▶ 2030年までに、女性、子供、高齢者及び障害者を含め、人々に安全で包摂的かつ利用が容易な緑地や公共スペースへの普遍的アクセスを提供する。

11.c▶ 財政的及び技術的な支援などを通じて、後発開発途上国における現地の資材を用いた、持続可能かつ強靱（レジリエント）な建造物の整備を支援する。

⑫ 持続可能な生産消費形態を確保する

ターゲット

12.2▶ 2030年までに天然資源の持続可能な管理及び効率的な利用を達成する。

12.3▶ 2030年までに小売・消費レベルにおける世界全体の一人当たりの食料の廃棄を半減させ、収穫後損失などの生産・サプライチェーンにおける食品ロスを減少させる。

12.4▶ 2020年までに、合意された国際的な枠組みに従い、製品ライフサイクルを通じ、環境上適正な化学物質や全ての廃棄物の管理を実現し、人の健康や環境への悪影響を最小化するため、化学物質や廃棄物の大気、水、土壌への放出を大幅に削減する。

12.5▶ 2030年までに、廃棄物の発生防止、削減、再生利用及び再利用により、廃棄物の発生を大幅に削減する。

12.6▶ 特に大企業や多国籍企業などの企業に対し、持続可能な取り組みを導入し、持続可能性に関する情報を定期報告に盛り込むよう奨励する。

12.8▶ 2030年までに、人々があらゆる場所において、持続可能な開発及び自然と調和したライフスタイルに関する情報と意識を持つようにする。

12.a▶ 開発途上国に対し、より持続可能な消費・生産形態の促進のための科学的・技術的能力の強化を支援する。

12.b▶ 雇用創出、地方の文化振興・産品販促につながる持続可能な観光業に対して持続可能な開発がもたらす影響を測定する手法を開発・導入する。

⑬ 気候変動及びその影響を軽減するための緊急対策を講じる

ターゲット

13.1▶ 全ての国々において、気候関連災害や自然災害に対する強靱性（レジリエンス）及び適応の能力を強化する。

13.3▶ 気候変動の緩和、適応、影響軽減及び早期警戒に関する教育、啓発、人的能力及び制度機能を改善する。

13.a▶ 重要な緩和行動の実施とその実施における透明性確保に関する開発途上国のニーズに対応するため、2020年までにあらゆる供給源から年間1,000億ドルを共同で動員するという、UNFCCCの先進締約国によるコミットメントを実施するとともに、可能な限り速やかに資本を投入して緑の気候基金を本格始動させる。

⑭ 持続可能な開発のために海洋・海洋資源を保全し、持続可能な形で利用する

ターゲット

14.1▶ 2025年までに、海洋ごみや富栄養化を含む、特に陸上活動による汚染など、あらゆる種類の海洋汚染を防止し、大幅に削減する。

14.2▶ 2020年までに、海洋及び沿岸の生態系に関する重大な悪影響を回避するため、強靭性（レジリエンス）の強化などによる持続的な管理と保護を行い、健全で生産的な海洋を実現するため、海洋及び沿岸の生態系の回復のための取組を行う。

14.3▶ あらゆるレベルでの科学的協力の促進などを通じて、海洋酸性化の影響を最小限化し、対処する。

14.4▶ 水産資源を、実現可能な最短期間で少なくとも各資源の生物学的特性によって定められる最大持続生産量のレベルまで回復させるため、2020年までに、漁獲を効果的に規制し、過剰漁業や違法・無報告・無規制（IUU）漁業及び破壊的な漁業慣行を終了し、科学的な管理計画を実施する。

14.7▶ 2030年までに、漁業、水産養殖及び観光の持続可能な管理などを通じ、小島嶼開発途上国及び後発開発途上国の海洋資源の持続的な利用による経済的便益を増大させる。

14.b▶ 小規模・沿岸零細漁業者に対し、海洋資源及び市場へのアクセスを提供する。

⑮ 陸域生態系の保護、回復、持続可能な利用の推進、持続可能な森林の経営、砂漠化への対処、ならびに土地の劣化の阻止・回復及び生物多様性の損失を阻止する

ターゲット

15.1▶ 2020年までに、国際協定の下での義務に則って、森林、湿地、山地及び乾燥地をはじめとする陸域生態系と内陸淡水生態系及びそれらのサービスの保全、回復及び持続可能な利用を確保する。

15.2▶ 2020年までに、あらゆる種類の森林の持続可能な経営の実施を促進し、森林減少を阻止し、劣化した森林を回復し、世界全体で新規植林及び再植林を大幅に増加させる。

15.3▶ 2030年までに、砂漠化に対処し、砂漠化、干ばつ及び洪水の影響を受けた土地などの劣化した土地と土壌を回復し、土地劣化に荷担しない世界の達成に尽力する。

15.4▶ 自然生息地の劣化を抑制し、生物多様性の損失を阻止し、2020年までに絶滅危惧種を保護し、また絶滅防止するための緊急かつ意味のある対策を講じる。

15.5▸国際合意に基づき、遺伝資源の利用から生ずる利益の公正かつ衡平な配分を推進するとともに、遺伝資源への適切なアクセスを推進する。

15.7▸保護の対象となっている動植物種の密猟及び違法取引を撲滅するための緊急対策を講じるとともに、違法な野生生物製品の需要と供給の両面に対処する。

15.c▸持続的な生計機会を追求するために地域コミュニティの能力向上を図る等、保護種の密猟及び違法な取引に対処するための努力に対する世界的な支援を強化する。

⑯ 持続可能な開発のための平和で包摂的な社会を促進し、すべての人々に司法へのアクセスを提供し、あらゆるレベルにおいて効果的で説明責任のある包摂的な制度を構築する

ターゲット

16.1▸あらゆる場所において、全ての形態の暴力及び暴力に関連する死亡率を大幅に減少させる。

16.2▸子供に対する虐待、搾取、取引及びあらゆる形態の暴力及び拷問を撲滅する。

16.4▸2030年までに、違法な資金及び武器の取引を大幅に減少させ、奪われた財産の回復及び返還を強化し、あらゆる形態の組織犯罪を根絶する。

16.5▸あらゆる形態の汚職や贈賄を大幅に減少させる。

16.6▸あらゆるレベルにおいて、有効で説明責任のある透明性の高い公共機関を発展させる。

16.b▸持続可能な開発のための非差別的な法規及び政策を推進し、実施する。

⑰ 持続可能な開発のための実施手段を強化し、グローバル・パートナーシップを活性化する

ターゲット

17.3▸複数の財源から、開発途上国のための追加的資金源を動員する。

17.7▸開発途上国に対し、譲許的・特恵的条件などの相互に合意した有利な条件の下で、環境に配慮した技術の開発、移転、普及及び拡散を促進する。

17.8▸2017年までに、後発開発途上国のための技術バンク及び科学技術イノベーション能力構築メカニズムを完全運用させ、情報通信技術（ICT）をはじめとする実現技術の利用を強化する。

17.11▸開発途上国による輸出を大幅に増加させ、特に2020年までに世界の輸出に占める後発開発途上国のシェアを倍増させる。

17.16▸全ての国々、特に開発途上国での持続可能な開発目標の達成を支援すべく、知識、専門的知見、技術及び資金源を動員、共有するマルチステークホルダー・パートナーシップによって補完しつつ、持続可能な開発のためのグローバル・パートナーシップを強化する。

17.17▸さまざまなパートナーシップの経験や資源戦略を基にした、効果的な公的、官民、市民社会のパートナーシップを奨励・推進する。

参考文献・Webサイト

●参考文献

・クレイトン・M・クリステンセン［著］／依田光江［訳］『ジョブ理論 イノベーションを予測可能にする消費のメカニズム』（ハーパーコリンズ・ジャパン／2017年）
・エリック・リース［著］／井口 耕二［訳］／伊藤 穰一（MITメディアラボ所長）［解説］『リーンスタートアップ ムダのない起業プロセスでイノベーションを生みだす』（日経BP／2012年）
・ジェフリー・ムーア［著］／川又 政治［訳］『キャズム Ver.2 増補改訂版 新商品をブレイクさせる「超」マーケティング理論』（翔泳社／2014年）
・デイヴィッド・ケリー、トム・ケリー［著］／千葉 敏生［訳］『クリエイティブ・マインドセット 想像力・好奇心・勇気が目覚める驚異の思考法』（日経BP／2014年）
・アレックス・オスターワルダー、イヴ・ピニュール［著］／小山 龍介［訳］『ビジネスモデル・ジェネレーション ビジネスモデル設計書』（翔泳社／2012年）
・マイケル E.ポーター、マーク R.クラマー［著］／DIAMONDハーバード・ビジネス・レビュー編集部［編］『経済的価値と社会的価値を同時実現する　共通価値の戦略 DIAMOND ハーバード・ビジネス・レビュー論文』（ダイヤモンド社／2014年）

●参考Webサイト（いずれも、アクセス日は2020年12月14日）

・GRI、国連グローバルコンパクト、WBCSD『SDGsの企業行動指針 - SDGs Compass』https://sdgcompass.org/wp-content/uploads/2016/04/SDG_Compass_Japanese.pdf
・経済産業省『SDGs経営ガイド』https://www.meti.go.jp/press/2019/05/20190531003/20190531003-1.pdf
・環境省『持続可能な開発目標（SDGs）活用ガイド［第2版］』http://www.env.go.jp/policy/SDGsguide-honpen.rev.pdf

【著者紹介】
青柳 仁士（あおやぎ・ひとし）
一般社団法人SDGsアントレプレナーズ代表理事。2001年から国連開発計画（UNDP）、国際協力機構（JICA）、プライスウォーターハウスクーパース株式会社（PwC）、Japan Innovation Networkにて、日本、米国、アジア・中東・アフリカ諸国で社会課題解決型事業・ビジネスの実践に携わる。SDGsが始まった2016年にUNDP駐日代表事務所の広報官として日本の政府機関、民間企業、教育機関、メディア・市民社会等への初期のSDGs普及に従事。国連としてSDGsにビジネスで取り組むための初のプラットフォームを設立。2019年にSDGsアントレプレナーズを立ち上げ、社会起業家として活動。早稲田大学政治経済学部、米・デューク大学国際開発政策学修士卒。1978年生まれ。

装丁・本文デザイン　相京 厚史（next door design）
本文イラスト　川添 むつみ
DTP　BUCH+

小さな会社のSDGs《エスディージーズ》実践の教科書
1冊で基礎からアクション、マネジメントまでわかる

2021年2月3日 初版第1刷発行
2021年10月5日 初版第3刷発行

著者　青柳 仁士
発行人　佐々木幹夫
発行所　株式会社 翔泳社（https://www.shoeisha.co.jp）
印刷・製本　日経印刷株式会社

©2021 Hitoshi Aoyagi

本書は著作権法上の保護を受けています。本書の一部または全部について（ソフトウェアおよびプログラムを含む）、株式会社 翔泳社から文書による許諾を得ずに、いかなる方法においても無断で複写、複製することは禁じられています。
造本には細心の注意を払っておりますが、万一、乱丁（ページの順序違い）や落丁（ページ の抜け）がございましたら、お取り替えいたします。03-5362-3705 までご連絡ください。

本書内容に関するお問い合わせについて

このたびは翔泳社の書籍をお買い上げいただき、誠にありがとうございます。弊社では、読者の皆様からのお問い合わせに適切に対応させていただくため、以下のガイドラインへのご協力をお願い致しております。下記項目をお読みいただき、手順に従ってお問い合わせください。

● ご質問される前に
弊社Webサイトの「正誤表」をご参照ください。これまでに判明した正誤や追加情報を掲載しています。
正誤表　https://www.shoeisha.co.jp/book/errata/

● ご質問方法
弊社Webサイトの「刊行物Q&A」をご利用ください。
刊行物Q&A　https://www.shoeisha.co.jp/book/qa/
インターネットをご利用でない場合は、FAXまたは郵便にて、下記"翔泳社 愛読者サービスセンター"までお問い合わせください。
電話でのご質問は、お受けしておりません。

● 回答について
回答は、ご質問いただいた手段によってご返事申し上げます。ご質問の内容によっては、回答に数日ないしはそれ以上の期間を要する場合があります。

● ご質問に際してのご注意
本書の対象を越えるもの、記述個所を特定されないもの、また読者固有の環境に起因するご質問等にはお答えできませんので、予めご了承ください。

● 郵便物送付先およびFAX番号
送付先住所　〒160-0006 東京都新宿区舟町5
FAX番号　03-5362-3818
宛先　（株）翔泳社 愛読者サービスセンター

※本書に記載されたURL等は予告なく変更される場合があります。
※本書の出版にあたっては正確な記述につとめましたが、著者や出版社などのいずれも、本書の内容に対してなんらかの保証をするものではなく、内容やサンプルに基づくいかなる運用結果に関してもいっさいの責任を負いません。
※本書に記載されている会社名、製品名はそれぞれ各社の商標および登録商標です。
※本書に記載されている情報は2020年12月執筆時点のものです。
※本書の内容は、国連によって承認されたものではなく、国連やその関係者、加盟国の見解を反映したものではありません。
国連公式サイト「United Nations Sustainable Development – 17 Goals to Transform Our World」（https://www.un.org/sustainabledevelopment/）

ISBN978-4-7981-6824-1　Printed in Japan

JN079886

これから怖いコロナの副作用

和田秀樹
Hideki Wada

ビジネス社

まえがき

２０２０年から現在にいたるまで、まさにコロナに振り回されてきました。

ワクチン接種がある程度、進めば、この禍が終わるかというと予断を許さないと私は考えています。

それは、まだ感染がくすぶり続けるというより、ワクチン接種によって重症者が激減し、死者もそれほどでない病気になっても、ワクチンを打たない若者の間で感染者数が減らないとか、その中の変異株が怖いとかいうことで、テレビが不安をあおり続け、さまざまな市民生活への制約が取れるかどうかわからないという意味での「予断」です。

世界中が日常を取り戻す中、感染者数も死者数も減らない日本だけが、市民生活が取り戻されないという危険が十分あると思えてならないのです。

それは、私の杞憂になってほしいのですが、杞憂とは思えない心配事はたくさん残るはずです。

私は30年以上、老年精神医学を専門としてきたのですが、今回のコロナ禍は、多くの高

まえがき

齢者にかなりのダメージを残しました。

確かに今回の新型コロナというウイルスは、若い人の命はほとんど奪わず（20代の死者数はいまだに1桁で、10代以下はゼロです）、高齢者の致死率は高いとされています。

そのため、亡くなった方の平均年齢は79歳とされ、高齢者には怖い病気とされています。しかし、長年、高齢者医療をやっている立場からすると、ワクチンも薬もあるのに毎年インフルエンザは関連死も含めて1万人以上の方が亡くなっていますし、肺炎は10万人の命を奪い、そのほとんどが高齢者です。

その手の病気と比べて、コロナだけが特別に怖いとは思えないのですが、国民には厳しい自粛が課せられました。課せられていなくても、多くの高齢者は外出して感染すると死に直結すると思い、外出を控えました。これは感染が激しくない地域も、また人と人との距離が都会と比べ物にならないくらい離れている地域も一律の現象でした。

実は、これには大きな副作用があります。

若い人と違って、高齢者の場合、数カ月家に引きこもったような生活をしているだけで、歩行機能が大幅に弱り、自立歩行もおぼつかなくなります。人とろくに話さないような生活が同じくらい続くと、認知機能が大幅に衰え、認知症に近い状態になってしまいます。これをさらに放っておくと、人の助けがないと生きていけない状態、つまり要介護状態に陥ります。

この数年にわたって、日本老年医学会と東京都医師会などは、家に閉じこもる生活が続くと足腰が衰え、認知機能も衰えると警鐘を鳴らし、それをフレイルと呼んできました。このフレイルというのは、正常と要介護の間のような状態ですが、フレイルの間に運動や栄養摂取に努めると、元の正常に戻れるので、とても大切な時期です。

ところが、日本老年医学会は2020年の3月に自粛生活によるフレイルの危険を訴える警告をホームページに載せたきり、だんまりを決め込んでいます。

明らかにフレイルの人が増えている時期に、要介護にならないように呼び掛けるべきだったのですが、それをやってこなかったのです。

もちろん、マスコミもそういう視点の報道をほとんどやりませんでした。

高齢者のワクチン接種は進んでいますが、フレイル予防、要介護予防のために、ワクチンを打ったら積極的に外に出て、散歩だけでもしてみよう、もっと人との会話をしようという呼びかけは出ないままです。

おそらく、数年のうちに、日本の要介護高齢者は200万人（現在は約500万人）増えることでしょう。介護費用だけで年間4兆円増えるということです。

その他にも副作用はあります。

まえがき

私はもともと精神科医なのですが、人は日に当たらないとセロトニンという神経伝達物質の分泌が減ることが知られています。このセロトニンが減ると人々はイライラしたり、不安が高まったり、最終的にはうつ病になることが知られています。

またセロトニンの材料はタンパク質なので粗食にしているとセロトニンが不足します。

また、アルコールに関しても、ひとり飲みは歯止めが効きにくいので、アルコール依存に陥るリスクを高めます。

このようなことを考えると、コロナ自粛はうつ病も、アルコール依存症も増やすことが予想できます。

うつ病が増えれば、一時期年間3万5000人もの命を奪っていた自殺が増えます。

アルコール依存症も自殺を増やしますし、また連続飲酒状態になると仕事をやめることになってしまいます。しかも、日本はおそろしいほどアルコール依存症の治療施設が足りません。

うつ病やアルコール依存症で、今後も働けなくなる人は数十万人出る可能性がありま す。これはずっと続く後遺症と言えるものです。

ただ、先ほどのフレイルや要介護も、あるいはうつ病も、たとえば、コロナ禍があっても、1日30分は散歩しようという呼びかけを行えば、ある程度は予防が可能です。

要するに、今回のコロナ自粛は、副作用の想定がまったくなされていないし、副作用を予防しようという努力もほとんどなされていなかったということです。そして、それが大きな副作用を生み、膨大な介護費用の負担増や、残りの半生働けなくなってしまう人を生んでいるのです。

本書では、このように語られなかった危険性だけでなく、それが生じた構造について論じていきたいと思います。

感染症学者が副作用を想定できなかったのは、ふだん動物実験ばかりしていて人間を診ていない専門バカと言われても仕方ない人たちだからですが、それに対して他の科の専門家が何も言えなかった大学医学部の構造。

そういう専門家ばかりをテレビに出して、国民に偏った情報を垂れ流すと同時に、副作用の予防をまったく報じなかったテレビ局。

自粛ばかりを叫び、コロナの恐怖をあおり続けたため、自分たちが守るべき医療機関の患者が激減し、経営困難にしてしまった日本医師会。

そして、明らかに感染者数も死者数も海外より少ないのに、自粛政策ばかりで、日本の食文化、音楽文化、映画文化などを破壊し、国民に安心感を与えることができなかった官

まえがき

僚と政治家。

おそらく今回のコロナ自粛の副作用は、食文化やエンターテインメントの破壊も含めて、日本に大きな傷跡をもたらすことでしょう。

しかし、それ以上の問題は、今のままではインフルエンザと同じ年間1万人くらいの死者を出す新たな感染症で同じ轍を踏みかねないことです。

そこで私が考えられる範囲の医療改革への提言も書いてみました。

これは次の感染症対策だけでなく、超高齢社会になった際の道筋でもあります。

今回、臨床軽視の大学医学部の専門バカが、いかに害悪をまき散らす存在かを教えてくれた事件だと私は考えています。おそらく時が経つほどそれが実感されることでしょう。

それに対して、長年、高齢者を診《み》続けてきた一臨床医からの動議と考えてもらえれば著者として幸甚この上ありません。

このような奇書の編集の労をとってくださったビジネス社の中澤直樹さんとライターの坂田博史氏には、この場を借りて深謝します。

2021年6月

和田秀樹

コロナの副作用！　目次

第1章　日本人の罪

第2章 感染症専門家の罪

第3章　テレビの罪

第4章　大学医学部の罪

第5章 日本医師会の罪

第6章 官僚と政治家の罪

第7章 医療界改革への提言

第1章

日本人の罪

約9000人も減少した死亡者数

新型コロナウイルス感染症のパンデミック（以下、新型コロナ）が、日本でも1年以上にわたって続いています。

当初は、「新型」ですから、わからないことが多くありました。このため、安全、安心を優先させる観点から、学校を休校にしたり、飲食店に時短営業を求めたり、緊急事態宣言を発令したりすることも致し方なかったのかもしれません。

しかし、1年以上が経過し、様々なことがわかってきたにもかかわらず、昨年と同様か、あるいはそれ以上に新型コロナを恐れ、緊急事態宣言を各都道府県に次々と発令し、その期間もダラダラと延長される状況が続いていました。これは、どう考えてもおかしなことではないでしょうか。

それでは、この1年間で、新型コロナに関して、どのようなことがわかったのか、見ていきましょう。

まず、日本全国の新型コロナによる死亡者数が1万人を超えたのは、2021年4月26日のことです。その内訳を見ると、70代以上の高齢者が8割以上で、10代以下の死亡者はゼロ。20代の死亡者は3人です。どの時点で計算するかで多少変わりますが、死亡者の平均年齢は、およそ79歳です。

そして、ＰＣＲ検査などで陽性となった人の９割以上は無症状です。

新型コロナの死亡者数が毎日のように報道されるため、日本全体の死亡者数が増えているような印象があるかもしれませんが、２０２０年の年間の日本全国の死亡者数は11年ぶりに減少しました。高齢化の影響で、ここ数年、毎年２万人ぐらいずつ死亡者数が増えていたにもかかわらず、20年は前年から約９０００人も死亡者数が減少したのです。

新型コロナとインフルエンザ

さて、新型コロナの感染対策のおかげで、昨冬は、インフルエンザがまったく流行しませんでした。毎年、必ず流行し、約３０００～６０００人の死亡者が出るのですが、それが激減しました。

私は高齢者医療に携わっていますので、高齢者が毎年、インフルエンザの感染に端を発して亡くなる事例を数多く見てきました。毎年、少なくない高齢者がインフルエンザで亡くなっているのです。

ただ、死亡診断書を書く際、死因としては、「インフルエンザ感染症」と書くことは少なく、もともと抱えていた持病である「心臓病」や「肝臓病」、あるいは、最後に引き起こされた「肺炎」と書くことが多くあります。

こうしたインフルエンザによって持病が悪化したり、肺炎になったりして亡くなった死のことを、「インフルエンザ関連死」と呼びますが、このインフルエンザ関連死を含めると、日本全国で毎年、1万人以上が亡くなっているとされています。

ちなみに、新型コロナに感染して亡くなった人の死因は、すべて「新型コロナウイルス感染症」です。新型コロナに感染して持病が悪化して亡くなっても、肺炎になって亡くなっても、新型コロナが死因となります。

新型コロナで亡くなった人が、この1年間で約1万人。例年、インフルエンザで亡くなる人も約1万人。同じくらいの人数です。

また、新型コロナではほとんど亡くなっていない10代や20代で亡くなる人が、インフルエンザでは少なからずいます。

そして、現在はワクチンが開発されましたが、これまでの1年間は、新型コロナにはワクチンがありませんでした。治療薬はいまだにありません。これに対して、インフルエンザにはワクチンも治療薬もあります。ワクチンも治療薬もなくて約1万人が亡くなる感染症と、ワクチンも治療薬もありながら毎年約1万人が亡くなる感染症の、どちらのほうが恐ろしい感染症なのでしょうか。

エビデンスを見て正しく恐れる

新型コロナの後遺症についても触れておくと、新型コロナの後遺症としては、嗅覚障害や味覚障害、呼吸障害、倦怠感が長く続くことなどが言われています。こうした症状は、他の病気の後遺症としてもよく見受けられるものです。

一方、インフルエンザには、「脳炎」という非常にたちの悪い後遺症があります。脳炎になると、一生、知的障害やてんかんの症状が残ります。

ここまで、新型コロナとインフルエンザを比べてみましたが、あなたはどちらの感染症のほうが怖いと思いますか。「新型コロナとインフルエンザは同じくらい怖い」と思った人もいれば、「インフルエンザのほうが怖いかも」と思った人もいることでしょう。

しかし、ここで紹介した統計データを知るまでは、「新型コロナのほうがインフルエンザよりもはるかに怖い感染症だ」と思っていたのではないでしょうか。

私は、「新型コロナは怖くない」と言いたいわけではありません。新型コロナも怖い感染症だと思っています。同様に、インフルエンザも怖い感染症だと思っています。だから、これまで毎年、私はインフルエンザのワクチン接種を必ず行ってきました。

つまり、そろそろ新型コロナを実態以上に恐れる状況から、統計データや研究によるエビデンスなどをよく見て「正しく恐れる」状況に、私たちが変わる必要があるのではないか、と言いたいのです。

私は、「新型コロナは、インフルエンザ並みに怖い感染症だ」と理解しています。

日本人はコロナで亡くなる確率が低い

新型コロナで亡くなった人は、日本では1年間で約1万でしたが、世界で最も新型コロナの死亡者が多いアメリカでは、60万人以上がすでに亡くなっています（2021年5月現在）。欧州でも、南米でも、各国で何万、何十万という人がこれまでに亡くなりました。

こうしたこともあって、日本でも新型コロナが過度に恐れられてきました。ただ、理由はまだわかっていませんが、日本を含めた東アジアや東南アジアの人たちは、他の国々の人たちに比べると新型コロナに対する何らかの耐性があるようで、死亡者数がまさに「ひと桁」以上少ないのです。これも1年経って統計的にわかったことです。

この理由として、私個人の経験に基づく仮説を述べましょう。アジア人は風邪をひくことが多々ありますが、アメリカ人はあまり風邪をひきません。風邪の原因の8割以上がウイルスで、コロナウイルスが風邪の主たる原因とされているウイルスです。ですから、日本人を含むアジア人の多くは、新型コロナウイルスに対する何らかの免疫をもっているのではないかと考えています。

この仮説が正しいかどうかはともかく、「日本人は、欧米人など諸外国の人たちと比べると、新型コロナで亡くなる確率が低い」ということは統計的に明らかです。

ウイルスとは何か?

ウイルスについても簡単に説明しましょう。

細菌は生物ですが、ウイルスは生物ではありません。ウイルスは、細胞にくっついていないと生き続けることができず、細胞にくっつくことでＤＮＡ（遺伝子）の配列を変えてしまうのがウイルスです。

人間を含めて生物はＤＮＡの配置が変わって進化します。まだよくわかっていないのですが、この進化の媒介にウイルスが関与している可能性もあると言われています。

賢いウイルスとバカなウイルスがいるとすれば、賢いウイルスはくっついた宿主（寄生された生物）を元気にします。一方、バカなウイルスは宿主を殺してしまいます。宿主が死ねば、ウイルスも死ぬことになるので、バカなウイルスなのです。

宿主が人間であれば、人間を殺すほど強い毒性をもつウイルスは、ウイルス自体も生きる場所がなくなりますので、いずれ淘汰されます。

今回の新型コロナは、その意味では、それほどバカなウイルスではありません。宿主である人間の多くが無症状ですから、ウイルス自体も生き延びながらどんどん仲間を増やすことができています。

つまり、宿主への毒性が強いウイルスほど絶滅しやすく、宿主への毒性が弱いウイルスほど長く生き延びられるということです。

新型コロナの変異ウイルスが騒がれていますが、変異によって毒性が強くなったウイルスは一時的に猛威を振るうことはあっても次第に淘汰されます。毒性の弱いウイルスのみが生き残り、感染が拡大するということです。

ですから、ウイルスにとっては、毒性を強めて宿主を殺すほうに進化するよりも、弱い毒性で感染力を強めるほうに進化したほうが、自分たちの仲間を増やしながら生き延びられます。新型コロナの変異ウイルスも同様の方向に変異しているのではないでしょうか。

アルコール消毒の危険性

ウイルスは人間の皮膚を通過することはできないので、粘膜からしか体内に入ってこれません。ですから、手でどこかを触ってウイルスが手にくっついたとしても、それだけで感染することはなく、その手を口に入れたり、その手で目をこすったりしない限りは、ウイルスが人間の体内に入ることはありません。

現在、どこへ行っても手のアルコール消毒をさせられますが、そこまでする必要があるのか、私は疑問です。

また、アルコール消毒にはリスクもあります。私たち医療関係者は、注射などをするときには必ず「アルコールのアレルギーはありませんか?」と患者さんに聞きます。アルコールに対してアレルギーがある患者さんには、弱塩素酸を消毒に使います。

今はだいぶ減りましたが、一時期、店舗の入口で店員がお客さん全員の手にアルコール消毒液を吹きかけていました。こうした光景を見て、「もし、アレルギーのある人にアルコール消毒液を吹きかけて何か事故が起きたらどうするのだろう」と思ったものです。

現在でも、アルコール消毒液の噴霧器が店頭に置かれていることが多いですが、誰しもがアルコール消毒できるわけではないことは、多くの人に知っておいて欲しいと思います。

セックスをしまくると、がんになる?

日本人の死因の第1位は、がんですが、がんにも「ウイルス性のがん」というものがあります。ウイルスによって細胞が変異してがんになる「ウイルス性のがん」としてわかっているものは、肝炎のあとに起こる肝臓がんと子宮頸がんぐらいで数種類ですが、実はもっと多数あると私は思っています。

たとえば、20代、30代のときに、コンドームを着けずに不特定多数の人とセックスをすると、それだけウイルスをもらいやすくなります。このときもらったウイルスによって細胞が変異し、50代、60代になったとき、がんで亡くなる可能性が高いのです。

ウイルスによって細胞ががんになるまでには長い時間がかかりますし、がんになってからも1年で1ミリメートルくらいしか大きくなりませんから、がんが発見されるのは、セックスをしてから20年後、30年後ということになり、その因果関係は誰にもわかりません。

ただ、50代、60代でがんで亡くなる芸能人が多いのは、このことが関係しているのではないかと私は疑っています。「だから若いときに誰彼構わずセックスをするな」と、そんな説教がましいことが言いたいわけではなく、こうした可能性があることは、広く知られていたほうがいいだろうと思い、述べたに過ぎません。

私は、若いときに思い切り楽しんで、それで若死にするのも人生の選択として「あり」だと思っているので、わかってやっている分には問題はないという立場です。若死にしてもいいからセックスをしまくる。若死にしてもいいから酒を飲みまくる。それは法律を犯していない限りにおいては許されることであり、太く短い人生を選択する権利は誰にでもあると思います。

ワクチン以外に感染を予防する、もう1つの方法

逆に、ウイルスによって細胞が変異したとしても、その人がもっている免疫力によって、それががんにならない、病気にならないということもあります。

ウイルスだけを殺す「抗ウイルス薬」というのも一部ありますが、一般的には、ウイルスだけを殺すことはできません。ウイルスを殺すためには、ウイルスがくっついている細胞ごと殺すことになります。ですから、細胞ごとウイルスを殺す治療法は、人体にも悪影響を及ぼすことになります。

今回の新型コロナのようなウイルス性の疾患に対して、予防としてやれることは2つしかありません。1つがワクチン接種による予防。ワクチンを接種することで、人工的にそのウイルスの免疫を体内につくることで感染を予防します。

もう1つが、自分の免疫力を高めることです。免疫力が高ければ、新型コロナに限らず、外部から侵入したウイルスを体内で撃退することができます。

日本の免疫学は、世界的にも非常に優れた実績があります。随分前の話になりますが、

免疫反応を抑制するサプレッサーT細胞を発見したのは、故多田富雄氏ですし、リンパ球の一種で、体内でウイルスに感染した細胞や細胞分裂の過程でできたできそこないの細胞などを排除する「NK（ナチュラル・キラー）細胞」の名付け親は奥村康氏ですし、こうした自然免疫で働く「自然リンパ球」の研究を世界的にリードしたのは小安重夫氏です。

しかし、免疫学者の地位が日本の医学界では低いためか、今回の新型コロナでは、免疫力の重要性が言われることはほとんどなく、ワクチンばかりに注目が集まっています。

感染症学者と免疫学者は、発想が真逆

逆に、今回の新型コロナで最も注目を集めたのが感染症学者です。この感染症学者と免疫学者では、ものの考え方が真逆だと言えます。感染症学者は、「ウイルスや細菌など、外敵にはできるだけ近づくな」と考えて感染予防対策を考案します。

現在、新型コロナ対策として行われている「三密の回避」――密閉、密集、密接という3つの密を避けるという感染予防対策などは、まさに感染症学者の発想です。

これに対して、免疫学者は、ウイルスや細菌などを完全にシャットアウトすることはできないのだから、自分の免疫力を高めて感染を予防しようと考えます。ウイルスが体内に入ってきたとしても、免疫力が高ければそのウイルスを体内で撃退してくれるので病気を

発症しないのです。

１９８０年代から「精神神経免疫学」が広まり、うつ病になると免疫力が下がり、逆にポジティブに明るく考えると免疫力が上がることがわかっています。

現在は、三密を回避するために、お酒はダメ、カラオケはダメ、数人が集まって飲食するのもダメ、あげくにスーパーに生活必需品を買いに行く以外、外出を控えるようにとまで言われています。

これでは、楽しみがなくなり、免疫力は下がる一方です。たまたま前述の奥村康先生を招いてセミナーを行った際にも、奥村先生はこのことを心配されていました。ワクチン接種が進まない限りにおいては、高齢者はもちろん、私たちも免疫力を高めておくことが新型コロナの予防対策になるにもかかわらず、免疫力が下がるような対策ばかりが行われています。

感染症学者は、これからもテレビに出続けたい、世間から注目され続けたいから、「このコロナ騒ぎが、終わって欲しくない」と思っており、一般の人の免疫力が下がって感染しやすいようにしたり、高齢者の免疫力が下がるようなことばかりやらせて重症化しやすいようにしているのではないか。と疑いたくなってしまいます。

戦後、結核の患者が激減した理由

かつて、日本人の死因のトップだった感染症である「結核」の治療法がまだなかったとき、結核の患者に卵を食べさせるという民間療法がありました。結核の患者に卵を食べさせて治療するなどと聞くと、民間信仰のように思うかもしれませんが、栄養状態が良くなれば免疫力が上がりますから、卵を食べさせることで結核が治るということが実際にあったのです。

結核の患者数は、戦後しばらくして激減しました。これは結核の予防接種として有名な「ＢＣＧワクチン」が接種されるようになったからではありません。ＢＣＧワクチンが日本で接種されるようになったのは、１９５１年、結核予防法が施行されたあとのことです。しかも、ＢＣＧは赤ちゃんのときに接種し、その効果が発揮されるのは、その何年後、何十年後のことになります。

では、戦後、結核の患者数が激減したのはなぜでしょうか。

アメリカの駐留軍が脱脂粉乳を配ったことで、日本人のタンパク質の摂取量が飛躍的に増えたからです。日本人は、脱脂粉乳でタンパク質を摂取できるようになって栄養状態が良くなり、免疫力が上がったことで結核になる患者が減ったのです。

栄養状態が良いときのほうが免疫力も高くなるということは、裏を返せば、ダイエットなどで栄養状態が悪いときには、免疫力が低いということです。ダイエットをしている人が、風邪などの病気にかかりやすいのはこのためです。

免疫学は、栄養学とも親和性があり、食べたいものを食べ、生活を快適にし、人生を楽しむことを重視します。免疫力が高ければ、少々ウイルスが体内に入ってきても、それを攻撃して発症を食い止めることができるからです。

人間として生きていれば、多少なりともウイルスが体内に入ってくることは避けられません。そうであるならば、楽しいことを我慢してストレスフルな生活をするよりも、人生を楽しみながら免疫力を常に高めておくほうが、あらゆる病気の予防になる、というのが免疫学者の考え方です。

予期不安ばかりが強い日本人

今回の新型コロナでは、感染症学者ばかりが表に出ているため、感染症学者の発想に基づいた新型コロナ対策ばかりが行われています。結果、私たちの免疫力が下がり、新型コロナにかかりやすくなっているという事実には、誰も触れません。

感染症学者の発想が、そのまま多くの人たちに受け入れられているのは、私たち日本人の思考パターンとの親和性が高いからでしょう。

日本人は、予期不安が強い傾向があります。予期不安とは、「～にならないように」――がんにならないように、ボケないように、寝たきりにならないように、といった将来の不安を強く予期して不安になることです。

しかし、統計を見れば明らかなように、日本人の死因の第1位はがんであり、約3人に1人はがんで亡くなっています。ボケないようにと言っても、90歳になれば約6割の人がボケます。一生ボケないようにすることは無理なのです。

日本人は、こうした予期不安が強い一方、「～になったあと」のことについては、まったくと言っていいほど考えていません。毎年、がん検診を受けている人は多数いますが、がんになったときに、この病院に行こう、この先生に診てもらおうと決めている人はいません。

予期不安ばかりが強くて、現実的に物事を考えることができていないのです。

「ボケないために何をすればいいか」という本は書店に大量に並んでいますが、「ボケたら何をすればいいのか」という本は少数です。ボケる前に、ボケたときの事前準備をする人は少なく、親や配偶者がボケてから介護保険などのことを調べ始めるなど、事後処理に終始する人たちが大半です。

いじめ自殺をなくす2つの考え方

いじめ自殺をなくすためには、いじめ自体をなくすことだと考えると、いじめにつながりそうな、ちょっとした悪口や仲間はずれも許されなくなります。友達をあだ名で呼ぶことさえ禁止する学校もあります。

子どものときにお互いに悪口を言い合ったり、ときに仲間はずれにしたり、その後仲直りしたりというのは、集団生活の中では普通に起こることです。それらを禁止すれば、当然、非常に不自然なコミュニケーション状態になります。もちろん将来のコミュニケーション能力にも悪影響を及ぼします。

こうした予期不安によって「いじめが起きないように」と考えるのではなく、「いじめにあったあと」のことについて考え、対策を講じるほうが、「いじめ自殺をなくす」という目的を達成するためには効果的なのではないでしょうか。

いじめ自殺をなくすためには、「いじめられたらどうするか」を教えたほうがよほど自殺を減らすことができると考えるのです。「いじめられたら学校を休んでもいい」「転校してもいい」「スクールカウンセラーに相談してもいい」。こうした「いじめられたあと」のことを予め子どもたちに教えて、事前準備を整えておけば、自殺にいたる前に救うことができるケースがほとんどでしょう。

放射線は怖いどころか身体に良い？

福島第一原子力発電所の事故の汚染水の海洋放出問題についても、予期不安ばかりが言われています。汚染水はすべて汚染処理済みで、汚染水と言っても残っている放射性物質は「トリチウム」だけです。トリチウムは、別名「三重水素」と呼ばれるように、水素の仲間であるため、水から分離することが難しく、処理しても残ってしまいます。

トリチウムは自然界にも存在しますので、基準値まで濃度を薄めて海洋放出すれば、特に問題はない放射性物質です。

しかし、新型コロナを過度に怖がるのと同じで、政治家や東京電力の社長も、口では「安全だ」と言いながら、本心ではトリチウムを怖がっている、と私は見ています。

もし私が総理大臣だったら、基準値まで薄めたトリチウム入りの汚染水をごくごく飲んで「ほら、安全でしょう」と言うでしょう。科学の知識があれば、微量のトリチウムが体内に入ったからと言って、何も起きないことは明白だからです。

ひょっとしたら、身体に良い影響があるのではないか、とすら思っています。なぜなら、少量の放射線は、がん化した細胞の変遷を戻す効果があるかもしれないからです。だから、がん治療には放射線治療という方法があり、以前からラジウム温泉はがんの予防になると信じられてきました。

ラジウムの放射線は安全で、プルトニウムやトリチウムの放射線は危険だと考えるのは非科学的です。放射線というのは物理現象であって化学現象ではありません。したがって、どんな放射線も、等しく放射線です。

物理と化学を混同しているから、ラジウムの放射線は良い放射線で、プルトニウムやトリチウムの放射線は悪い放射線だと思ってしまうのでしょう。どんなものから出る放射線も同じ放射線で、しかも、どんなものからも放射線は出ています。そしてどんなものから出たものでも1ベクレルの放射能は同じものです。

こんな基本的なこともわかっていない人が、残念ながら多くいます。「日本人の科学リテラシーは本当に大丈夫なのだろうか」と、私などは心配になってしまいます。

ちなみに、世界屈指の高濃度ラドンを含んでいる、鳥取の三朝《みささ》温泉がある地域は、効能健康調査の結果、90歳以上の割合が全国平均の約6倍もあり、がんになる人が全国平均の半分以下です。適度な放射線は身体に良いものだということが、この調査結果からもうかがえます。

情報は自分から取りにいこう

今回の新型コロナによって、この1年間で、日本のウイークポイント、日本人のウイークポイントが次々と明らかになりました。

新型コロナに関する情報を自分から取りにいき、統計データやエビデンスなどを集めて、それらを自分なりに冷静に考えることができれば、新型コロナを過度に怖がることなく、毎年流行するインフルエンザ並みに怖がることが誰にでもできたはずです。

しかし実際には、新型コロナを過度に恐れる人が多くいます。医者でさえ怖がっている人がたくさんいます。逆に、新型コロナを単なる風邪だと言って、まったく恐れない人もいるようですが、これもまた統計データやエビデンスをきちんと見て判断していないという点では同様に問題です。

私が紹介した統計データや科学的知識は、インターネットで検索すれば、どれも簡単に見つけることができます。こうした情報を自ら集めることもせずに、専門家の言うことやテレビの報道をうのみにしてしまうから、新型コロナを実態以上に怖がることになってしまうのです。

情報は、受け身でただ受け取るだけではリテラシーが上がりません。やはり、自分から積極的に取りにいくことで上がるのです。

次章以後、今回の新型コロナに関して、専門家やテレビ、大学医学部、医師会、政治家や官僚の罪について述べていきます。もちろん、これらの人たちのほうが罪深いのは確かですが、だからと言って私たちに罪がないのかと言えば、そんなことはないでしょう。

私たちひとりひとりが意識を変え、様々な情報を自分から取りにいくことで、メディアリテラシーや科学リテラシーなどが高まり、それが新型コロナ禍を収束させることにもつながるはずです。そして、ひいてはその後の日本のウイークポイント、日本人のウイークポイントを克服することにもつながるのではないでしょうか。

第2章

感染症専門家の罪

誰も言わないコロナ対策のデメリット

第1章で、現在の新型コロナ対策は、感染症学者の発想で行われていると述べました。それに対して、真逆の発想をする大学医学部の免疫学の教授たちは、「免疫力を高めることも、新型コロナの感染予防対策になります」と声明を出しているでしょうか？　あるいは、新聞やテレビが免疫学者にインタビューして、免疫学者の意見を報道しているでしょうか。奥村先生のように学者個人の意見はあっても、学会レベルとなると、私は寡聞にして知りません。

感染症学者の発想による新型コロナ対策には、免疫力を下げること以外にも、様々な問題があります。

たとえば、人と人との接触を減らすために、外出自粛要請が行われました。この外出自粛の期間が長期化すればするほど、外に出て歩く時間が減りますので、高齢者の足腰が弱ってしまうことは火を見るよりも明らかです。

一般社団法人日本老年医学会は、その名の通り、老年、つまり高齢者の治療や体の状態を研究するための医師たちの集まりです。この日本老年医学会は、ここ数年、「フレイル対策」を売りにしてきました。

フレイルとは「虚弱」という意味で、要介護になる手前の状態を「フレイル」と呼びます。要介護になる前のフレイルのときに適切な治療や予防を行うことで、要介護にならない、あるいは要介護になるのを1日でも遅らせることがフレイル対策の目的です。

このフレイル対策の観点からすれば、高齢者に対して外出自粛を要請する新型コロナ対策は、高齢者の足腰が弱まるのを早め、要介護に進むのを早めてしまうことになりますので、非常に危険な対策だと言えます。

にもかかわらず、日本老年医学会が、「高齢者にとって外出自粛は危険です」「動かないこと（生活不活発）によりフレイルが進みます」といった注意喚起を行ったのは、2020年3月の1回だけです。このとき、外出が減った高齢者向けに、健康を維持するためのポイントを掲載したチラシを作成して配布しましたが、それ以後はだんまりを決め込んでいます。

2020年3月と言えば、新型コロナ対策の初期にあたり、この時点で外出自粛が高齢者のフレイルを進めることになると認識できていたにもかかわらず、なぜ、その後、日本老年医学会が、「フレイル対策、要介護予防のために、高齢者は少なくとも1日30分は散歩をしましょう」などと注意を促さないのか。私には不思議でなりません。

自粛生活が長期化するほど、その危険は増すはずなのですから。

コロナ自粛で要介護者が増える理由

若い人ならば、足の骨を折っても、骨がくっついたら翌日から歩くことができます。しかし、高齢者は、2週間程度、風邪で寝込んだだけでも、リハビリしないと歩けるようになりません。「廃用」と言うのですが、使っていないものの衰え方が激しいのが高齢者の特性です。

足腰も使い続けていれば弱ることはなく、歩き続けられますが、病気やケガなどで歩けなくなると、その病気やケガが治っても、すぐに歩けるようにはならないのです。これは身体に限ったことではなく、脳も使わなくなると認知機能が落ちていきます。

自粛期間が延びれば延びるほど、歩かない期間も延び、その数も増えますからフレイルになる人も増えます。フレイルがさらに進めば、要介護になる人が増えます。

実際、私が診ている患者さんの中にも、「足腰が弱った」「転びやすくなった」「物忘れがひどくなった」などと言う高齢者が増えています。こうした高齢者がすぐに歩けなくなるわけではありませんが、コロナ自粛によってフレイルが進んでいることは間違いなさそうです。

つまり、外出自粛要請に対して、まじめに自粛している高齢者ほど足腰が弱り、フレイルが進むという「正直者がバカをみる」ような状況なのです。

そして、フレイルが進む人が増えるということは、近いうちに要介護者が急増することを意味します。その数、約200万人というのが、私の予測です。

「高齢者は栄養状態をより良くしましょう。運動をしましょう」などとずっと言ってきた日本老年医学会ですが、このコロナ自粛によって要介護になる人が増えるというリスクがあることについては、まったく言及しません。

私が診ている高齢のある患者さんは、デイサービスにせっせと通っていたのですが、「面白くないから行かない」と言い出しています。「なぜ?」と聞くと、「人と話してはいけないと言われるから」と言うのです。

せっせとデイサービスに通っていたのは、仲間たちと話すのが楽しいからです。その楽しみを禁止したら、それは面白くなくなり、行きたくなくなるのは当然です。デイサービスに行けば、それなりに歩きますし、話をすることで脳も使います。

しかし、デイサービスに行かなくなれば、家に閉じこもることになり、フレイルが進んだり要介護度が上がったりすることになります。こうした高齢者が直面している危機的状況に対して何も言わないのであれば、何のための老年医学会なのかと思うのです。

アルコール依存症患者も10万人増加する

公益社団法人日本精神神経学会も、２０２０年の6月25日に「新型コロナウイルス感染症流行下におけるメンタルヘルス対策指針」というものを出して以来、まったく発信していません。自粛が孤立感や抑うつにつながる可能性は言及していますが、自粛政策については、警鐘を鳴らすというのには程遠い表現です。

私は高齢者医療に携わっていますが、精神科医でもあります。精神科の医者の立場から言うと、外出自粛で、昼間、日光に当たる時間が短いと、うつ病になりやすくなるのは明らかで、うつ病になるのを防ぐために、「人の少ない時期や場所をねらって日の光をたっぷり浴びましょう」などと患者さんにはアドバイスしています。

また、ストレス解消も大事なことなので、インターネット上での飲み会を勧めることもあります。

ただし、家でひとりでアルコール飲料を飲む「家飲み」や「ひとり飲み」には、逆に注意を促しています。

現在、アルコール飲料を出す店に営業自粛が要請されていますが、このコロナ対策も、精神医学の立場から言わせてもらうと、リスクの高い対策です。

なぜなら、人と飲むよりも、家飲み、とくにひとり飲みはアルコール依存症のリスクがかなり高いからです。「キッチンドリンカー」という言葉があるように、ひとり飲みは歯止めがかかりにくく、コロナ自粛によって一日家にいると、昼から飲めてしまいます。

飲食店でひとり飲みする人もいますが、多くの人は数人で会話を楽しむために店に飲みに行きます。時間やお金の制限もありますから、毎日、飲み過ぎるということは普通ありませんが、家でひとり飲みすると、毎日、飲み過ぎるということが可能になり、アルコール依存症になる危険度が増すのです。

居酒屋などが営業自粛しているため、ひと仕事終えて一杯やろうにも店がありません。仕方がないので、帰宅の途中、コンビニエンスストア（以下、コンビニ）やスーパーに寄ってビールやワインなどを買い、早い時間から飲み始めます。足りなくなればコンビニで24時間買えます。もともとアルコールは依存性物質なので、そんな生活を続けていれば、一定の確率でアルコール依存症に陥ってしまうのです。

軽症も含めれば、おそらく10万人単位でアルコール依存症が増加するだろうと私は予測しています。

しかも、依存症患者の治療施設不足は、新型コロナの治療施設不足の比ではないほど深刻であることも付け加えておきたいと思います。

感染予防対策の副作用になぜ警鐘を鳴らさないのか？

事ほど左様に、現在の新型コロナ対策は、「感染を広げない」という点では正しいとしても、同時に、免疫力の低下やフレイルや要介護者の増加、うつ病患者の増加、アルコール依存症患者の増加など、副作用を引き起こしていることも事実なのです。

コロナ対策を立案しているのは、「新型コロナウイルス感染症対策専門家会議」と呼ばれた専門家の集まりでした。現在は、専門家会議から分科会になり、メンバーも多少変わりましたが、コロナ対策が引き起こす副作用にまで目が行き届いているかと言えば、まったく見えていないのではないでしょうか。

新型コロナ対策、感染予防対策を行うことで、他の面において副作用が出るという発想が、メンバーの専門家にはまったくないようにしか思えません。

免疫学や精神医学の知識のない人たちが、「専門家」と称して政策のブレーンになって新型コロナ対策を行っている現実のほうが、私は新型コロナよりも恐ろしく感じます。

なぜなら、これから待っているのは、約２００万人の要介護高齢者の増加と、数十万人のアルコール依存症患者の増加であり、また十万単位のうつ病の増加でしょう。これはコロナ禍以上に長く尾をひくものだからです。

そして、専門家会議の専門家にも問題がありますが、それに対して何も言わない他の専門家たちにも、非常に大きな問題があります。ある専門家に対して、別の専門家が自分の立場から意見することがないのでは、物事は良くなりません。

日本老年医学会や日本精神神経学会は専門家の集まりですが、それぞれが認識している新型コロナ対策としての自粛の危険性について、積極的に警鐘を鳴らしてはいません。一律自粛で予想される副作用に対して、他の専門家が何も言わない。これは大問題です。

前に述べた通り、私は、新型コロナは例年のインフルエンザと同程度の怖さの感染症であると考えているため、移動の自由や営業の自由を制限する必要はないと判断しています。感染症もひどい致死率のものであれば、ある程度の自由の制約は致し方ないとは思っていますが、毎年起こるインフルエンザ並みだとすれば、この程度の感染症が起こるたびに生活を大きく制限するのは、憲法のある国としていかがなものかと思います。

ゆえに、私は今回の自粛自体にも反対ですが、もしやるのであれば、自粛によって起こり得る副作用に対して、専門家がそれぞれの立場から警鐘を鳴らしたり、あるいはそれも同時に情報公開を行わないのでは、言論統制の国と変わらないのではないかと思います。

そもそも医師が患者に新たな治療を提言する場合には、効果だけでなく副作用の説明もしなければいけないのは、当たり前の倫理です。それが無視されて、強制治療のようなことが行われることに恐ろしさを感じるのです。

「細やかさ」が感じられない対策ばかり

今回の新型コロナ対策を見ていて思うのは、どの対策にしても細やかさが足りないということです。

飲食店でのアルコール飲料の販売禁止は、会食禁止につながるので一定の効果はあると思います。しかし、時短営業まで求める必要があるのでしょうか。

ひとりで酒を飲みに行く人もいますが、多くは友人たちとの会食が目的です。一方、ひとりで昼食や夕食を食べる人はそれよりもはるかに多くいるはずです。こうしたひとりでご飯を食べる人たちは、誰とも話すことなく食事が終われば店を出て行きます。つまり、新型コロナに感染するリスクも、感染させるリスクも低い。であるならば、ひとりの食事に限って、食事を提供する飲食店が深夜まで営業していても何ら問題はないはずです。

それを「一律20時まで」としたように、対策に細やかさがありません。アルコール飲料の提供を禁止する代わりに、夜遅くでもひとりで温かい食事ができるように、そうした店の営業は認める。カラオケも、ひとりカラオケなら認める。やろうと思えば、細やかな対策を行うこともできるのに、それをすることなく一律の対策しか行いません。

そのために、コロナと懸命に闘う医療関係者が仕事を終えた後に暖かいご飯が食べられなかったり、へとへとに疲れているのに、またご飯を作らないといけないようなことが起こっているのです。あるいは、外出自粛のために仕事が増えている運輸業者のスタッフの人たちにも同様なことが起こっています。

対策が一律であると同時に、それによってどんな困ったことが起こるかという想像力がまったく働いていないのです。

営業自粛を行った店に対する給付金や支援金にしても、多くの地方自治体では大きな店も小さな店も一律です。

感染患者数の多い地域も、少ない地域も、一律外出自粛。地方は過疎が進んでおり、人が密になる場所は限られています。そうした場所に行くことだけを自粛要請すれば事足りるのではないでしょうか。

なぜ医療従事者がワクチン接種の優先順位1位なのか？

細やかさが足りないという点では、ワクチン接種も同様です。ワクチン接種の優先順位は、第1に医療従事者、第2に高齢者、第3にそれ以外の一般市民となっています。

では、なぜ医療従事者の優先順位が第1位なのでしょうか。

医療従事者がワクチン接種の優先順位第1位なのは、偉いからでも、苦労しているからでもありません。医療従事者をワクチンによって新型コロナから守ることによって、新型コロナ患者の受け入れ体制をより拡大するためです。

つまり、医療の逼迫、医療の崩壊を招かないために、医療従事者にまずワクチン接種を行うのです。

そうであるならば、医療従事者であれば誰彼構わず優先順位が第1位というのは、おかしくはないでしょうか。

医療従事者と一口に言っても、新型コロナの最前線で奮闘する医師や看護師がいる一方、新型コロナとはあまり関係のない眼科や皮膚科、美容外科の医者や看護師もいます。病院の事務職員も医療従事者に含まれていますが、事務職員にも、患者さんと接する機会が多い窓口業務を担当する職員もいれば、経理担当者など、人と接する機会が少ない業務の職員もいます。

こうしたことも一切考慮に入れず、医療従事者であれば誰もがワクチン接種の優先順位第1位なのです。医療従事者約480万人を最優先するということは、そういうことです。

こうした線引きを細かく行うことは、面倒くさいと言えば面倒くさいことです。しかし、少なくとも、新型コロナ患者の入院病床が足りないと騒いでいるのなら、新型コロナに関わる医者や看護師からワクチンを接種するのが当然ではないでしょうか。

実際には、医療関係者の間でおそらくは優先順位が高い人と低い人がいました。

日本医師会の会長が4月20日に多くの医療関係者を呼んでパーティーができたのは、その時点で参加者の医師たちのほとんどが、2回目の接種が終わっていたのだと私は見ています。

ところが、私の勤める川崎の病院は、発熱外来を設けて、積極的にコロナ患者を引き受けていたのに、まだ医師も含めて職員の接種は始まっていませんでした。私が第1回の接種を受けたのは4月27日だったのです。

私が知る、セレブ向けの病院はコロナ患者の治療は行っていないのに4月の早い時期に接種を行っていました。

オーナーの政治力なのか、優先順位を決める人が介在するのかわかりませんが、少なくともコロナ患者を一生懸命診ているかどうかで優先順位づけをされていなかったことは明らかだと思います。

百歩譲って、医療関係者全員を優先順位1位にするというのが妥当だとしても、だったら医療関係者の接種が終わっていないのに高齢者の接種をするのは本末転倒でしょう。

ワクチンを打っていない医師が、高齢者にワクチンを打つなどということがあっていいのでしょうか？

医療従事者は約480万人もいるので、2021年5月現在、1回接種した人はようやく80％を超えましたが、2回接種を完了した人はまだ50％を超えたところです。

医療従事者になるべく急いでワクチンを接種していれば、かなりの診療報酬の加算があるのですから、患者を引き受ける病院はもっと名乗り出たはずです。

医療の逼迫を理由に市民生活に制限を加えるなら、それに対する対策を十分やるべきだったと私は信じています。

コロナ病床を増やせない理由

問題はそれだけではありません。実際、医療従事者へのワクチン接種は進んでいますが、新型コロナの病床数はほとんど増えていません。なぜでしょうか。病院が新型コロナ病床を増やせない理由として何が考えられるでしょうか。

病院が新型コロナ病床を増やせないのは、新型コロナ患者の受け入れを増やすと、すでに病院に入院している患者さんが新型コロナに感染してしまう可能性が高まるからです。

病院としては、クラスターになることは絶対に避けたいですし、風評被害にあうことも避けたい。もちろん、入院患者を他の病気から守る義務もあります。

では、どうすればいいか。入院患者にもワクチン接種を行えばいいのです。入院患者に新型コロナの感染が広がらない状況をつくれば、病院は空き病床を新型コロナ病床に転換しやすくなります。

つまり、ワクチン接種の優先順位第2位を入院患者にして、約120万人の入院患者にもワクチン接種を行えば、新型コロナ病床を増やすことができ、医療の逼迫や崩壊を避けることができるというわけです。

医療の逼迫や崩壊を招かないことが目的であるならば、ワクチン接種の優先順位第1位は新型コロナに関係する医療従事者、第2位は病院の入院患者、第3位は高齢者とすべきなのではないでしょうか。しかし、今現在も、そうなっておらず、入院患者は優先される対象にすらなっていません。

どういう優先順位でワクチン接種を行えば、多くの病床を新型コロナ患者のために空けることができるのか。人々の不安を解消できるのか。ワクチン接種の優先順位を決めた専門家たちは、こうしたことも想像できない、考えられない人たちなのです。

ついでに言うと、現在コロナは感染症2類に準じた扱いになっています。

すると、相当の設備と人員がいないと受けられない決まりになっています。

インフルエンザ並みの死者数ということを考えると、インフルエンザと同じ5類の扱いにすれば、はるかにコロナ患者を受け入れやすくなるのです。

こういうことも含め、病床を増やす対策をほとんど考えずに、自粛ばかりを求めるのが専門家といわれる人たちなのです。

臨床の現場のことが何もわかっていない、普段研究室に閉じこもり、動物実験ばかりやっている専門家ばかりを呼ぶからこのようなことになってしまうのです。

臨床不在、患者不在、現場の声を聞かない。ただただ目の前の感染予防やワクチン接種のことだけしか考えていない。どうしてここまで視野が狭く、様々なことに考えが及ばないのか。本当に驚きます。

医療逼迫が予想されていても対策は皆無

現在、新型コロナに関係している医者や看護師はほんの一部です。しかし、ワクチン接種が終われば、日本の医者の9割以上は、新型コロナ患者を診ることにやぶさかではないと思っていると思います。看護師さんも同様でしょう。

医療が逼迫した大阪で新型コロナの病床数を増やそうとしたとき、コロナ病床を担当する看護師を募集しましたが、1人も応募がなかった病院があったことをテレビで報じていました。給料が割り増しになっているにもかかわらず応募がなかったのは、看護師のワクチン接種が進んでいなかったからではないでしょうか。

医療が逼迫しているのなら、新型コロナに関係する医療従事者にいち早くワクチン接種を行う必要があり、新型コロナの患者を受け入れる病院の入院患者にもワクチン接種を行うことで、新型コロナ病床を確保できるという当たり前の発想がありません。

「緊急事態宣言」や「蔓延防止等重点措置」を発出する最大の理由は、病床不足、医療の逼迫です。医療が崩壊しないように、市民生活に制限をかけているわけです。

2020年の「第一波」と言われる最初の流行が落ち着いたときに、冬に向けて「第二波」「第三波」が必ず来ると言われていました。にもかかわらず、医療逼迫を回避するような対策はまったく行われませんでした。口では「医療が逼迫するかもしれない。大変だ」と言いながら、何の事前準備も行わなかった専門家たち。もう、あきれるしかありません。

「人工呼吸器が足りない」はウソ

医療が逼迫した際、専門家は、「人工呼吸器が足りない」「エクモ（ＥＣＭＯ：人工心肺装置）が足りない」など、いろいろな言い訳をしていました。しかし、日本は世界有数の人工呼吸器やエクモの保有国です。

私の父が危篤になったとき、入院している病院から電話がありました。

「挿管してもいいでしょうか」

こう聞かれたので、死に目には会いたいと思った私は、「挿管してください」とお願いしました。挿管とは、気管挿管のことで、呼吸困難の患者さんの救命措置としては非常に有効なものです。ただ、そのとき初めて知ったのですが、日本の医療においては、一度挿管すると、気管切開から人工呼吸器までがセットで行われます。私自身は人工呼吸器につなぐことまでするかは家族で考えたいと思っていましたが、挿管を許可したら、人工呼吸器まで許可したことになるのです。その結果、人工呼吸器をつけてから約7カ月、私の父は生き延びました。呼吸が確保されれば、人間は生きていけます。

このように人工呼吸器が高齢者に当たり前に使われている国は、日本以外にありません。

80代の患者さんが肺炎などになったとき、人工呼吸器をつけるか、つけないかを判断しますが、人工呼吸器をつけずに「尊厳死」を選ぶこともできます。尊厳死とは、人間が人間らしく尊厳をもって死ぬことです。

尊厳死が声高に叫ばれるようになった近年、手控えられるはずの高齢者に対する超高度医療を、新型コロナに限っては行っています。新型コロナに感染したら、超高齢者であっても人工呼吸器やエクモを装着する。これまでの臨床の対応とは異なります。

現場の医者たちの話を聞くと、入院せずに自宅で亡くなる新型コロナ患者の多くは、超高齢者であり、家族が人工呼吸器をつけることを望まないケースが多いとのことです。

それはこれまでにも行われてきたことであり、臨床の現場では当たり前のことです。

毎年肺炎で約10万人が亡くなりますが、その中には、こうした人工呼吸器をつけない判断を家族が行った尊厳死も多数含まれています。

しかし、人工呼吸器が足りなくて、人工呼吸器をつけたいのにつけられずに肺炎で亡くなったという話は聞きません。毎年約10万人が亡くなる肺炎に対応できるだけの人工呼吸器が日本にあるのだとしたら、約1万人が亡くなった新型コロナで足りなくなるはずがありません。

「過度の専門分化」が患者を薬漬けにする

私は、今回の新型コロナによって、日本の医学界の5大欠陥が明らかになったと考えています。5大欠陥とは、次の5つです。

1　統計データよりも偉い人の言うことが正しいと思う医者
2　過度の専門分化
3　過度の欧米重視
4　栄養学の軽視
5　心の軽視

1つ目の「統計データよりも偉い人の言うことが正しいと思う医者」については、第4章の「大学医学部の罪」で詳しく述べますので、ここでは「過度の専門分化」「過度の欧米重視」「栄養学の軽視」「心の軽視」の4つについて述べたいと思います。

過度の専門分化とは、「循環器内科」「呼吸器内科」「消化器内科」など、単なる内科ではなく、非常に細かく専門が分化されていることを指します。こうした特定の臓器だけを診る医療には、実は大きな問題があります。

人間というのは、ある特定の臓器を診るだけではわからないことがたくさんあります。特に高齢者になると、1つの臓器だけが悪くなることのほうがまれで、多くは複数の臓器が同時に少しずつ悪くなっていきます。呼吸器が少し悪くて血圧が高い。軽い糖尿病もある。このように複数の病気をかかえている高齢者が多いのです。

ですから、高齢者に対しては、「専門分化型医療」よりも「総合診療」が大事になります。

専門分化の医者が、特定の臓器だけを診て治療薬を出すと、他の臓器に対しても同じように治療薬が出ますので、「15種類の薬を飲まなくてはならない」ということになってしまいます。

総合診療では、15種類の薬を飲んでいる高齢の患者さんに対して、「優先順位をつけて上から5種類だけ飲むようにしましょう」と選んでくれます。こうした特定の臓器だけを診るのではなく、患者さんを総合的に診るのが総合診療医です。

これに対して、専門分化の医者は、自分の専門である特定の臓器だけを診て、その臓器に欠陥があった場合に、それを治療することが自分の仕事だと考えています。治療方法として、多くの場合は内服薬が使われますので、患者さんは十数種類の治療薬を飲むはめになるのですが、そんなことはお構いなしです。

専門以外の治療は本に書かれている通りに

病院に勤務していた専門分化の医者も、40代、50代になると地元に戻って開業する人が多くなります。このとき、自分の専門である「循環器科クリニック」などの名称で開業しても、あまり流行りません。そこで「〇〇内科」などと名乗るわけですが、実際には自分の専門の循環器しか診られない、消化器しか診られない医者ばかりというのが実態です。

総合診療のトレーニングを受けていないのに、さも様々な臓器を総合的に診ることができるかのように「内科」と名乗ることには、少なからず問題があると思うのは私だけではないでしょう。

では、内科を名乗りながら、自分の専門以外の臓器には詳しくない専門分化の医者は、いろいろな病気をかかえて来院してくる患者さんに対してどのような診察や治療を行うのでしょうか。

『今日の治療指針』（医学書院）という便利な本があり、ここに書かれている通りに治療を行うのです。自分の専門以外の病気の治療については、『今日の治療指針』に書かれた通りに治療薬を出しているだけなのです。

この『今日の治療指針』の2021年版には、総編集として3人の名前が掲載されています。そのひとりが、高血圧治療の降圧剤「ディオバン」の臨床研究データが改ざんされていた、いわゆる「ディオバン事件」で不正研究グループの責任者であった小室一成氏です。

これは私個人の見解ですが、ディオバンを販売しているノバルティスファーマは、基本的には良心的な企業だと思います。なぜなら、3万5000人規模の大規模調査を初めて行い、海外ではディオバンは治療薬として有効であるというエビデンスがあるからです。この大規模調査のエビデンスがあったから、「日本人にも同様に有効だろう」と考え、臨床研究が進められたのですが、残念ながら日本人にも治療薬として有効だという良いデータが出ませんでした。それで誰かが改ざんを行ったのです。

日本人に対しては、高血圧の治療薬として飲んだら長生きできるというエビデンスがないのに治療が行われていることに目をつけ、日本で初めて、エビデンスのある薬として発売しようとしたわけです。それはとても良心的なことだと思います。

ただし、結果的に日本の臨床研究史上もっとも悪質と言われるようなデータ改ざんが行われました。これはディオバン以外の高血圧の薬もエビデンスがなさそうだということを示唆するわけですが、それは報じられず、悪質な医者たちの起こしたという倫理面ばかりが問題になりました。いずれにせよ、この事件でこの臨床研究にかかわった5つの大学で調査が行われ、論文の改ざんが指摘され、京都府立医大や東京慈恵会医科大学の教授は辞任しました。

本題に戻りますが、ディオバン事件で改ざんが指摘されたのに、辞職しないで済んだ医師が編集代表を務めるような本をみて、自分の専門外の疾患については治療を行っているのが日本の医師たちの実情なのです。

コレステロールは本当に人間にとって悪なのか?

ある臓器にとって良い薬でも、他の臓器に悪影響を与えることがあります。

以前は、不整脈の薬がよく使われましたが、副作用によって死亡率を上げることがわかり、現在は使われなくなりました。

コレステロール値が高い人は、コレステロール値を下げるように、循環器内科の医者に言われます。循環器内科の医者にとってみれば、コレステロール値が高い人は、動脈硬化性疾患になりやすく、脳梗塞や心筋梗塞などのリスクが高いからです。

このため、ある種の脂質であるコレステロールは、動脈硬化のリスクファクターと見なされています。

コレステロール値を下げる薬の1つ、「スタチン」を開発した遠藤章氏はノーベル賞をとるかもしれないと言われています。スタチンを使うことで欧米では心筋梗塞を3割減らすことができたからです。

ところが、日本人にスタチンを使うとＥＤ（勃起不全）になる人がいます。コレステロールは「男性ホルモン」の材料ですから、コレステロールを薬で減らすと男性ホルモンも減ってしまいます。日本人は欧米人に比べて男性ホルモンが元々少ないため、スタチンを使うとEDになってしまうのです。

つまり、循環器内科にとってコレステロールは悪玉ですが、男性ホルモンを扱う泌尿器科などにとってコレステロールはむしろ善玉です。

まだ医学的に証明されたわけではありませんが、コレステロール値が高い人のほうがうつ病になりにくいという臨床研究もあります。つまり、精神医学的にもコレステロールは善玉です。

免疫学者に言わせれば、コレステロールは免疫細胞の材料になりますから善玉で、コレステロール値が高い人のほうが、がんになりにくいことが、ハワイで行われた疫学調査で明らかになっています。

NK細胞の名付け親である奥村康氏は、コレステロール値が高いほうが、細胞が活性化して免疫力が高いと述べています。

不足しているホルモンは外から補うことができる

男性ホルモンについて、少し知識を補っておくと、日本人の中高年のうつ病の約3割は、男性ホルモン不足が原因ではないかという説もあります。

男性ホルモンの研究が進み、男性ホルモンが不足すると、性欲が落ちるだけではなく、様々な意欲も落ち、記憶力も、判断力も、筋力も落ち、人付き合いもおっくうになることがわかっています。男性ホルモン不足が、ある種の老化をどんどん進めてしまうのです。ちなみに、「男性更年期」という言葉を一般的にした端緒は、自らの体験を綴った本を出版するなどした、はらたいら氏です。

こうした症状の患者さんに対しては、男性ホルモン補充療法という治療法があります。ホルモンというのは不思議な物質で、血糖値をコントロールする「インスリン」もホルモンの一種です。かなり以前の話ですが、糖尿病の患者に豚のインスリンを打っていた時期もありました。豚のインスリンでも効果があるのです。さすがに今は、アレルギーを起こすことが少なくないということで、人由来のインスリンを打つようになっています。しかし、血糖値を下げるというインスリンというホルモンの働きはブタのものでもしていたのです。

甲状腺ホルモンもよく知られたホルモンです。以前は甲状腺がんになると、甲状腺を切除していましたが、切除してしまうと甲状腺ホルモンを一生飲み続けなければならなくなるため、現在は甲状腺を切除しない治療が主流です。

このように、ホルモンは外部から補うことができます。男性ホルモンが不足しているなら、外部から補えばいいというのが、男性ホルモン補充療法の考え方です。

専門家同士が議論しない医学界

日本人の死因で一番多いのは、がんです。がんで亡くなる人が、心筋梗塞で亡くなる人の約10倍います。日本人に限って言えば、コレステロール値が高い人のほうが免疫力が高く、がんになりにくいため、長生きできる可能性が高いと言えます。

「コレステロール値が高い人は、動脈硬化性疾患になりやすい」と言う循環器内科の医者に対して、「いや、免疫学ではコレステロールは善玉で、必ずしも悪いわけではない」などと反対意見を言えばいいのですが、そういう声はほとんど聞こえてきません（奥村先生等は例外的存在です）。

日本の医学界では、ある専門家に対して、別の専門家が意見することがタブー視されているかのように、専門の違う専門家同士の議論が行われないのです。

私は、日本内科学会の認定医でもあります。内科学会では、講習などを受けるとポイントがもらえるのですが、このポイントが足りないと認定医を取り消される仕組みになっています。このため、私も年に一回は、ポイントを得るために内科学会の講習を受けています。

あるときの講習会のテーマは、「メタボリックシンドローム」でした。メタボリックシンドロームとは、いわゆる「メタボ」のことで、糖尿病などの生活習慣病の前段階の状態を意味します。

この講習会の講師は、ある大学の医学部教授で、メタボについて述べ、コレステロール値を下げることの重要性について語りました。聴講している開業医たちはそれをメモをとりながら真剣に聞いています。

私は、これまで高齢者を数多く診てきた経験から、高齢者は痩せている人よりも少々太めの人のほうが長生きするとわかっていたので、「なぜ太っている人のほうが長生きしているのか?」「コレステロール値の高い人が長生きしているのはなぜか?」など、いろいろと質問したいと思いながら聴講していたのですが、質問の時間はありませんでした。講師が一方的に自説を語って講習会は終わってしまいました。

このこと1つとっても、専門家同士が議論する機会すらつくる気がないことがわかります。専門家同士がディスカッションする機会がないという悪しき伝統が日本の医学界にはあるのです。

「過度の欧米追随」が道を誤る原因

日本の医学界の5大欠陥の1つ「過度の欧米追随」についても述べましょう。

日本の医学界は、戦前はドイツ医学を信奉していました。このため、ドイツ医学界の言うことはすべて正しいと考えていました。その代表が森鴎外です。森鴎外はドイツに留学し、脚気《かっけ》は伝染病であるというドイツ医学界の言うことを信じました。その結果、日露戦争の戦死者が約1万人なのに対して、脚気による死者約4万人を出したのです。

このドイツ医学信奉は、戦後、アメリカ医学信奉に変わりました。ドイツがアメリカに変わっただけで、今度はアメリカ医学界が言うことはすべて正しいとばかりに何でも後追いするのが日本の医学界なのです。

その1つの例が、先程来述べているコレステロール値を下げる医療です。

1970～80年代にかけて、アメリカでは動脈硬化性疾患であまりに多くの人が亡くなったため、アメリカ医学界は肉食を減らすことを推奨しました。

これを見た日本の医学界は、日本でも食の欧米化が進んでいるから肉食を減らしたほうがいいと言い出します。

当時、アメリカ人は1日約300グラムの肉を食べ、ヨーロッパの人たちは約220グラムの肉を食べていました。

一方、日本人が1日に食べていたのはたったの約70グラムです。にもかかわらず、アメリカ医学界が肉食を減らせと言っているから、日本も減らせと言ったのです。なんと愚かなことか。

当時、1日約100グラムの肉を食べていた沖縄の人たちのほうが一般の日本人より長生きで、1日約120グラムの肉を食べていたハワイの日系人のほうがさらに長生きしていました。

つまり、日本人に対しては、「肉食を減らせ」とは真逆の「肉食を増やせ」と言ったほうが長生きする人が増えたはずなのです。

コレステロール値を下げるのは、欧米の人たちには良いことであっても、日本人にとってはあまり良いことではないのは先述した通りです。欧米人と日本人では、体質も違えば、食生活も違います。治療薬の効果を事前に調べるために行われる「治験」の際には、「欧米人と日本人は体質が違うから」と言って日本人による治験の必要性を説くのに、コレステロール値については、欧米のデータを重視してそのまま日本人にも当てはめてしまう。これが日本の医学界なのです。

治療薬の治験において、欧米のデータをそのまま日本人に当てはめないのは、本気で欧米人と日本人の体質が違うと思っているからではなく、治験を行うことで自分たちの研究室にお金が入ってくるからなのでしょう。

新型コロナのワクチンでも、海外の治験でアジア人に対しても効果があることが立証されていたにもかかわらず、日本人での治験を行いました。これによってワクチンの承認が遅れたことは、周知の事実です。

現在も続く「栄養学の軽視」

次に、日本医学界の5大欠陥の1つ「栄養学の軽視」について述べます。

日本の大学の医学部では、栄養学について一切学びません。超高齢社会になればなるほど栄養学が重要で、高齢者は栄養状態を良化することで若々しさを維持できるにもかかわらず、栄養学について学んだ医者は、日本にはほんの一握りしかいません。

過去には、日本にも栄養学を重視した賢い医者がいました。そのひとりが、高木兼寛《かねひろ》氏。東京慈恵会医科大学の創始者です。

彼は、大日本帝国海軍の軍医の責任者だったとき、白米が脚気の原因の1つではないかと考え、白米を食べるのをやめて麦食に戻しました。これにより脚気を発病する人が激減しました。

また、高木氏は、イギリスに留学した経験があり、イギリスで脚気になる人がいないのは、肉を食べるからではないかという仮説を立て、牛肉は非常に高価だったため、豚肉料理を日本に普及させることを考えます。

こうして日本人が食べやすい豚肉料理として考案されたのが、みなさんもよくご存じの「海軍カレー」です。海軍カレーで日本人に豚肉食を普及させようと高木氏は考えたのです。

日本人にとっては当たり前の豚肉入りカレーですが、この豚肉入りカレーが食べられるのは、実は日本などわずかな国だけです。カレーの本場であるインドでは、豚肉は食べられていません。アラブ諸国では豚肉を食べること自体がイスラム教で禁じられています。豚肉は牛肉よりもビタミンＢ$_1$の入っている量が多いため、豚肉を食べるようになると脚気になる人はほとんどいなくなりました。

このビタミンＢ$_1$を発見したのは、農学者の鈴木梅太郎氏です。日本が栄養学において非常に進歩的な国であったことが、このことからもわかります。

このように栄養を重視した高木氏や鈴木氏のような人たちがいたにもかかわらず、その後も、栄養学は軽視され続けました。さらに言えば、日本の医学界は、栄養学を軽視するだけではなく、次のようなウソまでついています。

現在の日本人の死因のトップはがんですが、戦前の死因のトップは結核でした。結核は当時、「不治の病」と言われ、結核で亡くなる人が多かったため日本人の平均寿命は50歳以下でした。戦後、結核が激減したことで、日本人の平均寿命は60代に上がっていきます。

医者の多くは、結核が激減したのは「ストレプトマイシン」という抗生物質のおかげだと言います。ストレプトマイシンは確かに結核の治療に用いられた最初の抗生物質ですが、日本で生産が始まったのは１９５０年です。

結核患者の推移データをよく見ると、戦後数年で結核になる人が急激に減っていることがわかります。第１章でも述べたように、結核を予防するＢＣＧワクチン接種が始まったのも１９５０年代で、それ以前に結核の患者が激減したのは、米軍が脱脂粉乳を配って日本人のタンパク質摂取量が飛躍的に増えたからです。そもそもストレプトマイシンは結核になったときの治療薬であって、なる人を減らす効果はありません。

欧米人は、そもそも栄養価の高い食品を食べていたので戦前でも結核になる人は少数でした。結核患者が激減したのは、治療薬としての抗生物質のおかげではなく、ワクチンのおかげでもなく、栄養だったのです。

脳卒中が減ったのは「薬のおかげ」はウソ

日本の医学界によって、日本人が信じ込まされているウソをもう1つ紹介しましょう。

以前、秋田県では「脳卒中」で亡くなる人が多かったのですが、減塩運動や血圧の薬のおかげで脳卒中が激減したと言われています。これも医者がついたウソです。

当時の秋田県では、血圧が140～160の人が脳卒中で亡くなっていました。現在、血圧が140～160で血管が破れることはまずありません。動脈瘤があるかないかは重要で、動脈瘤がある人は、正常血圧にコントロールする必要がありますが、動脈瘤がなければ、血圧が300ぐらいにならない限り血管は破れません。

もちろん血圧が常時300だったら、他の臓器に悪影響が出ますから問題ではあります。

では、なぜ血圧が140～160で血管が破れてしまう人が秋田県で多かったのでしょうか。

当時の秋田県の食生活は、ご飯と味噌汁と漬物だけで、肉などによって十分なタンパク質を摂取していなかったからです。タンパク質を摂らないと、血管はゴムの入っていないタイヤのような状態になるので破れやすいのです。タンパク質を摂取する量が増えれば増えるほど、秋田県でも脳卒中になる人は減っていきます。

脳卒中は、以前は「脳内出血」が多かったのですが、現在は「脳梗塞」が大半です。脳内出血は、脳の中の血管が破れて脳内で出血すること。脳梗塞は、2つあって、脳の動脈硬化が進んで血液の通り道が細くなり、ついに血管が詰まってしまうケースと、「脳塞栓」と言って、心臓から血栓が飛んで脳で詰まってしまうケースがあります。

現在は脳卒中と言えば、脳梗塞か、あるいは「くも膜下出血」のことです。くも膜下出血とは、「くも膜」と呼ばれる脳表面の膜と、その内側の「軟膜」との間の血管が切れて起こる出血のことです。

秋田県において脳卒中で亡くなる人が減ったのは、減塩運動や血圧の薬の効果も多少は寄与しているかもしれませんが、タンパク質をはじめとした、栄養価の高い食品を食べられるようになったからなのです。

このように日本人は栄養のおかげで長生きできるようになっているのですが、日本の医学界はあいかわらず栄養学を軽視しています。

一方、海外では栄養学を重視しているため、様々な栄養素を含有したサプリメントの販売が盛んです。高齢者が若々しく生きるためには、サプリメントによって足りない栄養を補うことが重要なのですが、日本の多くの医者には、この「足りない栄養を補う」という発想がまったくありません。日本の医学界が栄養学を軽視してきたツケを払うのは、残念ながら日本の高齢者ということになります。

「心の軽視」が何でも自粛させる元凶

栄養学と同様に日本の医学界で軽視されてきたのが心の医療です。大学の医学部では、精神科の13時間程度の講義しか、心の問題を学ぶ機会がありません。

精神医学は、「生物学的精神医学」と「人間学的精神医学」の2つに大きく分けられます。

生物学的精神医学は、脳の研究を行って、薬などで脳の問題が解消されれば、心の病が治るという考え方です。他方、人間学的精神医学は、精神分析や認知行動療法といったカウンセリングや愛情の力などで、患者さんの心の病を治そうとする考え方です。

私は学生の頃から「心を見ない医療」である生物学的精神医学に強い違和感をもっていたため、人間学的精神医学の道に進みました。

しかし、大学医学部での主流は、生物学的精神医学のほうです。したがって、生物学的精神医学の医者が教授になることが大半で、こうした教授の下で学ぶことになると、心のカウンセリングについて医学生時代に勉強する機会はゼロという大学は珍しくありません。

現実に、全国82ある大学医学部で、精神科の主任教授が心の問題の専門家の大学は1つもありません。精神科の教授は、原則的に教授会の多数決で選ばれるので、全国の大学の医学部の教授たちのほとんどが医学生に心の問題を教える必要がないと考えていることになります。

日本の医学界は、栄養学だけでなく心にまつわる医学も軽視しているのです。だから新型コロナでこれだけ様々なことを自粛させていても平気なのです。

「会食禁止」「カラオケ禁止」「コンサート禁止」「スポーツ観戦禁止」など、人々が楽しいと思う娯楽やエンターテイメントを片っ端から奪っています。これは、「人には心がある」ということに考えが及ばない人たちが決めているからではないでしょうか。

過度の専門分化で、ある特定の臓器だけを診る医者は、人間を機械のように見なし、壊れた臓器だけを治せばいいという発想なのです。

人間に心があると思えば、自粛生活の負の面を指摘して、何でもかんでも自粛させる新型コロナ対策に反対すべきと考えるでしょう。しかし、そんなことを言う医者は、日本にほとんどいません。それは、日本の医学界が心の医療を軽視してきたことで、「人には心がある」という当たり前のことに考えが及ばない、人を機械のようにしか見ることができない医者ばかりだからなのです。

もっと専門家を疑え！

ここまで、感染症学者を中心とした専門家たちが決めて、実際に行われてきた新型コロナ対策のデメリットについて見てきました。これは医療に限ったことではありませんが、何事にも正の面があれば、負の面もあるものです。特に現在のような複雑な社会では、ある点では良いことが、別の点では悪いことになるということが往々にして起きます。

新型コロナの感染を減らすためには、人と人との接触を減らすことが正しい対策であることは認めますが、それによって様々な悪影響があることもまた事実です。

こうした、様々な悪影響について、それぞれの専門家が警鐘を鳴らすのは、専門家としての当然の役目なのではないでしょうか。

もちろん専門家のひとりが声をあげたところで何も変わらないかもしれません。それでも専門家は声をあげるべきだし、ひとりで力不足なら集まって集団として声をあげればいい。そのために、日本老年医学会や日本精神神経学会といった学会があるのではないのでしょうか。

そして、私たち日本人も、専門家が言うことはすべて正しいなどとは思わないことです。専門家も人間ですから間違うこともありますし、現在のように過度に専門分化されていれば、視野が狭くなって自分の専門のことしか考えられない専門家もいます。

また、第4章の「大学医学部の罪」で詳しく述べますが、動物実験ばかりして、臨床の現場のことをまったく知らない医者や教授というのが驚くほど多くいます。こうした臨床の現場を知らない専門家たちが決めているから、細やかさの足りない大雑把な対策ばかりになり、結果、あちこちで様々な問題を引き起こしているのです。

私たちは、専門家という人たちのことを、もっと疑う必要があるのではないでしょうか。

自由や人権への意識が低い日本人

さらに言えば、専門家ではない私たち自身も、もっと声をあげるべきかもしれません。

私たち日本人は、自らが血を流して自由や基本的人権を獲得してきたわけではないためか、それらに対しての意識が非常に希薄です。

だから、インフルエンザとさして変わらない、1年間で約1万人が亡くなる程度の感染症で、移動の自由や営業の自由、社会的文化的生活を営む権利といった基本的人権までが次々と奪われているにもかかわらず、政治家や専門家が言うことに反対もせず、唯々諾々と従っています。

欧米諸国が日本の緊急事態宣言よりも厳しい措置であるロックダウンを行ったのは、自粛要請では、人々の外出も、店の営業なども減らすことはできないと、政治家や専門家が考えたからでしょう。

「私たちには、移動の自由や営業の自由がある」

自粛では、こう反論されて実効性がないため、強制力のあるロックダウンを行ったのです。

もちろん、欧米諸国のほうが新型コロナで亡くなる人が、日本人よりもひと桁多いことも、ロックダウンを決定した要因だと思います。

こうした欧米諸国の厳しい対策を見て、「日本はそれよりもまし」だと思うのか、欧米諸国と日本の違いを統計データなどでよく見て、「日本ではインフルエンザと変わらないのだから自粛すらする必要はない」と考えるのか。

中国のチベット自治区やウイグル自治区における人権問題が声高に叫ばれていますが、日本が自粛と称して行っている自由への制限も、大して変わらないのではないでしょうか。

現在の新型コロナ対策下において、日本人は、自由や基本的人権の重みについて今一度考える必要があると思います。少なくともどの程度の死亡率の病気なら、基本的人権に制限を加えていいのかを議論くらいはするべきでしょう。

コロナ対策も「専門分化型」から「総合型」へ

私が医者になった1985年には10・3％に過ぎなかった高齢化率は、2020年には28・9％になりました。「高齢化社会」（人口の7～14％が高齢者）から「高齢社会」（人口の14～21％が高齢者）を飛び越えて、「超高齢社会」になっています。

超高齢社会が進めば進むほど、専門分化型医療よりも総合診療型医療のほうが大事になってくると先にも述べました。

高齢者の多くは、高血圧や糖尿病、骨粗鬆症のような病気をひとりでいくつもかかえています。こうした高齢者をそれぞれの病気ごとに診療して薬を出すと、15種類の薬を飲まなければならなくなります。

そして、たいていの高齢者は多種類の薬を飲むことで具合が悪くなります。

こうしたことを防ぐためには、飲む薬に優先順位をつけ、その種類を制限できるような総合診療医が必要となります。高齢化が進めば、1つ1つの病気を診る専門分化型の医療から、ひとりひとりの人間を診る総合診療型の医療へと変わっていかなければなりません。

実際、このような総合診療、地域医療の盛んな長野県は、ひとり当たりの老人医療費が日本一安いのに、平均寿命は男性2位、女性1位です。

新型コロナ対策も、考え方の基本は同じではないでしょうか。

「感染しない、させない」対策を進めると同時に、その対策によって引き起こされる副作用についても想像を巡らせて、副作用対策も総合的に行えば良いのです。

高齢者には1日30分の散歩を奨励する。不安が大きい人には、日光を浴びることや軽い運動をすることを勧める。お酒を飲む人には飲み過ぎないよう注意喚起する。ストレス発散のひとりカラオケは認める。

オンラインでいいので、人との会話を奨励して、うつや認知機能低下を予防する。

こうした高齢者や人の心にも配慮した、総合的できめ細やかな対策を行うことは、やろうと思えばできるはずです。ワクチン接種が始まったとは言え、今後しばらくは、新型コロナとつきあっていかなければならないのだとしたら、専門分化型ではない総合型の新型コロナ対策がより重要になるのではないでしょうか。

第3章

テレビの罪

高齢者にとってはテレビが最大の情報源

新型コロナで亡くなった方の平均年齢は約79歳で、8割以上が70代以上の高齢者です。高齢者にとって新型コロナが怖い病気であることは間違いありません。それがわかっているので、外出自粛をはじめとした新型コロナ対策に、高齢者は積極的に取り組んでいます。

ただ、高齢者医療に携わる私に言わせれば、高齢者にとって怖い病気はほかにもいくつもあり、特段、新型コロナが高齢者にとって怖い感染症だとは思いません。毎年、インフルエンザで亡くなる高齢者は少なくないのです。

他方、若い人たちは、自分たちが新型コロナで死ぬことはほとんどないことを知っています。年齢別陽性者数を見ると、20代が最多で、すでに15万人を超えています（2021年5月現在)。亡くなったのは6人で、陽性になった人の9割以上はほぼ無症状か、軽症です。

若い人たちにとっては、直接に話をしたり、SNSで情報を得ている人は、自分たち同士で新型コロナに感染し合う分にはあまり問題はないと考えているから、外出もするでしょうし、人口としては少ないはずの20代が陽性者数の断然トップなのでしょう。

「ＰＣＲ検査で陽性になってホテルに缶詰めにされた。ひどい目に遭った」

もちろん、こうした声を身近で聞くこともあり、それなりに警戒はしていますし、「高齢者にうつさないように」という注意は払っている印象があります。

若い人たちの最大の情報源はインターネットで、ネット上には様々な情報がありますから、高齢者に比べると、新型コロナを正しく恐れていると言えます。情報源も情報量も多いため、それだけ現実に近い新型コロナの状況を理解することができているのでしょう。

これに対して、ほとんどの高齢者には情報源がテレビしかありません。もちろん、新聞や雑誌もあり、それらも高齢者の情報源ではありますが、圧倒的にテレビからの情報量が多いのが高齢者の特徴です。

しかも、テレビ番組の中でも最も高齢者に見られているのがワイドショーです。ワイドショーは、ニュースとは違い、やや脚色されており、コメンテーターと呼ばれる人がしたり顔で自分の意見を感情的に述べます。

私は、このテレビのワイドショーが高齢者の恐怖心をあおっていると考えています。だから、感染者が少ない地方でも高齢者が自粛して出歩かなくなっているのです。

高齢者は、テレビのワイドショーを見て、その内容を信じて新型コロナを過度に怖がり、できるだけ出歩かないようにしているというのが実態でしょう。

テレビは高齢者を意識した情報提供をすべき

テレビ局は、高齢者にとって一番の情報源は自分たちテレビだという意識がまったくありません。その証拠に、深夜番組はすべて若者向けです。

しかし、昔とは違ってホワイトカラーの人たちが高齢化していますから、宵っ張りの高齢者のほうがむしろ多数派です。こうした宵っ張りの高齢者向けの番組をテレビがつくらないから、ラジオの深夜番組が人気なのです。

テレビ局は、高齢者が多く見てくれていることを強く意識して、高齢者のためになる情報を提供するべきなのではないでしょうか。

たとえば、「新型コロナは怖いですが、それでも1日30分は歩きましょうね」ぐらい言えばいいのではないかと思うのです。1日30分歩けば、足腰も弱くならずにすみますし、体力維持にもなります。気分も晴れて免疫力も高まります。

番組の最後にでも、こうした高齢者にとって有益な情報を毎日提供することがテレビにはできるのですから。

テレビによって歪む日本人の思考パターン

一時期、「自粛警察」が話題になりました。自粛していない店舗に対して、自粛を促すようなビラが貼られたり、自粛を強要するような脅しの言葉が書かれたビラが貼られたこともありました。

精神医学の立場からすると、日光を浴びずに「セロトニン」という神経伝達物質が減って不足すると、人はイライラします。自粛をすること自体にもストレスがあり、家にこもって日光を浴びないことでイライラが増してしまう人が増え、そのイライラのはけ口として自粛警察のようなことが行われたのかもしれません。

もう1つ考えられるのが、テレビの影響です。テレビ番組には、お決まりのパターンというものがあります。「敵をつくって、それを叩く」というのはテレビが昔から行ってきたパターンの1つです。

知らず知らずのうちに、「敵をつくって、それを叩く」という思考パターンがテレビを見ることで脳にすり込まれ、その上、テレビが敵視するものを叩くと、自分が正義の行動をしているかのように勘違いする人も少なくないので、自粛警察という行動を起こさせた可能性もあります。

このように、テレビを見続けていることで、知らないうちに人間の思考パターンが歪められてしまう可能性は十分にあります。

テレビには、完全無欠の聖人君子を求める傾向があり、ちょっとした浮気や失言であっても、ここぞとばかりにとりあげて批難します。こうした完全主義的なものの考え方も、人間にとっては危険な思考パターンの1つです。

完全主義に陥ると99点でも不全感を抱きますし、80点だと自分を責めることさえあります。要するに非常にうつ病に陥りやすい思考パターンなのです。

もう1つ加えておくと、テレビのコメンテーターのコメントは約30秒以内というルールがあります。このため、いろいろな可能性について語ることができず、わかりやすい二項対立の構図で話すことが多くなります。敵か味方か。正義か悪か。白か黒か。こうした「二分割思考パターン」に陥りがちなのです。

しかし、多くの場合、白と黒の間にはグレーゾーンが存在します。このグレーゾーンが存在しないかのような二分割思考パターンが危険であることは、言うまでもありません。

味方と思っていた人がちょっと自分を批判しただけで敵になったと思うわけですから、やはりうつ病のリスクは高まります。また一度信用すると完全な善人と思うので、詐欺にもひっかかりやすい思考パターンともなります。

このように、テレビを見ているだけで、知らず知らずのうちにテレビが押しつける思考パターンが脳にすり込まれ、同様の思考に基づいて行動をするようになるとしたら……。テレビには、こうした人間の思考パターンを歪めたり、しばしばメンタルに悪影響を与えたりすることがあることを知っておいて欲しいと思います。

「テレビに出ている」から信じるのは大間違い

テレビには、専門家がたくさん出演しています。ワイドショーでも、コメンテーターとして専門家が呼ばれて出演しています。

しかし、こうしたテレビに出ている専門家が、その専門分野の第一人者かと言えば、そんなことはありません。出演者を選ぶのは、テレビ局のプロデューサーやディレクターと呼ばれる人たちです。この人たちが様々な分野の専門家について詳しいかと言えば、詳しいどころか、ほとんどの専門分野について何も知りません。

専門分野についても、その分野の専門家についても詳しくないプロデューサーやディレクターが出演者を決めているのですから、出演している専門家はたまたま選ばれた専門家や一度出演した際に、自分たちにとって都合のいい発言をしてくれる「専門家」に過ぎません。

また、別の番組に出ていたからという理由で、自分の番組の出演者を決めるプロデューサーやディレクターもいます。だから、ある番組に出演していた専門家が別の番組にも出演しているということがテレビでは多々あります。

その分野の第一人者だからいくつもの番組に出ているのではなく、ある番組にたまたま出たことで、いくつもの番組から声がかかり、出ているだけなのです。

ですから、「テレビに出ている専門家だから信用できる」と考えるのは間違いです。前章で述べた通り、専門家は自分の専門分野については確かに専門家ですが、それは過度に専門分化された狭い範囲に過ぎず、他の分野についてはたいした知識を持ち合わせていません。まして、俯瞰したり総合的に見る訓練もしていませんから、非常に限定された分野における正論を語っているに過ぎないのです。

実際、経歴やその人の書いた論文などを調べてみると「専門家」と言っていいのかを疑われるような人は少なくありません。

医者や教授、専門家という肩書きがあると、その人の言うことはすべて正しいと思い、つい信じてしまいがちですが、仮にいかがわしい専門家でなくても、それはある局地的分野において正しいだけで、別の見地から見れば、副作用や悪影響があることもしばしばです。

こうしたことを言うと、「そんなことはない。テレビ局のプロデューサーやディレクターの中には、きちんと調べて、その分野の第一人者を出演させているはずだ」と考える人もいるかもしれません。私もそうあって欲しいと思いますし、少数ながらそういう人もいるでしょう。

しかし、大半の番組では、たまたまか、他の番組に出ていたかで出演者が決まっています。

少なくとも私が専門としている精神医学の分野では、私が尊敬する医師や書いたものが信頼できると思った医師がコメンテーターとして出演することはまずありません。

ついでにいうと、現在、医学の学会では、製薬会社から受け取った謝礼や研究費を公開したうえで、それによって講演内容が歪められていないかを聴衆が疑うことができるようなCOI（利益相反）表示が義務付けられています。テレビでは、ワクチンの効用が派手に謳われ、我々がよく耳にする発熱などの副反応をほとんど報じないし、「専門家」のコメンテーターがそれを問題にしませんが、週刊誌の報道では、彼らの多くがファイザー社などから数百万円のお金を受け取っていることが明らかになっています。

せめて、このような表示をしてくれれば、見ている側も鵜呑みにしないで済むのにそれもしません。

こんな安易な形で専門家を選ぶのは、おそらく、テレビ局は、できるだけ時間やお金をかけずに番組をつくりたいと思っているからです。もちろん、そのほうがテレビ局の収益になるし、社員の年収1500万円が維持されるからです。アメリカではテレビ局や新聞社の社員の給料が決して高くないのとは対照的です。

何か事件が起きたときも、警察が発表する情報をそのまま報道するだけで、自分たちで取材するということをほとんどやりません。せいぜい事件現場の周囲の住民の声を報道するぐらいです。

こうした住民の声も、様々な住民の声を聞いて厳選して報道しているわけではなく、自分たちの報道に都合の良い声だけを報道しています。だから非常に偏った報道が行われることが少なからずあります。

こうしたテレビの実態をよく知ったうえでテレビを見れば、テレビの報道内容も、出演者も、結構いい加減だということがわかるはずです。

WHOの最初の仮想敵は「タバコ」

テレビのいい加減さがよくわかる事例をいくつか紹介しましょう。

テレビでは、ふた言目には「命が大事だ」と言います。しかし、WHO（世界保健機関）

が世界中の国々に提言している、命に関わる2つのことを日本のテレビ局は守っていません。それが、アルコール飲料の広告と自殺に関する報道です。

ＷＨＯが設立されたのは、感染症で亡くなる人が世界中に多くいた時代です。衛生環境を改善し、貧しい国々にも抗生物質やワクチンを行き渡らせ、感染症を撲滅するという趣旨で設立されました。

ただ、１９７０年頃になると感染症がおおむね撲滅できたため、ＷＨＯの存在意義に疑義が向けられるようになります。そこでＷＨＯが持ち出したのが世界の人たちの健康問題です。

ＷＨＯがまず世界の人たちの健康の敵だと指摘したのが、タバコです。このように、仮想敵をつくって、それを叩くのが、その後のＷＨＯの基本戦略となります。

最初の仮想敵がタバコで、１９７０年代から、ＷＨＯがタバコを目の敵にして、禁煙運動を世界中に広めました。もちろん日本もそれに巻き込まれ、喫煙者が疎まれるようになりました。

タバコのパッケージには、肺がんになる可能性が高いことが大きく表示されるようになり、テレビなどのメディアにおいてタバコの広告は御法度になりました。少なくとも喫煙シーンの広告はできません。

次の仮想敵「アルコール」は日本では敵にあらず？

世界の人たちの健康の敵として、タバコをあらかた駆逐することに成功したＷＨＯが、１９９０年代から次の仮想敵として選んだのがアルコールです。

しかし、ご存じの通り、日本では、アルコールはタバコほど疎まれていません。タバコのテレビＣＭを見ることはなくなりましたが、アルコール飲料のテレビＣＭは毎日のように目にします。しかも堂々とグビグビのむシーンが流されます。なぜ、ＷＨＯが同じように世界の人たちの健康の敵としたタバコとアルコールなのに、日本ではこのように扱いに大きな違いがあるのでしょうか。

海外では、アルコール飲料の広告にも制限が加えられており、ビールをうまそうに飲んでいるテレビＣＭが見られる国は日本だけです。雑誌にしてもアルコール飲料の広告を掲載するのは、海外ではポルノ系など一部に限られます。

また、アルコール飲料の24時間販売を禁止しましたから、アメリカなどでは夜11時以後は買うことができません。日本ではコンビニで24時間いつでも買うことができます。

これは私の考えに過ぎませんが、おそらく広告代理店とメディア各社、アルコール飲料メーカーが結託して、ＷＨＯの提言が報道されないようにしたのではないかと疑っています。

その証拠に、私たちは、タバコが人間の健康に害を与えることは、何度も何度も耳にして知っていますが、アルコールが人間の健康に害を与えることは、ほとんど知らないのではないでしょうか。

タバコの広告が激減したことに加えて、アルコール飲料の広告まで激減したら大変だと考えた広告代理店やメディア各社と、当事者であるアルコール飲料メーカーによって、ＷＨＯが世界中で行っているアルコール撲滅運動が日本ではあまり広がらないように情報操作を行っているのではないか。私は、そう疑っています。

ＷＨＯが世界の人たちの健康の敵にアルコールを選んだのにはそれなりの理由がありす。たとえば、日本でも、アルコールによる自殺や事故といった「アルコール関連死」で、毎年約５万人が亡くなっています。

当然、ＷＨＯは日本のみならず各国で、アルコール関連死が相当数いることを認識していますから、毎年のようにそれを指摘してアルコール飲料の広告や販売を抑制するように世界中に勧告していますが、先進国でそれを守っていないのは日本だけです。

タバコの害悪とアルコールの害悪

日本のテレビ局は、タバコに関してはＷＨＯに従い、過剰な対策を声高に報道しており、二次喫煙や三次喫煙まで問題があると指摘する報道を行っています。これにより、喫煙者が就職差別までされています。まるで、「タバコを吸う人は人にあらず」といった様相です。

他方、アルコール飲料に関してはＷＨＯの提言を無視し続けており、ビールやワインなどのアルコール飲料のＣＭは毎日流れています。

精神科医として言えば、タバコよりもアルコール飲料のほうがメンタルに悪いと言うことができます。ニコチン依存症は、最終的に肺がんや肺気腫になりますが、ニコチン依存症によって社会生活ができなくなるということは周囲に喫煙を理由に追い出されない限り、ありません。

ところが、アルコール依存症の人たちは、昼間からアルコール飲料を飲むようになると社会的廃人になってしまいます。しかも、アルコール依存症の人は、日本に約２００万人もいます。

また、アルコール飲料は、飲み過ぎて酔っ払ったあげく、暴力を振るうなどの犯罪を引き起こす原因にもなります。しかし、タバコの吸い過ぎで同様のことをする人はいません。

そして、アルコール飲料は自殺を誘発することもあります。うつ病の人が眠れないからとアルコール飲料を飲んで寝ようとすると、飲んでいるうちに「もう死んでもいいや」と思ってしまうことがあるのです。実際、アルコールにはセロトニンを枯渇させる作用があるのです。

だから、うつ病の人にはアルコール飲料を飲ませないことが、精神科では約束事になっています。

逆に、タバコには自殺を思いとどまらせる効果があることがわかっています。電車に飛び込んで自殺する人がいますが、こうした人にタバコを吸っている人はほとんどいません。最後の一服をすると、気の持ちようが変わり、自殺を思いとどまるのかもしれません。

逆に、アルコールには死にたいと思っている人を自殺行動に踏み切らせる作用があります。古い話になりますが、新井将敬議員が自殺を決行したとき、ホテルのミニバーのお酒が全部飲み干されていたことが知られています。

タバコは「百害あって一利なし」と言われていますが、メンタルのことだけを考えれば、「気分が落ち着く」「安心感が得られる」「意欲が上がる」などの良い効果もあるのです。

もちろん、同様の効果はアルコールにもあります。

このようにタバコの害悪とアルコールの害悪を比べると、タバコよりもむしろアルコールのほうが人間にとって悪いとさえ言えます。タバコは吸わず（これはワインの味がまずくなるからです）ワイン好きの私のひいき目で見ても、タバコもアルコールも度を超せば、同じくらい人間に悪影響を及ぼすことは明らかです。

しかし、日本においては、タバコほどアルコールの害悪については報道されていないのです。

守られていない自殺報道ガイドライン

ＷＨＯと国際連合（以下、国連）は、１９９０年代、自殺の連鎖を防ぐために自殺報道に関するガイドラインを発表しました。自殺に関する報道を行うと、その報道を見たり聞いたりした人の自殺を誘発することが明らかになったからです。

しかし、日本のテレビ局はこの自殺報道ガイドラインに従わずに、いまだに著名人の自殺を繰り返し報道しています。さらにいうと、「いじめ自殺」が大々的に報じられた年には、普段の年の1・5倍くらいの中学生の自殺が起こることも明らかになっています。

この自殺報道ガイドラインにおいて「やってはいけないこと」としてどのような内容が書かれているのか、厚生労働省のホームページから引用してみましょう。

https://www.mhlw.go.jp/stf/seisakunitsuite/bunya/hukushi_kaigo/seikatsuhogo/jisatsu/who_tebiki.html

- 自殺の報道記事を目立つように配置しないこと。また報道を過度に繰り返さないこと
- 自殺をセンセーショナルに表現する言葉、よくある普通のこととみなす言葉を使わないこと、自殺を前向きな問題解決策の1つであるかのように紹介しないこと
- 自殺に用いた手段について明確に表現しないこと
- 自殺が発生した現場や場所の詳細を伝えないこと
- センセーショナルな見出しを使わないこと
- 写真、ビデオ映像、デジタルメディアへのリンクなどは用いないこと

2020年にも有名俳優の自殺がありました。このときの報道を思い出してもらえれば、テレビが自殺報道ガイドラインに従っていないことがわかるのではないでしょうか。

ちなみに、自殺報道が次の自殺を誘発することを「ウェルテル効果」と呼びます。これは、1774年に刊行された『若きウェルテルの悩み』（ヨハン・ヴォルガング・フォン・ゲーテ著）を読んだ青少年が、この本に影響されて、自殺した主人公と同じ服装や方法で次々と自殺したことに由来しています。

なぜ女子アナはスレンダーな女性ばかりなのか？

WHOとは関係ありませんが、痩せすぎたスレンダーなモデルをテレビから追放しようという世界的な潮流があります。これは、テレビにスレンダーな女性ばかりが出演することで、多くの女子が同じようにスレンダーになりたいと思い、無理なダイエットを行う事例が世界的に後を絶たないからです。

日本においても、拒食症で亡くなる人が年間約100人います。思春期に過剰なダイエットを行うと、子宮が正常に発達せず、子どもが産めない身体になってしまうのですが、こうした女性も年間約5万人いると言われています。

ところが、日本のテレビでは、相変わらず痩せすぎたスレンダーなモデルやタレントが多数登場しています。特に、「女子アナ」と呼ばれるテレビ局の女性アナウンサーはみんなスレンダーな痩せ型体型で、太った女性アナウンサーはあまり見かけません。ひとり例外といえる人気女子アナがいますが、入社試験のときは激しいダイエットを行っていたようです。

入社試験で容姿による差別は行ってはならないことになっていますが、テレビ局の女子アナはスレンダーな女性ばかり。これは容姿による差別ではないのでしょうか。

これだけスレンダーな女性ばかりをテレビに出演させるということは、視聴者である私たちが太めの女性に対して嫌悪感をもっているとでも、テレビ局上層部が考えているとしか思えません。機会があれば、テレビ局の社長に聞いてみたいものです。もしそうなら、オリンピック事件以上の差別です。そして、このために若い女性のやせ願望が高まるとすれば、死につながる健康被害や誘発しているのですから、さらに性質が悪いと言えるでしょう。

「命が大事だ」と繰り返すテレビがやっていること

いかがでしょうか。新型コロナの報道に限らず、テレビはふた言目には「命が大事だ」と言いながら、アルコール飲料の広告を流し続けることで、年間約5万人のアルコール関連死が生み出される土壌を今もつくり続けています。

また、2000年代には3万人を超えていた自殺者の中には、テレビの自殺報道に誘発されて自殺した人が、数はわかりませんが、一定数いたことは間違いありません。

さらに、痩せたスレンダーな女性ばかりを出演させることで、無理なダイエットを行う女性を増やし、拒食症で亡くなる人や子どもを産めない身体になる女性を増やしています。

「命が大事だ」と言いながら、こんないい加減なことを平気でやっているのがテレビなのです。どの口で「命が大事だ」などと言っているのか。

日本のテレビ局は、タバコではＷＨＯに従い、アルコールではＷＨＯを無視し、自殺報道ではＷＨＯに面従腹背です。では、新型コロナの報道においてはどうか。

テレビは、ＷＨＯの言うことを報道しています。

先述した通り、ＷＨＯはもともと感染症対策を世界各国に広めるために設立されたという経緯があるため、新型コロナの世界的パンデミックは、自分たちＷＨＯの存在意義を高める絶好の機会だと考えていることでしょう。

したがって、新型コロナの恐ろしさを強調し、強力な対策を促す傾向にあります。

日本のテレビは、新型コロナに関してはＷＨＯに従って、恐ろしさを強調し、強力な対策を促す報道を行っています。こうした報道によって、高齢者が必要以上に自粛を行い、それによってフレイルや要介護が進むことには、ほおかぶりを決め込んでいます。

私は、WHOの勧告に従って、タバコもアルコールも広告をやめろと言いたいわけではありません。ただ、いっぽうで大量の人の死や一生残るような副作用（アルコール依存も治療施設の不足からいったんなると治らない人のほうが多いのです）を誘発しながら、テレビ局が正義の味方づらすることに腹が立つだけです。

自粛要請に従わない人や店を見つけて報道し、目の敵にして魔女狩りを行う。そんな正義の味方が、アルコール飲料のCMはやめず、自殺報道は繰り返し、やせ型モデルや女子アナを使い続ける。ついでにいうと、やせることは決して健康にいいわけではありません。やせ形のほうがやや太めの人より6～8年早く死ぬことも宮城県で行われた5万人規模の大規模調査で明らかになっています。こうしたテレビの本当の姿をひとりでも多くの人に広く知ってもらいたいと思っています。

自分の身を守るために情報を得る

WHOがタバコやアルコールの撲滅に力を入れていることに対して、私自身は「そこまでやる必要が本当にあるのか」とやや懐疑的です。人の心のことまで考えれば、タバコやアルコールにはデメリットだけでなくメリットもあるからです。

人間の精神面や文化面にも配慮するなら、撲滅を目指して世界各国に勧告を行うよりも、うまくつきあう方法などを世界的に広める活動を行ったほうが、良心的だろうとは思います。

ただ、ＷＨＯの勧告は命令ではありませんから、健康の基準の１つ、健康に関する情報の１つだと考えれば、役に立ちこそすれ害にはなりません。ＷＨＯの勧告は統計に基づいていますから、それらを無視する日本の医療よりは１００倍ましです。

医学というのは、情報が多ければ多いほど患者にとっての選択肢が増えます。

日本の場合は、わけのわからないテレビの情報と、自分が上の人間から教えてもらった方法が絶対に正しいと信じて疑わない医者のために、情報が遮断された環境の中で医療を受けないといけないという現実があります。

そうであるとしても、インターネット上には情報があふれていますから、私たちが探す気になれば必要な情報を探し出すことは可能です。

ＷＨＯがアルコールを世界の人たちの健康の敵だと考えていることも、テレビで報道されないため日本人にはあまり知られていませんが、インターネットで検索すれば、様々な情報を得ることができます。

第１章でも述べましたが、日本人は情報に対して受け身過ぎると感じることが多々あります。もう少し積極的に自ら情報を取りに行かないと、自分の身を守れないということが実際にあるのです。

その典型例が、2010年度から13年度に群馬大学医学部附属病院で起きた医療事故です。8人の患者がひとりの執刀医の手術で亡くなりました。

詳しくは次章で述べますが、私に言わせれば、群馬大学医学部附属病院で手術を受けること自体、殺されに行くようなものです。

手術を受けるのなら、最低でもその病院の評判を聞き、その病院で過去に行われた手術の実績や、執刀医の実績などについて調べてから、病院なり執刀医を決める。こんな最低限の情報収集も行わずに手術を受けるから、死亡することになってしまうのです。

医療に関する情報は、ときに生死を分けます。手術だけでなく、治療法などについても、テレビの報道や特定の医者の言うことを簡単に信じると、あるいは大学病院というブランドで病院を選んでしまうと治るものも治らなくなるということがあります。

こうした事態をさけたいなら、何度も言うようですが、自分から情報を取りに行くことです。

第4章

大学医学部の罪

「新型コロナを恐ろしい」と本気で思っている医者たち

新型コロナとインフルエンザは同じくらい怖い感染症だと私は理解しており、本書だけでなく、これまでも事あるごとに同様の発言を繰り返してきました。

『コロナ自粛の大罪』（宝島社新書）では、ジャーナリストの鳥集徹《とりだまり》氏のインタビューに答えるかたちで、私も含めた7人の医者が私と比較的近い意見を述べています。

しかし、このような「新型コロナはインフルエンザ並みではないか」といった発言をする医療関係者は少数であり、あまりいません。なぜなのでしょうか。

私は、日本のかなり多くの医者が、「新型コロナは本当に怖い感染症だ」と思っているからだと考えています。つまり、医者でありながら、統計データや研究結果などのエビデンスを分析することなく、感染症学者が言うことやテレビ報道をうのみにして、本気で新型コロナを怖がっているのです。

日本の医者の9割は、ワクチン接種ができれば新型コロナ患者を診ることにやぶさかではないと第2章で述べましたが、これは裏を返せば、自分がワクチン接種できるまでは、新型コロナ患者を診たくないと思っている医者が大半だという意味です。

ここまで医者が新型コロナを怖がってしまっているのは、日本の医療教育、医学教育の貧困が原因です。

大病院の医者や大学病院の医者など、一般の人たちの多くがその知識と技能を信じて疑わない医者たち。しかし、こうした医者たちに大きな問題があるのです。特に、大学医学部の教授や、大学医学部の附属病院（以下、大学病院）の医者に、非常に大きな問題があると私は考えています。

医学部生は６年間で何を学ぶのか？

日本の大学の医学部教育は通常６年間です。最初の２年間は教養課程で、語学や哲学、心理学といった教養科目を学びます。

次の２年間が基礎医学で、解剖学や生理学、ウイルス学といった、どちらかと言えば臨床ではないが医学の基礎となる知識などを学びます。そして、最後の２年間が臨床医学で、精神科や呼吸器内科、循環器内科などを学びます。

多くの大学では、医学部だけが別キャンパスです。慶應義塾大学であれば医学部だけ信濃町キャンパスです。これが「医学部だけは特別だ」という優越感を教授にも学生にも与えている可能性があります。

医師国家試験の合格率が低い大学医学部は、厚生労働省から目をつけられ補助金を減らされるなど実害を被るため、現実には教養課程の教育が削られています。問題のある医者が生まれているのは、こうした医学部のカリキュラムに問題があるからではないでしょうか。

私が学生だった頃は、大学によって習う内容がバラバラでした。教授は、自分の専門分野ばかり教えていれば良かった時代で、消化器内科の教授の専門が肝臓だったら、肝臓のことばかり教えられて、他の消化器については学べないといったことがありました。

これはさすがにまずいだろうということで、2001年に文部科学省が医学部で教える基本的な項目を決め、「医学教育モデル・コア・カリキュラム」が作成されました。このコア・カリキュラムに定められた項目は、絶対に教えなければならなくなったため、どの大学医学部でも基本的なことは一通り学べるようになりました。

ただし、文部科学省はそれぞれの大学の教育内容まではチェックしていません。ですから、いまだに教える内容が自分の専門に偏っている教授がいるだろうと思います。

こうして6年間の医学教育を受け、すべての科目を学んでから医師国家試験を受けます。この医師国家試験に合格すれば、その後、2年間の臨床研修を受けることになり、研修後、ようやく医者になることができます。これが医者を生み出す日本の医学教育システムです。

医学部入試で女性差別が発覚！

医者になる最初の関門が、大学医学部に入学するための入学試験（以下、入試）です。この最初の関門である入試で不正が行われていたことが発覚しました。

2018年、東京医科大学の内部調査により、女性の合格者を減らすための得点操作が、少なくとも2006年から行われていたことが明らかになったのです。正確には、女性だけでなく、3浪や4浪の男性に対しても、入学を抑制するための得点操作が行われていました。

つまり、東京医科大学の入試では、女性差別と年齢差別の2つの差別が行われていたということです。

この事件を初めて知ったとき、私は「絶対に起きてはならないことが起きてしまった」と思い、心の痛みを感じたことを今でも覚えています。

また、この事件をきっかけに文部科学省が行った医学部のある全国81大学（管轄外の防衛医科大学校は除く）への訪問調査でも、多数の大学医学部で性別などによって合格の扱いに差をつけていることが判明しました。

公平であるはずの入試で、合格に値する得点を獲得した学生を、女性だから、高齢だからといった理由で大学が不合格にしていた。しかも、一大学の医学部で起きていただけではなく、多数の大学医学部で何年にもわたって不正が行われていたことに、多くの人が衝撃を受けました。

こんなことは、絶対にあってはならないことです。ただ、私がそれ以上に驚いたのは、医者の中に「この措置が理解できる」と考える人が、3分の2近くもいたという事実です。

女性医師は、出産や子育てなどのために辞めることが多く、当直などを引き受けない人も多くいるということもあるため、女性医師の人数をある程度制限することは致し方ないことだと、多くの医師が考えているのです。

しかも、少なくない女性医師までもが同様に考えていることを知り、私は複雑な思いになりました。

猛勉強の末に合格ラインの得点を不正なしに獲得した学生を、女性だから、高齢だからという理由で不正に不合格にしていた大学医学部。こうした不正入試に対して、怒りを表すどころか、不正を容認する医者たち。この現実を見るだけでも、大学医学部と医者の闇が深いことがわかるのではないでしょうか。

大学医学部の入試面接の実態

近年、大学医学部では、すべての大学で入試に面接を取り入れています。その理由は、医学に興味がないのに偏差値だけ高い受験生を落とすとか、発達障害などが理由でコミュニケーションに問題がある医者を生み出さないためだということになっています。面接を行えば、人を見る目がある医学部の教授が面接官となって受験生を直に見るので、しっかりした医師を世に出すことができるという理屈です。

最初に言っておきたいのは、私は、大学医学部の入試に面接を導入することには、絶対に反対だということです。その最大の理由は、現在の大学医学部の教授たちに、学生を面接する資格があるとは到底思えないからです。

意欲やコミュニケーション能力に問題のある医者が多いから入試時に面接をやると言いますが、問題のある医者が生まれてしまうのなら、医学教育の中で、そうした問題を起こさないための授業を行えばいいのではないでしょうか。

コミュニケーションに問題のある医者が多いのなら、患者とのコミュニケーションのやり方について大学の授業で教えればよいだけの話です。

しかし、そうではなく、入試の段階で振り分ければ、様々な問題のある人間が医者にならないようにできるというのが入試面接の考え方です。そのため「入試面接をやらないから問題のある医者が生まれるのだ」というウソを平気でついています。

これまで医学部で起きた集団レイプ事件は、すべて入試面接がある大学で起こっています。入試面接がない大学では集団レイプ事件は一件も起きていません。

2012年、秋田大学医学部では、入試のペーパーテストで非常に良い成績だった受験生に、面接で0点をつけて不合格にするということがありました。

この人は、高校時代に「起立性調節障害」という持病があったため、ほとんど高校に通えず、高校卒業程度認定試験から医学部を受験したのです。これに対し、過去に病気があったという理由で、面接で落されました。

病気を治す医者を育てる大学医学部が、過去に病気があったからという理由によって面接で不合格にする。こんなバカな話があるでしょうか。

さらに言えば、すべての大学で入試面接をやるようになって以来、大学医学部に身体障害者が合格した、身体に障害をもった医学生がいるといった話もほとんど聞きません。おそらく身体障害者も入試面接で不合格にしているからでしょう。

小児科医の熊谷晋一郎氏のように、脳性麻痺でも名医と言われる人がいます。身体障害と知的能力には何の関係もないにもかかわらず、身体障害者を入試面接で不合格にしているとしたら、入試面接において身体障害者差別が行われていることになります。

女性だから、高齢だからといった理由で、入試の得点を操作して不合格にしていた大学医学部のすべての大学で、入試で面接を行っていました。つまり、入試面接が女性差別や年齢差別の温床だったのです。

このような入試面接の実態を見ると、入試面接は不正に得点を操作するために行われているのではないか。こうした疑いをもつ人は多くなると思います。しかし、不思議なことに入試面接廃止論は、医学部入試で不正な得点操作が発覚したときも、そして現在も出ていません。

「面接利権」とは何か？

医学部に限ったことではありませんが、昔は、大学に大金を寄付すると面接点が上がりました。これも立派な得点操作ですが、今はさすがにどの大学でも、どの学部でも、これは禁じられています。

大学医学部の入試面接を行うのは、医学部の教授たちです。この教授たちに本当に人を見る目があるのかはさておき、入試面接で自分たち教授に逆らいそうな受験生や、自分たちが気に入らない受験生を落としていることは間違いないように思えます。

実は、東京大学の医学部の学生たちが、2014年に度重なる医学部の教授たちの論文の改ざんや患者の個人情報流出について公開質問状を出したことがあります。

すると、東大の医学部進学課程である理科Ⅲ類に入試面接をやることが突然決まり、2018年度から入試面接が行われています。その提言者である北村聖東大医学教育国際研究センター教授は、「人の気持ちになれない人間を落とす」と明言しました。

彼が中心になって東大の入試面接のシステムが作られたのですが、この北村氏は東大医学部教授在任中に、新設の国際医療福祉大学医学部長に引き抜かれる形で転じます。相当の期待をされていたのに、たった2年で更迭され、国際医療福祉大学を去ります。2018年に日野原賞を受賞したのに、翌年の更迭です。

少なくとも私の耳に聞こえてくるのは相当な破廉恥行為をやったということです。そんな人が作った面接で、公開質問状が二度と出ないように、入試面接を行い、点数が足りているのに受験生を落とすとしたら犯罪的としかいいようがありません。

誤解を恐れずに言えば、入試面接は、大学医学部の教授が「面接利権」を保持したいがために行われているという側面があります。

私は実名で大学医学部批判、教授批判を行っています。批判された大学医学部や教授は面白くありませんから、もし私の子どもがその大学医学部を受験したら、「和田の子ども

郵便はがき

料金受取人払郵便

牛込局承認

9410

差出有効期間
2021年10月31
日まで
切手はいりません

162-8790

東京都新宿区矢来町114番地
神楽坂高橋ビル5F

株式会社ビジネス社

愛読者係行

ご住所　〒 TEL:　（　）　FAX:　（　）		
フリガナ お名前	年齢	性別 男・女
ご職業	メールアドレスまたはFAX メールまたはFAXによる新刊案内をご希望の方は、ご記入下さい。	
お買い上げ日・書店名 年　月　日　市区町村　書店		

ご購読ありがとうございました。今後の出版企画の参考に
致したいと存じますので、ぜひご意見をお聞かせください。

書籍名

お買い求めの動機

1　書店で見て　　2　新聞広告（紙名　　　　　　　　　　）

3　書評・新刊紹介（掲載紙名　　　　　　　　　　）

4　知人・同僚のすすめ　　5　上司、先生のすすめ　　6　その他

本書の装幀（カバー），デザインなどに関するご感想

1　洒落ていた　　2　めだっていた　　3　タイトルがよい

4　まあまあ　　5　よくない　　6　その他(　　　　　　　　　　)

本書の定価についてご意見をお聞かせください

1　高い　　2　安い　　3　手ごろ　　4　その他(　　　　　　　　　　)

本書についてご意見をお聞かせください

どんな出版をご希望ですか（著者、テーマなど）

だ」という理由で面接で落とすことができるのです。つまり、私は子どもで仕返しされる危険があるのです。

これは私に限ったことではありません。だから、現在の過度な専門分化医療や、心の問題を教えないようなおかしなカリキュラムがあっても、ほとんどの医師は大学病院の批判をしません。

批判ができないだけでなく、同窓会の際などに、お前の子供を落とすことができると言わんばかりの態度の教授がいるという話も聞いたことがあります。

差別の温床であり、教授の利権にもなっている入試面接は、即刻廃止すべきです。

100歩譲って、問題のある医者を生み出さないために面接が必要だと言うのなら、医師国家試験で面接を行えばよいのではないでしょうか。

そうすれば、差別の温床になることも、教授の利権になることもありません。医師国家試験の合格率を上げたい大学医学部は、学生が合格するように、医学部在学中にコミュニケーションの授業などに力を注ぐようになるでしょう。このほうがよほど、問題のある医者を減らすことにつながるはずです。

ついでにいうと、大学の医学部は臨床医の養成機関であるだけでなく、研究機関であり、研究者の養成機関でもあります。コミュニケーション能力に問題があっても、研究者としては、超一流の人間はたくさんいるのですが、そういう人間を入試面接で排除することで、日本の医学の進歩に悪影響が生じる可能性は小さくないのです。

大学医学部は、教授に従順な医者の生産工場

医学部の学生には、昔から左翼的な人が多くいました。1968年に始まった東大紛争も医学部から始まりましたし、どこの大学でも学生運動のメッカは医学部でした。海外を見ても、キューバの革命家チェ・ゲバラ氏や、中国国民党を率いた孫文氏、マレーシアの独立運動指導者で後に首相となるマハティール・ビン・モハマド氏など、医者が革命家になることは少なくありません。

医者になる人には、こうした反骨精神あふれるヒューマニスティックな人が多いのですが、こうした人を入試面接で排除して、自分たちに従順な人だけを合格させているのが、現在の日本の大学医学部の入試面接です。

私が東京大学医学部（理科Ⅲ類）を受験した当時、もし面接があったら、私は合格していなかったかもしれません。私は当時から、誰に対してもズケズケとものを言っていましたからね。実際、慶應大学の医学部を受験した際に、一次試験は合格しましたが、面接試験である二次試験は棄権しました。「東大と慶應に受かったらどっちに来るか」というこ

とを聞かれると聞いて、形式的にせよ嘘をつくのが嫌だったからです。

海外の大学などにも入試面接はありますが、目的が真逆です。海外では、教授に逆らいそうな、ケンカを売りそうな骨のある受験生を見つけて入学させるために、入試面接が行われています。そのため、ハーバードでもエールでも入試面接は教授がやらずに、アドミッション・オフィスの面接のプロが行います。

教授に従順な人を入学させるために入試面接を行う日本の大学医学部と、教授にケンカを売りそうな気骨ある人を入学させるために入試面接を行う海外の大学。どちらのほうが、より優れた人材を育てられるか、より優れた研究を行えるかと言えば、考えるまでもなく後者でしょう。

少なくとも日本の医学部で研究してノーベル賞を取った人はいません。iPS細胞の山中教授にしても、面接のない時代に入学し、奈良先端科学技術大学院大学で研究しているのです。

こうして、教授に従順な人しか入学できなくなった大学医学部では、教授の言うことに逆らうどころか、教授の理論や臨床法に疑問さえ持たなくなります。教授が言うことがすべて正しいと思う人たちの集まりになったのです。

これが、第2章で日本の医学界の5大欠陥の1番目にあげた、「統計データよりも偉い人の言うことが正しいと思う医者」の正体です。

「医局」は相撲部屋

もともと日本の医学界は、上意下達で、権威主義で、教授の言うことをそのまま信じて行動する人が出世する世界でした。

山崎豊子氏が『白い巨塔』を書いたのは1960年代ですから、今から約50年以上も前のことですが、そこに描かれた大学医学部や大学病院の姿は、その後の批判もものともせず、今もかたちを少し変えただけで現存しています。

日本の医学界というのは、これほどまでに自浄能力がない、自己改革ができない、変われない、変わらない世界なのです。

『白い巨塔』は、徹底的に取材されて書かれた医療小説の金字塔だと思います。しかし2つだけ指摘しておくと、主人公の財前五郎が外科手術の名医として描かれていますが、現在の医学部では天才外科医は教授会に潰されるのが常です。

天皇陛下の心臓手術の際に、順天堂大学の天野教授が執刀したことで恥をかいたと思ったのか、例外的に、手術の名手だった私の同級生が消化器外科の教授に選ばれたことがあります。しかし、あくまでも例外的なことです。

なお、当時は教授や偉い医者だけでなく、研修医でさえも製薬会社に接待されるのが当たり前でした。モデルと言われた大阪大学なら北新地に、東京大学なら銀座に、医者しか行かないような高級クラブがありました。

この、製薬会社などが医学部教授や医者を接待するという悪習も、非常に長く続いていました。「医療用医薬品製造販売業公正取引協議会」において、製薬会社などが医学部教授をはじめとした医者などを接待することを原則禁止にしたのは、2012年4月のことです。

しかし、商談をともなう飲食はひとり5000円まで、お弁当などはひとり3000円まで、立食パーティーなどの情報交換会はひとり2万円までは今でも認められています。ひとり2万円というのは、決して安くない金額です。

さらに言うと、これらは自主規制であり、法的拘束力はありません。ですから、今も『白い巨塔』で描かれたような「超豪華接待」が陰で行われていたとしても、私は何ら驚きません。

また、『白い巨塔』にも出てきましたが、大学医学部、大学病院には「医局」という言葉があります。本来は、医者が待機する部屋のことでしたが、いつしか教授室や研究室、臨床系の各教室の人的組織まで含めて医局と呼ばれるようになりました。

この医局のトップが教授であり、以下、准教授、講師、医員、大学院生、研修医の順のピラミッド型組織に、医局はなっています。大学医学部の教授が大学病院の診察科長を兼ねることがほとんどですから、大学医学部と大学病院は、医局を通して教授が牛耳っていると言えます。

医局は一応、自主グループということになっています。しかし、その実態は「相撲部屋」だと私は考えています。

相撲部屋は番付によって力士たちのヒエラルキーがハッキリしており、序列に厳しい世界です。また、主従関係も絶対で、親方の言うことに逆らうことは許されず、他の相撲部屋の力士と仲良くすると親方に怒られます。

医局もこれと同じです。序列に厳格で、下は上の言うことに従い、親方ならぬ教授の言うことには絶対服従です。他の医局の医者と仲良くすると、教授から嫌みを言われます。ただし、相撲の世界では実力主義ですが、医局では教授に気に入られた人間が出世して序列を形成する傾向があります。

「疑問を持つ」ことができない医者ばかり

こうして、もともと教授に従順な人が出世する世界だったところに、従順な人を選ぶ入試面接が導入されたのですから、教授の言うこと、偉い人が言うことが絶対的に正しいと信じる医者がマジョリティになってきたのも当然のことです。

結果、教授の言うこととは違った統計データや研究結果が発表されても、「統計データよりも、偉い人の言うことが正しいと思う医者」が大多数という現状になってしまったのです。

教授が「コレステロール値が高いと健康に悪影響がある」と言えば、医局員はそれに逆らうことは許されません。こうした環境下に長くいればいるほど、「疑問を持つ」ということができなくなります。

「コレステロール値の高い人が長生きしているのはなぜか？」

「コレステロール値が高いことで、人間にとって良いこともあるのではないか？」

こうした疑問すら頭に浮かばなくなるのです。

だから、新型コロナに対しても、自分の頭で考えることなく、感染症学者が言うことやテレビの報道を信じて、本気で新型コロナを怖がっているのでしょう。

「新型コロナの感染症対策には副作用もあるのではないか？」

「これほどまでに何から何まで自粛させる必要はない。おかしな自粛がまかり通っている」

このような発言をする医者が少数なのも、同様に自分の頭で考えることなく、「偉い人が言うことが正しいのだから、それに従っていればいい」と考えている医者ばかりだからでしょう。あるいは、権威に逆らって波風を立てたくないという忖度体質が蔓延しているのかもしれません。

「疑問を持つ」ことは、医者に限らず科学者にとっては基本中の基本です。疑問を持ち、その疑問に答えるべく研究することが科学者の使命だと言ってもいいかもしれません。その基本中の基本ができないのだとしたら、医者としても、研究者としても、一生一流になることはできないのではないでしょうか。

科学とは仮説を立てて立証すること

「原子爆弾を落された広島市は、政令指定都市の中で一番平均寿命が長い。それは放射能を浴びたからではないか」

原爆によって亡くなった方は本当に気の毒なのですが、そのとき放射能を浴びたことが長寿につながっている可能性も否定はできません。これは私の仮説に過ぎませんが、科学というのは、こうした「そうかもしれない」という仮説を実際に研究することであり、それが科学者の仕事です。

実際、自然放射能が高い地域のほうが、がんが少ないなどという事実もあるのです。「思春期の女性はダイエットをしがちだが、肉を食べるなど、きちんと栄養を摂取したほうが小顔になる」

食生活が欧米化することで日本人の顔も欧米化しています。であるならば、小顔になりたければ肉などをたくさん食べたほうがいいことになります。これも「そうかもしれない」という仮説です。もちろん、突飛な仮説ですが、調査研究をしないと答えの出ないことでもあります。そして、この手の疑問を持たないことには仮説は立てられません。

疑問を持つことができない医者が増えているのは、医者を育てる教授がそもそも疑問を持つことができないからです。

こうした「そうかもしれない」という研究テーマを教授が設定し、助手や学生たちメンバーがそれを研究する。研究した結果、「その通りでした」「間違っていました」ということが明白になって科学は進歩するのです。

つまり、教授というのは問題発見能力が高い必要があるのですが、日本の医学部教授たちには、この問題発見能力がないため、外国の研究の猿真似や重箱の隅をつつくような研究を行って論文の数を稼ぐことしかできません。世間が当たり前に知っているようなことを、動物実験で確認することしかできないのです。

したがって、『ランセット』や『ネイチャー』『ニューイングランド・ジャーナル・オブ・メディシン』などの欧米の医学専門雑誌に、日本の医学部教授の論文が載ることはほとんどありません。

科学や医学においては、問題を発見して仮説を立てることが一番重要なのに、日本では証明することが重要だと思われています。だから、「絶対証明できるような仮説を立て、それを証明した」というような、まったく何も進歩しない、どうでもいいクオリティの論文しか書けないのです。

なぜ私の博士論文は落とされたのか？

私は、東北大学で300人に1人しか落とされないと言われている博士論文で落とされた経験があります。なぜ私の論文は落とされたのか。

「私の論文は、仮説に過ぎず、きちんと統計的処理によって証明ができていないからだ」と主査の教授に言われました。残りの299人の論文は証明しやすい、いわば進歩のない研究論文です。私の論文は何例かの症例に対して「自己心理学」という精神分析の分野で現在最も有力な学派の考えからに応用した内容で、高齢者の精神療法の方法論を提起したものでした。

この落とされた論文は、アメリカで発行される自己心理学の国際年鑑に、年間15本しか選ばれない優秀論文の１つとして掲載されました。精神分析の世界で、国際レベルの雑誌や年鑑に、英文の論文が掲載された精神科医は日本に３人しかいません。

私の論文を落としたその主査の東北大学医学部の佐藤光源教授（当時）は、在任期間中、精神療法の論文には１つも博士を与えませんでした。東北大学で徹底的に精神療法を排斥し、東北大学医学部の影響力が及ぶ東北６県の教授選にも介入し、東北地方の精神医学のすべての教授を生物学的精神医学の医者にしました。

このことが禍したのが、２０１１年の東日本大震災のときです。震災によって心の病になる患者さんが急増したにもかかわらず、震災トラウマの心のケアができる医者が東北にはほとんどいなかったのです。要するに薬物治療の効かない患者さんが見られない医者ばかりだったのです。

証明するのが難しい仮説を立てた論文は落とし、証明するのが簡単な仮説を立てた論文は全部通すというのが、医学部の博士論文の実態なのです。

科学者ではないのに、科学者のフリをしているのが、大学医学部の教授です。

私の博士論文を落としたのは、「仮説の論文は通しませんよ」「心の問題を精神療法で治療する論文は通しませんよ」ということを、学生たちに知らしめるための見せしめだったのだと思います。

医学部からノーベル賞受賞者が出ない理由

これまでにノーベル生理学・医学賞を受賞した日本人は、利根川進氏、山中伸弥氏、大村智氏、大隅良典氏、本庶佑氏の5人です。このうち日本の大学医学部を卒業したのは、神戸大学医学部卒の山中氏と、京都大学医学部卒の本庶氏の2人だけです。

山中氏が大学卒業後の臨床研修中、指導医から「じゃまなか」と揶揄されたのは有名な話で、彼がiPS細胞の研究を始めたのは留学先のアメリカにおいてですし、iPS細胞の開発に成功したのは、奈良先端科学技術大学院大学においてです。

本庶氏も、1966年に大学を卒業後、71年にアメリカのカーネギー研究所に留学し、その後も、アメリカ国立衛生研究所などで長年研鑽を積んでいます。帰国後、79年に大阪大学医学部教授となり、82年に京都大学医学部教授になっていますので、日本の大学の医局だけで研究したノーベル賞学者はゼロ、強いて言うなら、本庶氏が唯一の日本の大学医学部が生んだノーベル賞受賞者ということかもしれません。

日本の大学医学部は昔から「研究重視、臨床軽視」と言われていました。東京大学を筆頭に医学研究に力を入れてきたにもかかわらず、大学医学部からノーベル賞受賞者が1人しか出なかったのは、先ほど述べた「疑問を持つ」ことを許さない完全上意下達主義、権威主義の医学教育に、根本的な問題があるからではないでしょうか。

そして、こうした医学部の権威主義体質が長年にわたって変わらないのは、教授の選び方に原因があります。

ノーベル賞受賞者を多数輩出している物理学科では、一番優れた実績を上げている人が教授に選ばれます。実績主義で教授が選ばれるからノーベル賞がとれるわけです。また教授のいうことを聞かず、議論をふっかけるような研究者が尊重される風土があるそうです。

ところが医学部では、教授のいうことを聞く人間が准教授などに選ばれやすく（彼らが教授選の有力候補になります）、論文を多数書いていることが評価され、それぞれの論文の内容については問われません。

つまり、実績はほぼ関係なく、教授たちが自分たちの好みで新しい教授を決めることになりやすいのです。だから、日本の大学医学部からノーベル賞受賞者が出ないのでしょう。

私の専門である精神医学の分野で言えば、認知療法やカウンセリングが専門の人間学的精神医学の医者が教授選挙に立候補しても、不戦敗も含めて生物学的精神医学の医者に連敗しています。

つまり、全国に82ある大学医学部において、精神療法が専門の医者はひとりも教授に選ばれなかったということです。82大学のすべての教授の少なくとも半数以上が、薬でうつ病やトラウマ、ノイローゼ、不登校を治せると考えている医者たちなのです。

私は大学医学部の教授は、人間を診る医者だと思っていません。人間の血管への点滴や注射などは看護師に任せて、マウスの細い血管に注射することは得意な、動物実験ばかりしている獣医だと思っています。いや、獣医は動物の治療に熱意がありますが、動物を殺すのが平気なのですから獣医以下というべきでしょう。

仮説を重視する物理学との違い

先ほどの「仮説を重視せず、証明を重視する」大学医学部の教授と、その教授が担う医学教育も、医学部からノーベル賞受賞者が出ない原因です。

その証拠に、仮説を重視している物理学科では留学をしていない人でもノーベル賞受賞者が何人も出ています。

ただ残念なことに、仮説を重視しているのは物理学科に限ったことで、日本においては、医学部以外でも、化学分野でも仮説があまり重視されていません。

だから医学、化学分野で仮説を重視して研究を行いたい人は、日本にいても仕方がないので、欧米の大学や研究機関に行って研究を行います。ですから、物理学以外の自然科学系の日本人ノーベル賞受賞者は、すべて留学経験者か、企業研究者です。

とくに、化学分野で企業研究者がこれだけノーベル賞をとっているのは日本だけですが、これは企業研究者には大学教授に相当する、研究の邪魔をする人がいないため、自分が立てた仮説を存分に研究できるからでしょう。また、企業研究者は結果がすべてですから、その点でもぬるま湯の大学とは違います。

大学医学部に限って言えば、結果がすべてではなく、教授に気に入られることがすべてと思っている人がマジョリティです。だから仮説を重視することも、医学を進歩させるような研究もできないのです。

「群馬大学事件」は氷山の一角

近年、私立大学の一部の医学部では、臨床が重視されるようになりましたが、国立の大学医学部は今でも「研究重視、臨床軽視」が続いています。そして、教授が教授会で選ばれる国立大学の医学部の臨床は最悪です。

群馬大学医学部附属病院において、２０１０年度から13年度の間に腹腔鏡を使った高難度の肝臓手術で少なくとも8人が亡くなりました。8人の執刀医は同じ第二外科の医者で、この医者が行った別の開腹手術などでも多数の患者が亡くなりました。

その後の調べでは、２００７年度から14年度の間に少なくとも30人の患者が同じひとりの医者の手術で亡くなっていることがわかりました。これが俗に言う「群馬大学事件」です（『大学病院の奈落』高梨ゆき子著、講談社による）。

これら30人の亡くなった患者に対して、多くの人たちは同情するかもしれません。しかし、厳しいことを言うようですが、私は自己責任だと思っています。なぜ自己責任かと言えば、何も調べずに手術を受けたからです。群馬大学病院を選ばなくても、新幹線に乗って東京に行けば、同様の手術を受けられる病院はいくらでもあります。調べれば腹腔鏡手術のうまい病院などいくらでもみつかるからです。

それにもかかわらず、群馬大学病院で手術を受けたのは、病院の手術実績や執刀医の手術実績などをろくに調べもせずに、大学病院というブランドを信じて、言われるがままに手術を受けたからです。

そして私は、この群馬大学事件は、氷山の一角に過ぎないと思っています。なぜなら、群馬大学医学部は昔から「研究重視、臨床軽視」で有名な大学だからです。そんな大学病院で手術を受けること自体、死ぬためとは言いませんが、かなりの確率で手術の下手な医者に手術を受けに行っているようなものです。

医療によって生死が分かれることがある以上、患者も、自分が手術を受ける病院や執刀医については、最低限インターネットで検索するなりして調べることは、自己防衛として当然のことではないでしょうか。

これは10年以上前の話になりますが、50代の女性が親を介護して看取ったあと、医学に目覚めて2年間死ぬほど勉強し、入試では合格者の平均点（合格者の最低点ではありません）よりも高い得点を取りました。しかし、「こんな年齢では研究できないだろう」ということで面接で（ここでも面接の弊害が出ていますが、面接官の考え方もよくわかります）不合格にした大学医学部がありました。それが群馬大学医学部です。

「臨床よりも研究が大事」という人たちが群馬大学医学部の教授たちなのです。しかも、これほどの大事件を起こしながら、大学としてシステムなどを是正したという話は寡聞にして知りません。

厚生労働省や文部科学省も、「臨床に強い医者を教授にしろ」と強い圧力をかけて監視すればいいのに、そうしたことも行われていません。群馬大学病院は今も変わらず、臨床を軽視したまま患者を診察、治療し続けているはずです。

そして、群馬大学に治療にきた患者さんたちに対して陰で「あの患者は何も調べてこない患者だから、手術ミスをしても訴えられないし、死んでも『大学病院でも救えなかったのですから、ほかの病院でも亡くなっていたと思います』とでも言っておけば大丈夫だ」と言っていることでしょう。

実際、30人も亡くなっているのに最後のひとりが訴えるまでこの事件は発覚しなかったのですから。

順天堂大学は「臨床重視」へ

海外では、大学病院は研修医の練習の場という側面があります。このため、アメリカなどでは大学病院は貧乏な人が行く病院になっていることが多いものです。カリフォルニア大学ロサンゼルス校（UCLA）は高級住宅地にありますが、シカゴ大学の医学部附属病院は、スラム街にあります。

日本では国公立の大学病院で診てもらうことに対して、ありがたがる患者が多いですが、それは大きな間違いで、特に国立大学医学部の附属病院ほど、恐ろしい病院はないのです。

こうした国立の大学病院とは逆の方針の大学病院が私立にはあります。

順天堂大学医学部は、近年、理事長の方針とされていますが、臨床の腕が良い医者を教授にしています。国立大学医学部とは逆に「臨床重視、研究軽視」に変わっています。「神の手」をもつと言われる心臓血管外科医の天野篤先生は、留学経験がないのに教授になりました。

大学や大学病院においても経営が重要で、臨床の腕が良い医者を教授にして患者を集め、臨床で儲けることで大学の学費を安くして生徒を集める。こうした経営のできる理事長がいる大学や大学病院では、臨床が重視されるようになっています。

順天堂大学は、東京大学、慶應大学、東京慈恵会医科大学などと並ぶ人気大学になりました。

栄養学を重視した高木兼寛が創設した東京慈恵会医科大学も臨床を重視している大学で、特に心の医療を重視して力を入れています。森田正馬《まさたけ》氏が創始した心理療法「森田療法」の発祥の地が、東京慈恵会医科大学です。内科や皮膚科の学生にも森田療法を教える伝統があるので、内科や皮膚科に心の問題を探る臨床の腕が良い医者を輩出しています。

医学界で教授に逆らうとどうなるか？

さて、教授が絶対的な権力を握っている大学医学部と大学病院で、教授に逆らうとどうなるのでしょうか。元慶應義塾大学医学部講師の近藤誠氏の例を紹介しましょう。

近藤氏は、乳がんになると乳房を全部摘出するだけでなく大胸筋まで取ってしまうような外科手術が全盛だったときに、「乳房を全部摘出しても、がんだけとってその後に放射線をあてる手術をしても5年生存率は変わらない」というアメリカのかなり大きな調査結果を、1988年に『文藝春秋』誌で紹介しました。

これが、当時の外科の権威であった教授たちの逆鱗に触れます。なぜなら、「おっぱいを全部取らないと、あなたは死にます」と患者に言って手術をしていたにもかかわらず、乳房を取っても取らなくても生存率が同じだということが知れ渡れば、全摘手術を主導してきた教授たちの面子が丸つぶれになるからです。

エビデンスを重視する近藤氏は「乳房温存療法」を行うことを主張しますが、なかなか乳房温存療法は広がらず、結局、乳房温存療法が標準治療の1つとなるまでに約15年がかかってしまいました。

15年もかかったのは、教授たちが全員定年で辞めるまで、乳房温存療法を行うとその医者が干されたからです。このことによって、どれだけの乳がん患者がムダにおっぱいを取り去られてしまったのか。

偉い医者たちが、自分たちが絶対に正しいと言って、それに従わない医者を排斥したことで、日本は15年世界から遅れたわけです。

近藤氏は、放射線科の医者です。ですから、自分の直接の上司である教授に逆らったわけではありません。放射線科の医者として外科の教授たちと闘ったのですが、教授会で教授を決めるシステムのため、アメリカの一流の治療施設に留学し、35歳で専任講師という早い出世を果たしたのに、講師のまま慶應義塾大学を定年退職することになりました。

近藤氏と言うと、「がんの放置療法」のことばかりが言われますが、私は日本では数少ない、偉い人が言うことよりもエビデンスを重視する立派な医者だと、私は思います。

がんの放置療法についても簡単に紹介しておくと、「がんというのは何をやっても転移する人は転移する」というのが、近藤氏の考えです。

がんは、１センチメートルになるまで約10年かかりますから、転移するがんなら、１センチメートルになるまでに転移しています。逆に10年間転移していなかったがんなら、それ以降も転移しない。要するにその数年後にそのがんが相当大きなものになっていたとしても転移しないということです。

だとするならば、転移するがんならば、小さいうちにみつかっても、残念ながら数年のうちに転移したがんが見つかるくらいの大きさになってしまいますし、転移しないがんなら、原則的に取らなくても大きな問題を起こさないということになります。かなり大きくなって、それがほかの臓器を圧迫するなど悪さをしたら、がんだけを取ればいいということになります。

さて、近藤先生の理論を批判する外科医たちは、彼のいうことを聞いて、がんが転移して早く死んでしまった患者さんを集めて非難しています。いっぽう、近藤先生は、がんを放置することで、長く生きたり、それほど苦しまないで亡くなった患者さんの話を集めて書籍化しています。

近藤先生は研究スタッフがいないので、このやり方しかないのはわかりますが、外科の教授たちは、手術をした例としない例で比較調査が可能なはずなのに、寡聞にしてそんな話は聞きません。こういう人たちが科学者と言えるのでしょうか？

患者にとって有用な情報サイト「医者版食べログ」

私自身は、近藤先生の理論に全面的に賛成するわけではありませんが、少なくとも高齢者については、がんになった際に転移を恐れて余計な治療をすることには反対です。

たとえば、胃がんでがんだけ取るなら話はわかりますが、胃を全部取ってしまうと、その後の生活の質（ＱＯＬ：Quality Of Life）が下がります。おいしいものも食べられなくなり、身体は痩せていきます。足腰が弱り、老化が急速に進みます。

また、高齢者のがんはそれほど早く進行しないことが多いので、放っておいても、そんなに早死にしないことは十分経験しているからです。もちろん化学療法もひどく高齢者を衰弱させます。

私が高齢者専門の浴風会病院に勤務していた際に、年間100人くらいの方が亡くなった後、病理解剖をするのを受け入れてくださって、その所見の検討会に出ていたのですが、85歳以上の方で体中にどこにもがんがない人はほとんどいませんでした。

それだけ「知らぬが仏」のがんが多いのです。

無駄な治療をしないための研究も大学医学部の重要な仕事のはずですし、研究テーマのはず（おそらくこれは画期的な研究なので、一流の雑誌に載るはずです）なのですが、日本では、そういう提言を考慮するどころか排斥するのです。

このことを知っている私がもし胃がんになったとしたら、胃の全摘は避けて、がんだけを取ってくれる医者を探します。患者が欲しい医療に関する情報とは、このような「胃を摘出するのではなく、がんだけを取ってくれる医者はいないのか」といった情報です。

患者ひとりひとり、受けたい治療は違うはずですから、得られる情報が多ければ多いほど、それだけ治療の選択肢が増えます。

その意味では、医者を患者が評価する「医者版食べログ」のようなサイトがあると便利ではないでしょうか。医者版食べログで評価するのは患者ですから、患者にとって良い医者の評価が上がります。

患者の心にまで配慮した治療を行ってくれる医者や、病気の症状や治療法についての説明が上手な医者の評価が上がることでしょう。

こうした評価の高い医者を選べば、患者は安心して治療に専念できます。心の状態が良くなれば免疫力も上がりますし、生活の質も上がります。

「素人の評価なんて当てにならない」

多くの医者はそう言うかもしれませんが、私は、患者の評価は十分に当てになると思っています。そもそも、「素人の評価なんて当てにならない」などと言う医者にかかりたいのか、ということです。

「病気を治してくれた」というのはもちろんですが、「自分の話を聞いてくれた」「親身になって相談に乗ってくれた」「看護婦さんの対応が良かった」など、患者は医者や病院を総合的に判断して評価することになりますから、その評価の信憑性は高くなると思うのです。

もちろん、この医者版食べログの情報も、多くの情報の1つで、ワンオブゼムに過ぎません。しかし、このワンオブゼムの情報がないことがおかしいのです。

飲食店でも、一般の人が評価する食べログのほうが、プロが評価するミシュランよりも当てになったりします。少なくとも両方の情報があったほうがいいのではないでしょうか。

医学部の研究室でワクチンが開発される可能性はゼロ

話を今回の新型コロナに戻しましょう。

日本のいくつかの大学や研究機関、企業などが、新型コロナのワクチン開発にチャレンジしていますが、2021年6月現在、日本製のワクチンは開発されていませんし、開発の目処も立っていません。

たとえば、大阪大学の森下竜一氏は、「DNAワクチンを開発する」というアドバルーンを上げました。これにより、大阪大学の学内ベンチャーとして創業したアンジェス株式会社の株価を上げることには成功しましたが、ワクチンが開発されそうな気配はありません。

アンジェスの業績を見ると、資本金約246億円、売上高約4000万円で、経常利益は約66億円の赤字です（いずれも2020年12月末）。

そもそも優れた研究実績がほとんどなく、まともな研究開発をしたことがありません。

私は、日本企業の研究から新型コロナのワクチンや治療薬が開発される可能性はあると見ていますが、大学医学部の研究室やこうした大学内ベンチャー企業からそれらが生まれる可能性はゼロだと確信しています。

理由は先程来述べているように、疑問を持つことも、仮説を立てることもできない、問題発見能力もない人たちの集まりだからです、しかし、大学発のベンチャーということで一時期は非常に高い株価となり、相当なお金は集めました。金があるのにろくな結果が出ていないのです。

現在の大学医学部は、新しいことをやろうとする芽が出ようものなら、それを片っ端から摘んで、新規に何かに挑戦する人を潰す側に回っています。大学医学部は、医学の進歩の敵なのです。

かつての日本では、大学医学部を卒業した人のほとんどが医局に入っていました。現在はこれが半分以下に減っていますが、それでも、研究者の数は世界的に見ても有数です。

私が10年ほど前に聞いたところでは、基礎医学の分野はまだましで、『ランセット』や『ネイチャー』などに掲載される論文の5％ぐらいは日本人によるものでした。

しかしこれが臨床医学の最高権威である『ニューイングランド・ジャーナル・オブ・メディシン』になると、日本人の論文の掲載はわずか約1％。日本の臨床医学系の研究室の生産性は世界一低いという証明です。

日本は研究テーマの宝庫

ただ、私に言わせれば、日本は研究テーマの宝庫です。

日本は世界に先駆けて超高齢社会になっており、現状、日本ほど高齢者が医者にかかる国はありません。ですから、高齢者の臨床を一生懸命やっていれば、様々な疑問が浮かんでくるはずです。

「少し太っている高齢者のほうが長生きしているのはなぜか？」

これについては、海外でもようやく言われ始めましたが、日本の臨床医たちは昔からこのことに気づいていました。この疑問について、きちんとした研究を行い、論文を発表していれば、『ニューイングランド・ジャーナル・オブ・メディシン』にも掲載されたことでしょう。

臨床を軽視して、動物実験の結果ばかりを重視して、自分の頭の中だけで仮説を考えるから大した仮説を立てることもできず、研究のための研究になるのです。臨床をやらずに思いつく仮説など、所詮、机上の空論です。

臨床を重視していれば、目の前の患者をよく観察するようになり、ボケにくい高齢者の共通点などにも気づくことができます。それがなぜなのか。仮説を立てて研究すれば、医学の進歩につながる研究ができるはずです。

経験則から仮説を立て、それを実験や調査を通して立証し、論文にする。これが医学の進歩につながる研究を行う、一番良い方法だと私は考えています。

糖尿病とアルツハイマー病の関係

私が医学部の教授だったら、ぜひ調査したいことの1つを紹介しましょう。

糖尿病の人は、アルツハイマー病になりやすいと言われています。福岡県の久山町での研究によると、糖尿病の人は、そうでない人よりも2・25倍アルツハイマー病になりやすいことがわかりました。この研究では、全例で解剖を行っていますので、信頼度の高いデータです。

この研究論文には、治療抵抗性の糖尿病の患者ほど、つまりインスリンを大量に受けている患者ほど、アルツハイマー病になりやすいと書かれており、それを読んだときに私は次のような仮説を思いつきました。

「糖尿病の人がアルツハイマー病になりやすいのではなく、糖尿病の治療を受けている人がアルツハイマー病になりやすいのではないか」

私が勤めていたころの浴風会病院では、逆に糖尿病の人はアルツハイマー病になりにくいと言われていました。

実際、亡くなった方の脳で比較すると、糖尿病の高齢者は、糖尿病のない高齢者の約３分の１しかアルツハイマー病になっていませんでした。さらにこの病院では、血糖値が高い人と低い人の生存曲線は変わらないので、血糖値は高めにコントロールするほうが脳にいいと考えられていたため、高齢者の糖尿病に関しては、ほとんど治療を行いませんでした。

つまり、治療をしなければ、糖尿病の人のほうがアルツハイマー病になりにくいわけですが、久山町の研究では治療をしている糖尿病の人はアルツハイマーになりやすいということです。

世界的に糖尿病の人はアルツハイマー病になりやすいと信じられていますので、もしこの仮説を立証する研究ができれば、世界の常識を覆す研究になります。

インスリンなど血糖値を下げる薬によって低血糖状態になったときに、脳に何らかの損傷が起きてアルツハイマー病になるということを実証できれば、『ニューイングランド・ジャーナル・オブ・メディシン』に論文が掲載されるでしょう。

研究ディレクターにもなれない大学教授

海外では、教授になることが研究のスタートラインです。教授になってはじめてたくさんの研究費を自分で集めることができるようになるため、教授になって本格的な研究を始める人が多いのです。

一方、日本では教授が上がりのポストのため、それまでの研究業績を評価されて教授になります。そして、教授になったあとは、部下たちの研究を指導、監督する、研究ディレクターの仕事を担うことが求められます。

教授の役割が研究者ではなく、研究ディレクターなのだとすれば、部下たちの自由な発想をもっと認めて、いろいろな研究の邪魔をしないことが大事になります。部下には本人たちがやりたい研究を自由にやらせ、自分は研究資金だけ集めてくる、というのが理想です。

現在、京都大学iPS細胞研究所所長の山中氏はそういうスタンスです。このように、教授は研究ディレクターに徹すればいいのですが、現実は、それもできない教授ばかりです。

これは医学に限ったことではなく、日本では部下たちを指導、管理するディレクターの役割を担うという発想が希薄です。

日本企業では、課長になり、部長になり、取締役になり、社長になるというのが社長になる道です。これが海外では、社長は最初から社長で、まず小さい会社の社長をやり、うまくいったらそれより大きな会社の社長になり、というように社長の経験を積むことでより規模の大きい会社の社長になっていきます。

スポーツの監督も同様で、日本では名選手が監督やコーチになる例がほとんどですが、海外では監督もコーチも、若いときから監督やコーチとして教育を受けています。

映画監督も、日本ではサード助監督がセカンド、チーフ助監督になり監督になりますが、海外では監督は最初から監督として教育を受け、資金があまりかからない小さな映画から作り始めます。

このように海外と比較して考えると、日本では経営者教育や監督教育がそもそもできていないことに気づきます。

日本でも、松下電器を創業した松下幸之助や本田技研工業を創業した本田宗一郎などは最初から社長でした。ところが、会社が大きくなると、先ほどの役職を上がっていくサラリーマン社長になるため、日本企業が現在、停滞しているという側面があると思います。

多くの国公立の大病院では、どこかの大学で教授だった人が院長になります。その病院内でがんばってきた医者や事務職員（彼らは法的に院長にはなれませんが、理事長にはなれます）が院長になることはまれです。したがって、院長に病院経営力はほとんどありませんから、病院サービスの改善は遅々としたものとなります。

ついでにいうと、教授というのは学生に講義をして一人前にしていく仕事でもあります。

他の学部では教えるのがうまい人が教授になる方向性にありますが、医学部で、まれに臨床ができる人が教授になることはあっても、教えるのがうまい人が教授になったという話は聞いたことがありません。

医学部の教授というのは、一部の私立の大学を除けば臨床はヘボ、研究者としても中途半端、教育者としては不適格、研究ディレクターもできず、管理能力（マネジメント能力）もない、という人です。いったい何のためにいるのでしょうか。

大学は教育機関に徹すべき

大学医学部には、研究機関と教育機関の2つの役割がありますが、研究機関としては体をなしていないのですから臨床に優れた医者を養成する教育機関に徹すればいいのです。

実際、順天堂大学では、臨床の腕が良い医者を教授にして、実際に臨床を行いながら学生にも教えています。臨床の優秀な医者に教われば、学生も臨床の腕が上がります。

私が高齢者の精神医学の臨床でほかの人に負けない自信があるのは、浴風会病院にいたとき、竹中星郎先生という日本の老年精神医学ではトップの医者に習っていたからです。臨床に優れた医者に習えば、私のようなバカで、医学部時代は講義を3回しか受けたことのないいい加減な学生でも、それなりの臨床のできる医者になることができるということです。

どんな世界でもそうですが、できる人間に習わなければ、できる人間にはなれません。医者も同じです。

日本の大学の医学部の教授は、しょぼい研究で教授になり、疑問をもつことを許さず、医学の進歩を遮り、そのうえ臨床もできず、教えるのも下手。こんな教授の医学教育を受けたのが現在の医者ですから、マスコミが騒げば「コロナが怖い」と信じてしまうのでしょう。バカに教わったらバカになるのです。

もちろん教授がバカと気づけば、ほかで勉強すれば十分いい医者になれるのですが、長く医局に残っていると、ほかで勉強しようという人もまれです。

大学の他の学部では、教授のティーチングスキルを向上させるために、様々なことを行って多少の改善が見られます。しかし、医学部では、教授のティーチングスキルを向上させようという機運さえありません。

私のように、一般向けに多数の本を書いている人は、海外の大学なら教授として引っ張りだこになるはずです。なぜなら、教えるのが上手いということですから。

医学教育においても、一般人にもわかる言葉で教育したほうがいいことは明らかです。

私自身、アメリカのカール・メニンガー精神医学校で3年間、非常にわかりやすい教育を受けた経験が、現在の臨床に役立っています。

医者は大学を卒業してからの教育が大事

日本は学歴至上主義で、どこの大学を卒業しているかを重視しますが、少なくとも医学に関しては、私は大学を卒業してからどのような教育を受けたかのほうがよほど大事だと思っています。

私は、東京大学医学部を卒業したから現在のような医者になれたのではなく、アメリカのカール・メニンガー精神医学校で学び、竹中星郎先生から老年精神医学について学び、浴風会病院で指導を受けながら臨床の場数を踏んだことで、臨床のできる医者になれたのです。この3つがあったから私はきちんとした医者になれたのだと思っています。

近藤氏は、自学自習の人で、数多くの論文を読み込んで自分なりの論理を組み立てています。自学自習のほうが、変な医者から教わるよりもはるかに良いのではないでしょうか。

並の人は、優れた人に教わらないと良い医者になれません。天才は変な人に潰されなければ天才でいられます。大谷翔平選手は日本ハムファイターズに入りましたが、変にいじられませんでした。イチロー選手は当時の仰木彬監督がその才能を認めてかなり変わったフォームをしていたのにいじりませんでした。

天才はいじられない、潰されないことが一番大事です。凡人は良い先生に習うのが上達する秘訣です。

日本の医学の世界は天才を潰します。山中氏は研修医時代、「じゃまなか」と指導医から罵倒されました。それで留学し、帰国後、奈良先端科学技術大学院大学に行き、才能を開花させました。

大学医学部は、天才は潰し、凡人にも良い教育を与えないのですから、良い医者が生まれるはずがありません。

医学者である黒川清氏によれば、東京大学では、「4行教授」が一番偉いと論じています。つまり、経歴が「東京大学卒、東大助手、東大助教授、東大教授」の人が一番優秀だと言われているのです。海外留学の経験もなく、他所で実務を経験したこともない人が一番偉いというのですから驚きます。

医学部はさすがに海外留学経験がないと教授になれないと言われていますが、学歴至上主義の最高峰、東大とはそういうところなのです。

海外では逆に、様々な経験を積んでいる人のほうが教育者としては重視されます。

現在、私立大学には、順天堂大学や東京慈恵会医科大学など、いくつか良い大学がありま す。近年、愛知県の藤田医科大学も臨床のできる医者を病院に呼び、できる医者が医学生を教え、また教育に力を入れることで、急激に評価を上げています。

こうしたことを調べたうえで、病院や医者を選んで欲しいと思います。かかりつけの医者から国立の大学病院を紹介されて喜ぶのではなく、国立の大学病院は危ないと思って、臨床実績などをいろいろ調べることが、患者としては自分のためになります。

最後にもう一度言います。教授を教授会で選ぶ国立大学病院の臨床はよほどのことがないかぎり最悪です。

第5章

日本医師会の罪

歯科医師のワクチン接種に反対した日本医師会

新型コロナの拡大が止まらない中、日本でもようやく医療従事者に続いて高齢者へのワクチン接種が始まったとき、予約サイトなどに様々な問題が発生しました。ただ、これらの問題は私の専門外なので言及しません。私が指摘したいのは、ワクチン接種を行う「打ち手不足」の問題です。ただ、私の勤め先の病院もそうですが、ワクチン接種を引き受けた病院の電話がパンクして、ほかの病気の治療を受けたい患者さんの電話がつながらなかったのは問題だと思いました。

ワクチン接種の対象となる65歳以上の高齢者は、全国に約3500万人います。この人たちに短期間にワクチン接種を行う必要があるのですから、それに見合った数の打ち手を確保する必要があることは、素人でもわかります。

それにもかかわらず、高齢者へのワクチン接種が始まるなり、打ち手不足が言われるのですから、ワクチン接種を主導する河野太郎大臣以下、専門家たちはいったいどのようなワクチン接種計画を立てていたのでしょうか。想像力の欠如による準備不足が、ここでも露呈した格好です。

そして、打ち手不足が表面化し、医者や看護師だけでは足りないという打ち手不足を補うために、歯科医師にもワクチン接種を行ってもらうという案が出ます。これに反発したのが、日本医師会です。

現在の法律では、ワクチン接種ができるのは、医者と医者の指示のもとで看護師などが行うケースに限られています。

今回の新型コロナのワクチン接種は、筋肉に注射を打つ「筋肉注射」という方法で行われていますが、歯科医師は、口腔外科手術を行う際に、口腔内などに注射を行っています。歯科医師は全国に10万人以上いますので、打ち手不足を解消するために、白羽の矢が立ったのでしょう。

日本医師会は、この、歯科医師がワクチン接種を行うことに反対しました。では、日本医師会とは、そもそもどのような組織なのでしょうか。

公益社団法人日本医師会の創設者は、「日本の細菌学の父」と言われる北里柴三郎氏です。会員数は２０２０年12月現在、17万３３２８人。都道府県医師会、全国に約８９０ある都市区医師会は独立した公益法人ですが、日本医師会の下部組織です。

江戸時代にも医者はいましたが、西洋医学や中国漢方などが混在し、医者という資格が曖昧でした。明治時代に医師という資格が法制化され、医師による医師のための組織として１９１６年に創設されたのが日本医師会です。

戦後、1961年に国民皆保険制度が実現し、政府が医療の価格を公定価格として決めるようになると、それに対して医者の意見を代表して団体交渉をするようになり、日本医師会が政治的な活動を担うようになります。

その当時、医者の数は現在より少なかったのですが、病院では看護師や事務員なども雇っており、こうした人たちや患者さんたちに投票をお願いすることで集票力を発揮していました。選挙において一定の存在感がある。これが政治力の源泉でした。

日本医師会の政治力は衰退気味

日本医師会の会員は、17万人を超えていますが、その内訳を見ると、医院やクリニックなどを街で開業している「開業医」などが8万3368人、大学病院や民間病院に勤める「勤務医」などが8万9395人です。

会員数を見ると、開業医と勤務医の両方の医者が加入する組織であることがわかります。

勤務医と開業医を会員としてかかえる日本医師会が、歯科医師のワクチン接種に反対したのは、自分たちの医療領域が侵されると考えたからでしょう。日本医師会は、歯科医師の協力がなくても、自分たちだけでワクチン接種を行えると考えたようです。

ただ、日本医師会の反対がありながら、政府は歯科医師のワクチン接種を認めました。それだけでなく、救急救命士や臨床検査技師にもワクチン接種を認める方向です。それだけ、ワクチン接種の打ち手不足が深刻だということでしょう。

この一件を見ても、日本医師会の政治力が、以前に比べて衰えていることがわかります。

日本医師会の政治力の源泉は選挙に強いことでした。ある候補者を勝たせることができるだけの集票力があったのですが、いくつかの理由でこの集票力が弱体化しました。最大の理由は、公益社団法人日本看護協会が力をつけてきたことです。日本看護協会の会員数は約76万人。17万人超の日本医師会の4倍以上の会員数で、現在では日本看護協会のほうが政治的な力があると言われています。

その証拠に、看護師の待遇は少しずつですが良くなっています。地方では、一般的な会社勤めよりも給与が高いことが多く、こうしたこともあって全国の看護大学や看護学校の人気が高くなっています。

東京や大阪などに、ファッションのプロを育てるモード学園がありますが、デザイナーが儲かる時代でもないので、それが経営している看護の専門学校のほうが利益分野になっています。

日本看護協会が強くなったことで、以前はよく見られた看護師に対する医師のセクハラなどは、まず許されなくなりました（まだ多少は残っているようですが）。これは非常に良いことです。

医師会のライバル組織「保団連」とは？

一方で、現在、日本医師会のライバル組織となっているのが、全国保険医団体連合会（以下、保団連）です。全国47都道府県に51ある保険医協会の全国団体です。結成は１９６９年で、会員数は現在10万人を超えています。

保団連は、医師であり、政治家でもあった武見太郎氏が日本医師会の会長だったときに、日本医師会から分離独立した組織です。武見氏が金儲け主義の色合いが強かったため、日本共産党（以下、共産党）にうまく入り込まれ、分離独立しました。ですから、分離独立後も、共産党との関係が深くなっています。

前にも述べましたが、医者というのは昔から左翼的な人が多い傾向がありますので、共産党との親和性が高い医師たちが、日本医師会から離れたということなのでしょう。

また、開業医にとっては、専門の税理士をつけてくれて、節税対策などを行ってくれるなど、日本医師会よりも保団連のほうがよほど開業医に対する面倒見がよいのです。そのため、保団連に入る開業医も多く、保団連の会員数は増えています。県によっては保団連のほうが医師会よりも会員数が多いほどです。開業医の中には、医師会と保団連の両方に入っている人もいます。

共産党の草の根組織「民医連」

共産党は、敵が多い政党ですから、自分たちの味方をひとりでも増やそうと、草の根の活動にとても力を入れてきました。共産党は虐げられてきた政党だけあって、草の根の組織づくりは非常にうまいのです。

東京近郊にいるとイメージが湧かないかもしれませんが、関西に行くと民主商工会（以下、民商）という共産党系の組織が目立ちます。商店主などが民商に入ると、民商に所属している税理士や会計士が節税の指南などをしてくれます。

自民党支持者でも、税金を安くすることを目的に、民商に入ることがあるほどです。

民商は、共産党の力を維持するため、商店主や小規模企業の経営者などに対し、地方議会選挙などにおける共産党議員への投票を、日夜、訴えかけています。

共産党のもう1つの草の根組織が、全日本民主医療機関連合会、通称「民医連」です。民医連は、共産党系の病院が集まる組織で、職員が約6万人います。

東大病院などにも共産党系の職員組合があり、その職員組合が強いため、所属の看護師はあまり働かないという話を聞いたことがあります。医者の言うことも聞かず（命令に逆らうというわけでなく、自分たちの権利を主張するだけですから、悪いことではないのですが、医師たちの評判はよくありませんでした）、超過勤務もあまりしません。

一方、民医連の病院では逆に、自分たちの宣伝になるため、風邪であっても、ちょっとしたケガであっても、24時間どんな救急患者でも診てくれます。ですから、私がバイト医師として民医連の病院の当直に行ったことがあるのですが、すぐにたたき起こされるため、まったく寝られないぐらいでした。

衆議院議員選挙が中選挙区制だった時代には、地方で共産党の立候補者が当選することもありました。これは、医師不足の地域で、民医連の医者が患者に投票をお願いすると、それなりの数の投票数が確保できたからでした。

こうした保団連や民医連が地道に会員や職員を増やしていることも、日本医師会の政治力が衰退している一因です。

医者の増員も、医学部新設も、ベッド増設にも反対

日本医師会の政治力が特に弱体化したのが、自由民主党（以下、自民党）の小泉純一郎

政権のときです。彼は厚生族でしたから、当時すでに日本医師会の政治力が衰えていることがわかっていました。だから、診療報酬などの医療費の削減を敢行したのだと、私は見ています。

日本医師会が息を吹き返したのは、民主党政権のときです。どのくらいの集票力があったのかは定かではありませんが、日本医師会が民主党支持を打ち出したこともあって、民主党が政権を奪取しました。

これを見た自民党も、その後、日本医師会を見直すようになって現在に至っています。

ただ、日本医師会推薦の比例区の立候補者の得票数を見ればわかる通り、投票しているのは会員の医者ぐらいで、患者や関係者への影響力はほとんどありません。

こうして政治力が弱体化する中でも、いかなる形でも医師の数を増やすことに対しては、日本医師会の総力をあげて反対してきました。医者の数が増えれば競争が激しくなり、自分たちの既得権益が失われてしまうからです。実際、歯科医は過剰状態のため収入も激減していることが知られています。

医者が少数であるほうが患者や市民からありがたがられ、社会的地位が守られるということもあるでしょう。

そして、医者の数を増員させないために、大学医学部の新設にも日本医師会は反対しています。

地域医療構想によって入院患者用の病床数を増やせないのは、日本医師会の圧力なのか、厚労省の独自の方針なのかはわかりませんが、これも病院間の競争を阻害していることは間違いありません。

当然、日本医師会にとっては好都合ですから、病床数を減らすことはあっても、増やすことには協力的ではありません。

前述しましたが、新型コロナに対応するために、新たに病床数を増やすことができないのも、この地域医療構想のためです。

「現在の医療の逼迫は、病床数削減のツケだろう」

なぜ日本医師会に対して、厚労省に対して、新型コロナに対応する病床をもっと増やせと誰も言わないのでしょうか。民主党が言えないのは、日本医師会に再び協力をお願いしたいからでしょう。

自由に病床数を増やして病院間の競争を促したほうが、医療サービスが向上することは明らかです。医療サービスが悪い病院が淘汰され、良い病院だけが残るほうが、患者にとっても良いことだと思うのですが、いかがでしょうか。

上層部はコンプレックスの塊

ここまで、日本医師会の政治力について見てきましたが、弱体化しているのは政治力だけではありません。

日本医師会の会員である医者たち自身が、大学医学部の教授や大学病院の医者たちにひどいコンプレックスをもっています。

「自分たちは大学医学部内の出世競争に敗れた負け犬で、大学医学部や大学病院に居場所がなくなって、仕方なく開業した医者なのだ」

これは大学の医学部が洗脳に近い形で、医局員に植え付けてきた考え方ですが、現実にこんなコンプレックスを多くの開業医がもっているのは事実です。日本医師会の上層部、会長以下理事たちにも、このコンプレックスが強くあるようです。

言ってみれば、「自分たちこそが臨床の第一線で働いている医者なのだ」という、開業医や民間病院の勤務医としての誇りがまったくない人たちが、日本医師会の上層部なのです。

以前は、「臨床医のほうが研究医なんかよりも偉い」と本気で考えている医者が日本医師会にもたくさんいました。ケンカ太郎と言われた武見太郎氏が日本医師会の会長だった頃は、「臨床医こそが患者のための医療を行っている」という、自負と誇りをもった医者が多数いたのです。

こうした臨床医の誇りをもった医者が減ったのも、大学医学部に原因があります。前述のように大学医学部の教授の悪影響下に長くいた人ほど、教授の発想がすり込まれているため、開業医になってからもそれが抜けないのです。

だから、大学医学部の教授が定年後、日本医師会の上層部になったり、生え抜きの医者をないがしろにして、自分の病院の院長として迎え入れられるわけです。彼らは自分たちが大学医学部の教授の仲間になれるのが嬉しいのでしょう。

役員には病院オーナーが多い

今回の新型コロナで困っているのは、外来患者が激減している開業医です。何科の医院やクリニックであっても、現在は「できるだけ病院には行きたくない」という心理が患者に働いていますので、どこも閑古鳥が鳴いています。

「少しは私たちのことも考えてくれよ」

日本医師会が、新型コロナ感染症予防の重要性を連呼し、自粛を強く呼びかけることに対して、内心こう思っている開業医が多いのではないでしょうか。

日本医師会の上層部の人たちが医師会活動に専念できるのは、医者として患者を診る必要があまりないからでしょう。開業医でも、民間病院の勤務医でも、患者を診るのが仕事ですから、それほど多くの時間を医師会活動に割くことはできません。

全国に約８９０ある都市区医師会の会長の多くは開業医です。しかし日本医師会の会長や副会長、理事、監事などの役員になるのは、病院のオーナーなどです。

民間病院のオーナーで、いくつもの病院を経営しているなど、手広く病院経営を行っている人が、日本医師会の役員には多いのです。

おそらく、民間病院の勤務医は仕事が忙しくて、医師会活動に関わることが、そもそもあまりできません。開業医は勤務医に比べれば時間の余裕がありますので、自分たちの地域の医師会活動には積極的ですが、東京で主に活動する日本医師会の活動には、ほとんど参加できません。それで、最も時間の融通が利く病院のオーナーが、日本医師会の上層部に多いのではないか、と推察しています。

たとえば、日本医師会のトップ、中川俊男会長は、１３５床を有する新さっぽろ脳神経外科病院の理事長です。

だからと言って、民間病院の経営問題を提起して何か政治的に動くかと言えば動きません。そんなことをしても、日本医師会内の選挙で勝てないからです。日本医師会はあくまで開業医と民間病院の勤務医の利益を確保するための組織であり、特に開業医の意見が強い組織なのです。

なぜ日本医師会が強く自粛を求めるのか？

それでは、閑古鳥が鳴いて困っている開業医が多いにもかかわらず、日本医師会の上層部が、「コロナは怖い感染症だからみんな自粛しろ」と言うのはなぜでしょうか。

それは、日本医師会の上層部と開業医の現場が乖離しているため、開業医の患者が減って困っていることに、日本医師会の上層部の理解が及んでいないからではないかと、私は見ています。

つまり、日本医師会では、上層部と現場の開業医との間に意識のズレが生じており、医師会上層部と臨床現場の間に亀裂が生じているのです。

これは今に始まったことではありません。その証拠に、強制加入団体ではなく任意加入団体である日本医師会の組織率は年々下がり続け、2019年12月時点で5割強です。これは、日本の医者の約半分強しか日本医師会に加入していないことを表しています。

開業医にも、勤務医にも、いろいろな医者がいます。新型コロナはエボラ出血熱なみに恐ろしい感染症だと思っている非科学的な医者もいれば、私のようにインフルエンザ並みの感染症だと考えている医者もいます。

北海道旭川市の旭川厚生病院で新型コロナのクラスターが発生しましたが、こうしたトラブルに自分の医院や病院が巻き込まれることも含めて、新型コロナを恐れている医者もいます。現に旭川医大の医学部長は患者の受け入れに非常に拒否的だったことが暴露されています。

新型コロナの感染患者が増えて、自分の病院に来られても困るから感染者を減らせ、と思っている医者も多数いることでしょう。

医者とひと口に言っても、新型コロナに対する温度差がかなりあるため、それを日本医師会の上層部が正確に把握し切れていないのではないでしょうか。

このように考えると、テレビにわざわざ出演して、私たちにコロナ自粛を強く迫る日本医師会上層部に対して、反感をもっている医者も少なくないと思います。次に行われる日本医師会の役員を選ぶ選挙が見物です。みなさんも注目しておいてください。

東京都医師会のダブルスタンダード

公益社団法人東京都医師会は、日本老年医学会と並んで、高齢者のフレイル対策の重要性を広める活動をこれまで積極的に行ってきました。東京都医師会のホームページを見ると、フレイル予防について詳しく書かれており、高齢になれば「メタボ対策」よりもフレイル予防のほうが重要になり、しっかりと食べることを推奨しています。

この東京都医師会の尾﨑治夫会長は、何かというとテレビに出て、コロナ自粛を強く呼びかける旗振り役のひとりです。コロナ自粛が高齢者のフレイルを進めてしまうにもかかわらず、そのことには、ひと言も触れません。

一方で、東京都医師会は、２０２１年2月27日に平川博之副会長名で「もう一つの緊急事態『フレイル』をご存じですか。」というタイトルで朝日新聞に、同日の読売新聞には西田伸一理事名で、「過度な自粛が引き起こす『フレイル』とは。」というタイトルで全面広告を打っています。これはテレビ出演などとは違って、東京都医師会が安くない広告費を払っています。

このような新聞広告が、このタイミングで掲載されたのは、東京都医師会の会員医師から相当強い突き上げがあったからではないか、というのが私の見立てです。

東京都医師会は、これまで毎年、何度も高齢者向けの都民講座を開き、運動と栄養の重要性を説いてきました。尾﨑会長自ら、「70歳を過ぎたら、メタボ対策よりフレイル対策」と公言し、軽い糖尿病の人でも体重を減らさないような指導をしている話まで持ち出しています。

これは、当たり前過ぎるくらい当たり前の話なのですが、大学医学部の医者の中にはこんなことも知らずに、高齢者に対しても「血糖値を下げろ」「体重を減らせ」と言い続けている人もいます。

実際、フレイルならまだしも、要介護高齢者が増えることは、東京都に限らず、日本医師会にとって大きな問題です。

なぜなら、かかりつけの開業医に通えなくなって、家族が薬だけを取りに来ることになると、再診料や検査代を得られなくなるからです。それ以上に、新興勢力である、日本医師会に所属していない人が多い訪問診療医に、患者をもっていかれてしまう可能性も生じます。

「そのためのフレイル対策」というのは穿《うが》った見方かもしれませんが、少なくとも、これまで何年も、フレイル対策の重要性を説いてきた東京都医師会の会長が、コロナ自粛の旗振り役というのでは、「ダブルスタンダードだ」と突き上げられてもおかしくないと思います。

日本医師会の2つの敵

私は、日本医師会には、２つの敵がいると考えています。１つめの敵が、厚生労働省です。医者の収入源である医療の価格を決めるのが厚生労働省ですから、陰に陽に厚生労働省の役人に圧力をかけ、ときには接待などで籠絡して、自分たちの主張に沿った政策を立案するよう働きかけています。

2つめの敵が、先ほど紹介した保団連です。ひとりでも多くの医者に日本医師会に入ってもらうために、日々、保団連と医者の奪い合いを繰り広げています。

武見太郎氏が日本医師会の会長だった時代には、今では考えられませんが、医者にストライキ（以下、スト）を呼びかけることもありました。

しかし、現在の日本医師会がストを呼びかけて、実際にストを行ったら、患者はストを行っていない保団連の開業医に行くことでしょう。だから日本医師会はストを行うことはできません。日本医師会がストを行えば、それが保団連にとって勢力拡大のチャンスになるからです。

大学病院の「敵」から「子分」へ

そして、かつては厚生労働省と保団連に加えて、3つめの敵がいました。それが、大学病院です。武見太郎会長時代の大学病院は「白い巨塔」そのものであり、開業医は大学病院の医者よりも下に見られ、大学に残れなかった人が開業医になると言われていました

（今でも前述のようにそういう傾向がありますが、もっとひどかったのです）。

法的には許されないことなのですが、開業医が紹介状を書いても、大学病院が患者を受け入れてくれないということすら、当たり前にありました。

A大学を卒業した開業医が書いた紹介状を持ってきた患者は、A大学病院で受け入れてもらえますが、他大学を卒業した開業医がA大学病院に紹介状を書いても、患者が診てもらえなかったのです。

このため、「大学病院で診てもらうにはコネが必要」などと言われていました。

田中角栄政権のときの「一県一医大構想」で医科大学や医学部が増やされるまでは、たとえば、旧設の岡山大学が神戸大学の人事を握っていました。

北陸地方でも、石川県には金沢大学に医学部がありましたが、隣の福井県と富山県には医学部がありませんでした。医学部のない県の大病院、たとえば富山県立病院には、金沢大学医学部出身の医者が行くことになります。結果、富山県立病院の医院長や部長などの要職を金沢大学医学部出身者が独占することができます。

こうして金沢大学医学部出身者が、石川県はもちろん、福井県、富山県の大病院の要職を独占し、北陸地方の医学界を牛耳っていたのです。

こうした大学医学部のやりたい放題に対して、「大学に残れなかった人が開業医になる」

「医局とケンカした人が開業医になる」などと言われることへの反発心もあり、日本医師会は大学病院と闘う組織として必要だったのです。

当時の日本医師会は、大学病院と闘うことができるだけの政治力があり、開業医の生活を守る政策を進めるなど、開業医にとって頼りになる存在でした。

しかし、日本医師会の会長が代わる中で、次第に大学病院に対して融和路線を選択するようになり、今や前述のように敵ではなくて「子分」に成り下がっています。

開業医を重視し、勤務医を軽視する

日本医師会は、開業医と勤務医がおよそ半数ずついる組織なのですが、開業医の意見が強く、開業医の利益を守ることには積極的ですが、勤務医や勤務医が勤める民間病院に関しては「我関せず」の態度をとることがもっぱらです。

民間病院の協会としては、公益社団法人全日本病院協会がありますが、残念ながらあまり力がありません。それもあって、民間病院の多くが疲弊しています。

日本の医療において、私が最もいびつだと思うのが、開業医と勤務医の収入格差です。開業医の収入は、民間病院の勤務医の2~3倍です。このことも、日本医師会が開業医のためには積極的に活動するのに、勤務医のためにはあまり活動しないことと無関係ではないでしょう。

ちなみに、外来診療中心の開業医と、病床のある民間病院の勤務医との間に、２～３倍もの収入格差がある国は、海外のどこを探しても日本以外にありません。

アメリカでは病院に１泊入院すると最低でも約２０００ドルとられます。単純に１ドル１００円換算で約20万円です。これに対して、日本では、特別な部屋や高度治療を必要とする入院を除けば、１万円台から数万円で安く抑えられています。

外来収入より、入院収入が多い病院ほど、儲からない仕組みになっており、当然、そこに勤める勤務医の収入も多くはありません。

開業医は、外来診療に特化しているケースが多く、病床があっても数床で、こちらのほうが儲かる仕組みになっています。

これは、日本医師会が開業医のために活動してきた結果でもあり、診療報酬が改定されるたびに、民間病院は割が悪くなり、開業医は割が良くなってきました。この「病院診療は割が悪くて儲からず、外来診療は割が良くて儲かる」という、日本の医療制度も非常に大きな問題です。

なぜ民間病院の多くが疲弊しているのか？

東京は、土地代や建物代も高く、人件費も高いため、多くの病院が赤字です。東京には大きな病院がたくさんありますが、純粋に民間の大病院はあまりありません。

他方、地方は違います。徳洲会グループが選挙のたびに何十億円も用意できたのは、それだけ儲かっていたからです。

ではなぜ、東京では病院が儲からず、地方では病院が儲かるのか。東京でも地方でも診療報酬の点数が同じだからです。収入が同じなら、経費が安いほうが儲かる、という単純な話です。

また、病院に対しては、病床数に対して必要な医者や看護師の人数に決まりがあります。これを守るためには、医者や看護師の人員削減や効率化を行うことができず、逆に医者や看護師の人員を確保できなければ、病床数を減らすしかありません。

こうしたこともあって、慢性的に医者不足に陥っている病院の倒産や統廃合が進みました。

日本医師会はこれに対しては何も言いません。日本医師会にとって民間病院の問題は自分たちの管轄外ということなのでしょう。

現在、高齢者の入院が増えていますが、高齢者は慢性病での入院が多いという特徴があります。一般的には、他の入院患者よりも、慢性病の高齢入院患者のほうが手間がかからないため、病気の急変には注意が必要ですが、ひとりの医者が高齢入院患者を多数診ることが可能です。

しかし、現在は病床数に対して必要な医者の数が決まっているため、このようなひとりの医者が規定よりも多くの高齢入院患者を診ることは許されていません。厚生労働省が、こうした規制を緩和すれば、病院はより多くの高齢患者の受け入れが容易になります。

もちろん療養型病床という治療をあまり行わないで済む代わりに医師や看護師も少ない病院という特例はありますが、診療報酬は大幅に低めに設定されています。

このように一般病院に規制緩和を厚生労働省が行わないのは、短期入院型のアメリカ型の医療を目指しているからです。高齢者が増えているのに、高齢者向けの医療の仕組みを変えることなく済ませているから、民間病院がどんどん疲弊しているのです。

全日本病院協会に力があれば、こうした現状を私たちに訴え、現状を変える活動を行うことができるのでしょうが、残念ながら、私たちに対しても、役所に対しても、もの申す力が弱いため民間病院は疲弊する一方です。

民間病院が新型コロナ病床を増やしたくない理由

民間病院の多くは、新型コロナ病床を設置することに後ろ向きです。

病床を満床にしていれば、それなりに儲かる病院では、新型コロナ病床を設置すると、そこに人員をとられてしまうため、それ以外の病床も閉じなければならなくなります。

これはあくまで私の想像ですが、厚生労働省がこれまで病床数や医者や看護師の人員数など民間病院を厳しく規制してきたため、厚生労働省から「病床を新型コロナに回せ」と言われることに反発している側面もあるかもしれません。

あるいは、新型コロナ担当に命じた医者が、「子どもがいじめられるのが嫌だから辞めます」などと言って開業してしまうと、病院は非常に困ります。だから、こうした「やぶ蛇」を避けるために、新型コロナ病床を設置できないことも考えられます。

厚生労働省の病院に対する医者の人員の確保という縛りが、大学医学部の教授たちに医者を回す特権を与え、一方で民間病院の経営状態の悪化を招いているのです。

「ドクターズビル」という仕組み

日本医師会が一時に比べれば政治力が弱くなったとはいえ、それでも開業医の外来診療のほうが民間病院の病院診療よりも割が良い状況は守られています。こうした状況で現在何が起きているでしょうか。

医者の数がぎりぎりの民間病院では、週に1回、医者は必ず当直をしなければなりません。ひどいときには週2回当直しないといけなくなります。しかも、当直の翌日に外来勤務をやることもあります。俗に言う「ブラック職場」です。

それにもかかわらず、開業医よりも年収は低い、というのが民間病院の勤務医です。

バブル経済崩壊後、土地や建物の買い手が、特に地方ではつかなくなりました。そこで不動産屋が考え出したのが、「ドクターズビル」です。内科や外科、小児科、耳鼻科、眼科などが1つのビルに入っているドクターズビルを見かけたことが誰にでもあるでしょう。

このドクターズビルが現在増えているのですが、どのようなビジネスの仕組みになっているかを考えたことがある人は、あまりいないかもしれません。

たとえば、5階建てのビルを建てたとしましょう。ワンフロアの広さにもよりますが、単純にワンフロアに1診療科とすると、2階から5階に4つの診療科を誘致します。そして、1階に入るのが、調剤薬局です。

2～5階の診療科のほとんどの患者さんが、医者から発行された処方箋を持って1階の調剤薬局で薬を購入します。だから、当然、調剤薬局は儲かります。つまり、ドクターズビルのスポンサーは、医薬分業で生まれた院外調剤薬局なのです。

一番儲かるのは1階の調剤薬局なので、調剤薬局が土地を買ってビルを建て、内科、外科、小児科、耳鼻科、眼科などにビルに入ってもらい、それらの処方箋を持った患者が1階の調剤薬局に来て薬を購入するというシステムなのです。調剤薬局が開業資金を融通するという話も聞いたことがあります。

ドクターズビルは、1階の調剤薬局で儲けることができるため、2～5階の診療科の開業医へのビルの賃貸料を安くすることができます。

これまで医者は自ら開業するためには、自分で土地を買い、建物を建てていたため、億単位の借金をする必要がありました。さらに、自宅と診療所が同じ建物にあるか隣接していたため、夜中に患者に来訪され、たたき起こされることも多くありました。

ところがドクターズビルに入るのであれば、敷金は無料で毎月の賃料だけを払えばよく、夜中にたたき起こされる心配もありません。それで勤務医時代の2～3倍の年収になるなら、多くの勤務医が民間病院を辞めて、開業するのも当然です。

だから、ドクターズビルが増え、ドクターズビルに医者をとられた民間病院では、勤務医がさらに足らなくなるのです。

大学医学部教授に頭が上がらない民間病院

ドクターズビルが増え、民間病院が疲弊するのは、開業医ばかりを優遇して、民間病院に対しては医者や看護師の人員数など、厚生労働省が規制でがんじがらめにしていることが一因です。

民間病院は、医者の人員が確保できなければ、病床数を減らすか、病院を潰すしか選択肢がありません。病院を潰したくなければ、医者を確保するしかないのですが、では、どうやって、ブラック職場で収入が少ない勤務医を確保するのでしょうか。

方法は、たった１つ。大学医学部から医者を回してもらうしかありません。大学医学部から医者を回してもらうためには、教授にお願いすることになるのですが、昔は、教授にお願いして医者を回してもらうお礼として、１００万円単位のお金が必要でした。

それがばれて、贈収賄として病院の経営者と大学医学部の教授が逮捕された事件をきっかけに、さすがにこの方法はとられなくなりました。２０１９年に旭川医大の教授が内緒でお金をもらって懲戒解雇になりましたが、そのくらい厳しくなっているのです。

近年では、教授を接待することで、民間病院は教授に医者を回してもらっていますが、このため、どんどん教授に頭が上がらなくなっています。

そして、民間病院の窮状をよく知っている大学医学部の教授は、こんなことを言うのです。

「酒の席には、病院で一番美人の事務員を連れてこいよ」

私が聞いた話では、九州のある大学医学部の内科の教授が、「俺がもってきたワインが飲めないのか」と言って病院の事務員の女性に一気飲みを強要し、急性アルコール中毒になるまで飲ませたそうです。内科の医者である教授がワインを一気飲みさせるだけでも問題ですが、話には続きがあります。

教授を接待していた病院には救急外来があったので、そこに急性アルコール中毒になった女性事務員を担ぎ込み、教授もその救急室（もちろん部外者だから立ち入り禁止なのに入ってきたのです）に入り、「こんなに苦しんでいるんだ。早く下着を脱がせろ」とのたまったそうです。

こんな人間が大学医学部の教授をしているのです。病院の医院長や理事長が、医者を回してもらうために大学医学部の教授を接待することは、即刻、禁止すべきではないでしょうか。

そうでないと病院の女子職員（地方では女性のいい就職口がないのでやめさせられたくなくて泣き寝入りが多いのです）の人権は守られません。私が聞いた話は氷山の一角で性接待だって珍しくないかもしれません。

医師会の最大の仕事は医者を増やさないこと

このような形で医師不足のために地域の病院の医師たちが疲弊し、多くの病院がそのために廃院になったり、縮小したりしているわけですが、これに関して医師会はまったく助けようという考えはないようです。

医師数などの規制緩和を求めることもなく、また外来診療と入院診療の報酬のギャップを埋めるどころか、外来の診療報酬も守ることに躍起です。

また、地方の医者不足の現状にしても、競争原理で医療の質を高めるためにも、医師数を増やせば解決がつく問題ばかりなのに、前述のように医師数が増えるようなことについては、一貫して反対の立場を貫いています。

今の医師会の最大の仕事であり、レゾンデートルであるのは、医者の数を増やさないことで、自分たちの権益を守ることではないかと疑ってしまいます。

そして、かつての日本医師会は、自分たちで勉強会を開き、開業医が大学病院の医者と対等の知識と技量を身につけることを目指してお互いに研鑽していました。

しかし現在の日本医師会は、各地の腕のいい医者を指導者にして、日本の医療現場の力を向上させようといった気概もまったくありません。

日本医師会では、生涯教育と称して、医者向けに様々な講座を開いてはいます。ただ、「認知症トータルケア」というテーマであっても、教えるのは実際にケアの臨床を行っている医者ではなく、大学医学部の教授です。認知症のケアなどやったこともない教授が講師を務めているのです。

アメリカの医者にとっては、腕の善し悪しが非常に大事で、腕の良し悪しで患者の集まる度合いが決まり、それによって収入が決まります。アメリカでは、専門医になるための試験問題をつくるのも、「ボード」と呼ばれる地元の名医たちです。

ところが、日本の場合は学会専門医ですから、教授たちがつくった重箱の隅をつついた問題を解いた人が専門医になります。アメリカの専門医と日本の専門医はまったくの別物で、日本の専門医制度は、臨床の腕を保障しているわけではないのです。

学会の専門医になると5年ごとに更新しなければならず、ポイント制なのでその学会が主催する講習会に参加しなければなりません。その講習会が質問すらできない古い理論を一方的に聴くだけであることは以前に述べた通りです。

第6章

官僚と政治家の罪

「ニューノーマル」は日本だけ

日本人は、目的と手段をはき違えることがままあります。手段だったことが、いつの間にか目的にすり替わってしまうのです。それは、「何のために、何をするのか」という意識が希薄だからでしょう。

新型コロナの感染者を減らすためには、人と人との接触機会を減らすことが有効なのは明白です。しかし、感染者を減らすために、「接触機会を減らす」以外の方法については研究が進んでいません。いつしか、人と人との接触機会を減らすことが目的であるかのような新型コロナ対策ばかりになっています。

マスクにしても、仕事場や飲食店のパーテーションにしても、何のためにその手段を講じているのか、あやふやなままに「ただマスクを着けていればいい」「パーテーションがあればいい」ということになってはいないでしょうか。

そして、新型コロナのワクチン接種についても同様のことが言えます。

「何のためにワクチンを接種するのか？」

海外では、「普通の生活を取り戻すため」にワクチン接種が行われています。目的が明確です。

しかし日本では、2回のワクチン接種が終了した人に対して、優遇策がやっと検討されている程度で、「ワクチンを接種したら自由に出歩いて会食をしてもいいですよ」などといったワクチン接種のメリットのアナウンスも現時点（2021年6月現在）では、一切ありません。

欧米の人たちがマスクを嫌がるのは、顔を見てコミュニケーションをとるという基本的な行動が奪われるからでしょう。だから、アメリカやイギリスでは、ワクチン接種が進んだ段階で、マスクなしでコミュニケーションをとることがすぐに許されました。

一方で、日本だけは、ワクチン接種が進んでも「マスクを外すな」と言いかねず、自粛生活をそのまま続けているのではないか。そんな疑念を私は抱いています。

新型コロナ後の新しい生活様式を「ニューノーマル」などと表現していますが、それが「全員がマスクを着けたまま自粛を続ける生活」のことではないことを、祈るばかりです。

ワクチン接種の目的とは何か？

では、日本ではいったい「何のために」ワクチンを接種しようとしているのでしょうか。ワクチン接種の目的を、政治家も、専門家も、誰も語りません。

目的がよくわかっていないから、前述のように医療関係者の接種が遅れ、医療関係者が打ち終わっていないのに、高齢者にワクチン接種を行うというちぐはぐなことが行われました。

医療関係者を安全にすることで、コロナ対応をできる人、ワクチン接種をできる人を増やすという目的が忘れられたからでしょう。病床確保のためには入院患者のワクチン接種も迅速に行わないといけないのに、それも忘れられました。ワクチンを優先接種する代わりにコロナ患者をきちんと引き受けてくれというメッセージもありませんでした。結果的にちょうどワクチンの接種時期に各地で医療崩壊になるような病床不足が問題になりました。

ワクチンを接種しても、新型コロナに感染しにくくなる、重症化しにくいというメリットしかないので、ワクチンの副反応が報道されればされるほど、ワクチン接種を行わない人が増えることが考えられます。

このままでは、ワクチン摂取率はあるところでストップしてしまうでしょう。万が一、ワクチン接種率が5割程度でストップすれば、市民生活を取り戻すことはできません。

こうした事態を避けるためには、ワクチン接種に強制力を働かせるか、ワクチン接種のメリットを増やすしかないはずです。

ワクチン接種のメリットを増やして公言すれば、「じゃあ接種するか」という気になる人も確実に増えます。しかし、そのようなことが行われる気配すらありません。

ワクチン接種が急速に進んだイスラエルでは、ワクチン接種を証明するパスポート「グリーン・パス」を発行し、自由に出歩いて会食もできるメリットを、ワクチン接種者に与えました。現在イスラエルでは、ほぼ制限のすべてが解除されたため、グリーン・パスも必要なくなりました。

「何のために何をするのか」を明確にして説明し、その結果、「こうしたことが実現できます」というメリットまで提示することが、政策を決め、新型コロナ対策を決め、ワクチン接種を主導する政治家には求められます。

しかし現状では、目的と手段が不明確なまま、緊急事態宣言が発令、延長され、ワクチン接種が混乱の中で、進んでいます。

感染者が増えたら緊急事態宣言を発令し、減ったら解消し、また増えたら発令し、減ったら解消する。こんなことを、いつまで繰り返すつもりなのでしょうか。抑制と解放を繰り返すだけでは、根本的な打開策にはつながらないことは、誰の目にも明らかでしょう。

若い人たちにはワクチン接種のメリットがない

前にも述べたように、若い人たちは新型コロナをあまり恐れていません。それは当然で、ほとんどの人が感染しても無症状や軽症だからです。20代までの死者数はまだ一桁です。

そして、ワクチン接種の2回目の際、若い人のほうが38度以上の発熱や頭痛が起こるということがわかっていて、若い女性に関しては2割程度にのぼるということが巷で言われています。実際、20代女性の37・5度以上の発熱はなんと5割を超えると厚労省も発表しています。インターネットが情報源である若い人たちは、すでにこのことを知っています。

「新型コロナに感染しても軽症や無症状なのに、なぜ高熱や頭痛が起きる可能性があるワクチン接種を行わなければいけないのか」

このように若い人が考えることは、何ら批難されることではありません。「ワクチン接種によって新型コロナに感染や重症化しにくくなる」というメリットだけでは、若い人たちがワクチン接種を嫌がることが容易に想像できます。

若い人たちは現在、自由に出歩けないことや、仲間同士で集まったり、会食したりすることができないことに、非常に大きなストレスを感じています。

であるならば、イスラエルのように、ワクチン接種を2回終えた人には「ワクチンパスポート」を渡して、そのパスポートを見せれば、自由に出歩くことも、数人が集まって外食することもできるようにする。そして、こうしたワクチン接種のメリットを政治家が広く公言すればよいのではないでしょうか。

現在、ワクチン接種に後ろ向きの若者も、こうしたメリットがあるのであれば、「じゃあ仕方がない。ワクチン接種を受けるか」と考えを変えてくれるかもしれません。

日本は、良い情報に比べて、悪い情報ほど早く大量に出回る国です。だから、ワクチン接種の副反応などの悪い情報だけでなく、自由に出歩いて会食もできるようになるといった、ワクチン接種の良い情報を積極的に喧伝していくべきなのです。

もし政治家が、こうしたメリットを与えることも、それを広く公言することも行わなければ、ワクチン接種率はかなり低い数値でストップしてしまう可能性があります。

WHOは、市民生活を取り戻すことができる「集団免疫」という状態について、「正確にはわからないものの、世界の人口の70%を超える人がワクチンを接種する必要がある」という見方を示しています。

日本の人口の70%以上の人がワクチンを接種するためには、20代、30代の人たちのワクチン接種率がカギを握ると考えられますが、こうした若い人たちのことを考えた対策などが、きちんと立案、計画されているのか、非常に不安です。

これまでの新型コロナ対策は、あまりに場当たり的で、計画性も戦略もなく、何が起きそうかの想定もなく、長期的な展望もない、といったものでした。日本がそういう国であることを改めて目の前に突きつけているのが、現在の新型コロナ禍なのです。

スウェーデンとフィンランドの対策

集団免疫についても少し触れておきましょう。

集団免疫の獲得を目指して独自の新型コロナ対策を行ったのが、スウェーデンです。スウェーデンは当初、集団免疫の獲得を目指してロックダウンなどの強い制限措置を行わず、街中でもカフェでも、マスクをしていない人たちが普段の生活を続けました。

その結果、他の北欧諸国と比べると死者数が多くなり、集団免疫を獲得することもできず、スウェーデンの集団免疫獲得政策は失敗したと言われています。

ただ、スウェーデンの新型コロナの死者数は約1万5000人と、確かに他の北欧諸国よりは多いですが、10万人を超えているイギリスやイタリア、フランスといったロックダウンを行った国よりもはるかに少なく、人口100万人当たりの死者数でもそれらの国よりやや少なめです。

スウェーデンの集団免疫獲得政策が、特にひどい失敗政策だったと言えるほど悪い結果だったわけではない、と私は見ています。

ではなぜ、スウェーデンは移動の自由を制限する道を選ばず、集団免疫の獲得を目指したのでしょうか。

私は、スウェーデンが高齢者の多い国だからだと見ています。ロックダウンのような強い制限措置を行ってしまうと、将来の介護財政に悪影響が及ぶと考えたのです。

「高齢者が多いのだから、できるだけ外に出て身体を動かしてもらったほうがいい」

スウェーデンの政治家や専門家は、こう発想しました。一方、日本の政治家や専門家たちの中に、こうした発想はまったくありませんでした。これが現実です。

スウェーデンとは逆に、ロックダウンを短期集中的にやったのがフィンランドです。高齢者にとっても、1年間移動できないのと、1カ月移動できないのとでは後遺症の重さが違ってきます。

将来を見据えて、高齢者にできるだけ悪影響が及ばないような政策を、スウェーデンも、フィンランドも採りました。手段は正反対でしたが、目的は共通していました。

そして、目的と手段をきちんと国民に説明しているから、大きな反対の声はあがっていません。どちらの国も、そもそも政治家や官僚、専門家などへの信頼度が高い国として有名ですが、今回の新型コロナに対する政策を見ても、信頼に値する政治家や官僚、専門家たちだということが端からもわかります。

翻って、日本の政治家や官僚、専門家を見るとき、悲しい気持ちになるのは私だけではないはずです。

バカ殿を政治家にする封建国家ニッポン

ただ、日本の政治家を選んでいるのは、私たち日本人です。

私は、日本は民主主義国家ではなく、いまだに封建国家だと思っています。なぜなら、それぞれの地元のお殿様に票を入れるからです。お殿様は世襲で決まりますが、日本の国会議員をはじめとする政治家にも2世議員、3世議員が、これでもかと言うほど多くいます。

自由選挙で立候補者の誰に投票してもいいのに、世襲のお殿様に投票する人が多い。その結果、政治家の世襲率が中国や韓国よりも高くなっていますし、先進国の中ではトップということになっています。

不定見なワクチン接種政策のトップを任されている河野太郎氏も3世議員です。

投票する国民も、お殿様が「バカ殿」であることが多いことには気づいていますが、それでもそのバカ殿に政治を任せています。

さらに言うと、日本の税金は年貢だと思っています。他国であれば、税金を払ったら、払っただけのサービスを受けようとします。税金が高いなら、それに見合った教育や福祉を求めます。だから税金の高い北欧の国などでは、教育や福祉が無料です。

他方、日本では税金を毎年払っていた人がうつ病になって収入が途絶え、生活保護を受けようとしたらバッシングされます。

国や地方に税金を払ったら、国や地方のサービスを受けるのは当然の権利です。ところが、日本は税金が年貢のため、生活保護はお上からの施しになります。

つまり、日本では、税金は年貢で、福祉は施し。そして、施しを受ける人は恥ずかしいという文化なのです。封建国家そのものではないでしょうか。

昔は「バカ殿」にも優秀な家老がいました。しかし今は、優秀な家老だった役人が「バカ殿」のことを忖度して、「バカ殿」のやりたい放題になっています。そうなったのは、内閣人事局によって官僚の人事権を「バカ殿」が握ったからです。

「バカ殿」を政治家にするのならば、もう少し官僚を大事にしなければならないのに、国民も、マスコミも官僚バッシングを行います。

「バカ殿」が言うことに官僚が唯々諾々と従わないといけない制度に対して、誰も文句を言わず、野放しにしているのは、どうかしているとしか思えません。

「バカ殿」が政治家をやっていても、何事もない平時であれば許されるのかもしれませんが、困るのは非常時です。

今回の新型コロナのような非常時の危機対応には、これまで見てきたように、目的と手段の明確化、計画性や戦略、スピード、専門家の言うことをうのみにしない俯瞰的総合的な判断力、近未来の予測能力、長期的な展望など、様々な能力が問われますが、悲しいかな、「バカ殿」にはこれらの1つたりとも備わってはいないのです。

東京オリンピックが絶対に開催される理由

この本が出版されるときには、すでに結果が出ていますが、あえて書いておきましょう。

2021年6月21日現在、私は、東京オリンピック・パラリンピックは、何があっても開催されると予想しています。なぜ、そのような判断にいたったのか、説明しましょう。

東京オリンピックが開催されるからといって、世界中の国と地域が参加するとは限りません。おそらく、参加を辞退する国や地域が50以上あるでしょう。

さらに、直近1年間のアスリートたちの練習量は、どの種目、どの国のどの選手であっても満足のいくものではないはずです。多くのアスリートが自粛生活の中で、試行錯誤を繰り返して、何とか現状を維持するのが精一杯ということも考えられます。

このようなアスリートたちが、いくら一生懸命、全力でプレイしたとしても、世界新記録は出にくいはずです。つまり、東京オリンピックは、世界新記録ゼロの凡庸なオリンピックになる可能性すらあるのです。

こうした凡庸なオリンピックで活躍できるのが、地の利を活かせる日本人選手たちです。

日本人選手のメダルラッシュになれば、それをマスコミが両手を挙げて大喜びし、歓喜の報道を溢れさせることで盛り上げます。オリンピックの危険性を論じ、開催に反対したマスコミ、とくにテレビマスコミは、掌を返したようにオリンピックに熱狂した報道をすることでしょう。結果、東京オリンピック・パラリンピックは大成功だったということに「日本では」なります。

そして、東京オリンピック・パラリンピック後に行われる衆議院議員選挙で、自民党と公明党の政権与党が大勝ちするというのが菅義偉政権の描くシナリオだと、私は考えています。したがって、東京オリンピック・パラリンピックは必ず開催されるのです。

総務大臣の経験から日本のテレビマスコミの性質を知り尽くした菅総理は、そのくらいのことを考えていると思います。そして、オリンピックの熱狂のあと、若者のワクチン接種が進まなければ、重症者や死者は減っても、だんだん涼しくなることも重なり、感染者数は減らないので、またマスコミが政権批判を始めることもわかっているので、オリンピックの熱狂がさめやらぬうちに選挙を断行すると私は見ています。

官僚の劣化は30年前に始まった

さて、かつては「バカ殿」にも優秀な家老がいました。この優秀な家老だった官僚たちにも、今では、その優秀さに衰えが見えます。

官僚の劣化は30年ぐらい前から言われていました。以前は、最も優秀な人たちが国家公務員試験を受けていました。東大で言えば、最も偏差値の高い文科Ⅰ類（法学部）の学生が国家公務員を目指しました。さらにいうとその中でもトップクラスの人たちが官僚になっていたのです。

しかし現在は、東大においても、文科Ⅱ類（経済学部）の偏差値が、文科Ⅰ類の偏差値を抜きました。理由は、文科Ⅰ類から国家公務員になるよりも、文科Ⅱ類から外資系企業やベンチャー企業などに入るなり、自分で起業したほうが人生楽しそうだと思う学生が増えたからです。

こうした傾向は30年ぐらい前からありました。バブル経済のころから、開成高校→東大→官僚というレールに乗れたとしても、都内に家すら買えないと言われていましたから。

そして、東大を卒業して官僚になる人たちは、東京のヒルズ族の実態も知らず、情報に疎い地方の県立高校出身者ばかりになりつつあります。「学校の先生の言う通りに一生懸命勉強したら東大に受かりました」みたいな、世の中のことを知らない人しか、官僚にならなくなってしまったのです。

統計ではなくニュースで決まる政策

こうして年々官僚になる人の質が低下しているところに、安倍政権が内閣人事局を最大限に使って好き勝手に人事を差配したため、出世第一主義の官僚たちは政治家に好かれることを重んじるようになりました。

官僚の質が下がり、出世のことで頭がいっぱいの官僚ばかりになれば、大局的に全体を把握して政策を考える人など、ほとんどいなくなってしまうのです。杓子定規にしか物事を考えられない人しかいない状態になってしまいました。

官僚がなぜ統計をとるかと言えば、統計に基づいて政策を立案するためです。学力低下が起こっていたら、学力低下への対策を行う。高齢者の交通事故が増えているのであれば、それへの対策を講じる。だからと言って高齢者から免許を取り上げるよりは、自動運転を普及させるといった方向に舵を切るのが普通だとは思います。

統計に基づいて政策を立案し、政治を行うのは、どこの国でも当たり前のことです。ところが日本では、ニュースに基づいて政策が立案され、政治が行われています。

高齢者が交通事故を起こしたら、高齢者から免許を取り上げる。いじめ自殺が起こったら勉強よりも仲間づくりが大事だという教育政策に変わる。マスコミの報道に右往左往しながら政策の方針を変えてしまいます。

そこには、統計データも、エビデンスもありません。

犬が人間を噛んでもニュースにならないけれども、人間が犬を噛んだらニュースになると言われるように、ニュースになるのは珍しいことです。

にもかかわらず、ニュースに振り回されて政策立案をしているのだとしたら、例外的なことばかりに対策を講じていることになります。例外に対応するということは、多数起きている、本来対策を講じなければならないケースを無視するということです。

だから日本は、新型コロナに限らず、様々な奇妙な政策を誤り続けているのです。

コロナ自粛政策でも、要介護高齢者が増えることが予想されますが、高齢者から免許を取り上げると、地方だと高齢者の外出が大幅に減るので、要介護者が8倍になるという国立長寿医療研究センターの調査研究がありますが、それはまったく無視されています。

もちろん、高齢者の免許返納を呼びかけている国は先進国では日本だけです。

アメリカでは、高齢者のほうが運転が安全で正確だということで、89歳のクリント・イーストウッドが91歳の麻薬の運び人を演じる『運び屋』という映画が作られるくらいなのですから。

老健局は批難を承知で送別会を行った?

新型コロナに関する政策などについて、厚生労働省で主に担当しているのが、健康局結核感染症課です。この「結核感染症課」という名称を見ても、厚生労働省にとって感染症対策がこれまで二の次、三の次だったことがわかります。

感染症はほぼ撲滅できたと思っていますから、結核感染症課の省内での影響力は大きくありません。

2021年3月、厚生労働省の老健局の人たちが、自粛が強く求められている中で、勤務後に集まり、酒をともなう送別会を深夜まで行ったことが、大きな批難を浴びました。人々に自粛を強いている厚生労働省が、自分たちは酒盛りということでマスコミの餌食にされました。

この報道を初めて耳にしたとき、「老健局だから意図的にやったのかもな」と私は思いました。老健局というのは、高齢者の医療や福祉などを担当する部署ですから、高齢者にこれほど長期にわたって自粛生活を強いれば、足腰が弱って要介護者が増えることは容易に予想できます。そのことに対する不満がたまりにたまっていたので、批難されることを承知のうえで、送別会をやったのではないかと思ったのです。

厚生労働省も一枚岩ではありません。コロナ自粛が長期間続けば、うつ病の人が増える、要介護になる高齢者が増えると心配している人たちもいます。そういう人たちが「やけ酒」を飲んだのではないか。

私は、自粛を命令する側ではなく、反対する側の人たちが、あえて飲み会をやったのだと見ています。

その結果、飲み会に参加した人の半数が新型コロナに感染したというのは、笑えない笑い話です。「この飲み会がクラスターの原因となったわけではない」と苦しい言い訳をしていますが、厚生労働省老健局はクラスターに認定されました。

しかしながら、このような厚生労働省の省内の事情をマスコミの人が何も知らないことのほうが私の背筋を寒くしました。人々の生活を規制している人が送別会を開くとは何だ！　という批判一色だったのですから。

何のための省庁再編だったのか

2001年の中央省庁再編において、旧厚生省と旧労働省を統合してできたのが、現在の厚生労働省です。私はこの統合自体、なぜ行ったのか、不思議でなりません。

高齢者が増えて、超高齢社会になれば、高齢者政策を主に担当する厚生省の仕事や役割分担が増えることは、火を見るより明らかでした。それなのに厚生省と労働省を統合しました。このこと自体が間違っていたのではないでしょうか。

実際、厚生省と労働省を統合したことで、高齢者に対するきめ細やかな行政がやりづらくなりました。

当時、省庁再編や市町村再編などが声高に叫ばれ、再編して統合すれば効率化されてムダな支出が減ると言われましたが、現実がどうだったかと言えば、支出は減っていませんし、サービスも悪くなっています。

省庁再編は、改悪だったわけですが、日本では改悪だったという総括もなければ、改悪だったときには元に戻すという柔軟性もありません。

国鉄民営化や郵政民営化の際、最初の10年間は国が民営化した株式会社の全株式をもつことになっていました。これが、なぜかと言えば、民営化がうまくいかなかったときには元の国営に戻せるようしておくためです。

では、民営化後、経営効率が良くなり、サービスが向上したのかと言えば、逆に、サービスの質は下がりました。特に、地方において、それが顕著です。

たとえば、ＪＲ北海道は赤字路線を次々に廃線にしています。また、地方の郵便局の数は減り、地方住民にとっての郵便サービスは劣化しました。ところが、こうした地方の現実が広く日本全国に報道されることはほとんどありません。なぜか。

それは、テレビのキー局が東京にしかなく、東京目線で見た報道しか行われていないためです。東京目線で見れば、確かに民営化によってＪＲや郵便などのサービスが良くなっていますので、そのことだけが報道されるというわけです。

テレビ局は、地方の住民生活の実態を知らないし、知ろうともしていません。高齢者の自動車の運転免許証の返納を促すような明らかな地方いじめまで、テレビ局は公然と行っているのです。

テレビのキー局を「地方分散」せよ

新型コロナでも、ほとんど感染者が出ていない地方まで外出自粛が行われ、東京などから人が来るのは怖いと地方の人が思うのは、テレビの報道内容が東京など都市圏に偏った内容だからです。

テレビのキー局も、プロ野球やＪリーグのチームのように、日本各地に分散させるべきではないでしょうか。そうすれば、それぞれの地域から見える光景や姿が報道されるようになります。各々の地方が地元のことを考えた、地元の人たちのための番組をつくるようになるはずです。

広島にテレビのキー局ができれば、「広島カープの選手が大金で引き抜かれるのは問題だ」という意見も、全国的に報道できるでしょう。

日本では、「地方分権を進める」と言いながら、どんどん中央集権になっていますが、政治的に地方分権を行うよりも、テレビのキー局を地方分散したほうが、よほど地方分権が進むと思います。

1950年代後半から60年代にかけて、都道府県の首長の汚職が続けて発覚したことがありました。このとき、マスコミと警察庁が組んで、「都道府県警察のトップである都道府県の警察本部長を都道府県の首長が指名するのはまずい」というキャンペーンを行いました。

しかし、首長の汚職を検挙するのは警察ではなく検察の検事です。ですから警察は関係ないはずなのに、こうしたキャンペーンが行われたのです。その結果、道府県の警察本部長は全員、中央官庁の役人（警察の経験がないキャリア官僚がその県の警察のトップになるという異常事態が当たり前なのに、自分の県警でものすごい業績をあげても本部長にはなれません）になりました。

東京都だけは警視庁が地方組織として存続されたため、トップの警視総監は東京都の職員です。しかしながら、東京都の職員として警視庁に入った人間が、警視総監になったことはない。最近、警視庁の出世争いを描く警察ドラマが人気を博しましたが、トップの警視総監は警察官僚が下りてくるので、起こり得ない絵空事だったのです（テレビドラマの脚本家やプロデューサーの調査能力のなさを如実に示していると私には感じられた）。

戦前戦中、日本には悪名高き特高警察があったことから、アメリカのGHQが日本の地方の警察組織をアメリカ型に変え、地方に警察権限を与えたのですが、それを警察庁の一極集中型に戻したのが、このときのキャンペーンだったのです。

このとき以来、テレビ局と警察庁の官僚の癒着関係が継続されているとしか思えません。容疑者が逮捕されても推定無罪のはずなのに、逮捕されるまでは匿名で、ドライブレコーダーなどの記録にもモザイクをかけるくせに、逮捕されたとたんに（逮捕される前に一般の人に知られたほうが、市民の情報提供も得られるし、市民の危険も回避されるはずなのに）実名報道でモザイクははずされます。そして、警察から流れてきた情報は垂れ流しにされ、弁護士からの情報はテレビで報道されることはまずありません。

まさに冤罪の温床をテレビ局は作りだしているのです。

もう1つの問題は、せっかくの自治体警察を中央集権化したため、地域の実情に合わせた対応ができないということがあります。

高齢者から免許を取り上げるのも全国一律です。

あるいは、飲酒運転（といっても酒酔い運転でなく、酒気帯びレベルの話ですが）にしても夜に人が歩いていない地域と、夜も人が歩いている地域では取り締まりが一律でなくていいはという考え方が欧米にはあります。

今は知りませんが、一時期はニューヨークのマンハッタン島の中では、飲酒運転でつかまると自動車が没収されました。いっぽう、南北80キロに及ぶナパバレーでは、当たり前に飲酒しながらワイナリー巡りが行われます。6杯のテイスティングをすればボトル半分くらいになるのですが、それを何軒も自動車で動くのです。それでも一切取り締まりは行いません。

人も歩いていないし、地域の文化を守るという意識が自治体警察には強いのです。

日本では、飲酒運転を厳罰化すると、ロードサイドの回転寿司などがつぶれるのですが、その跡地に警察の重要な天下り先のパチンコ屋がたつことが多いようです。

地域の人が飲食に落としていたお金がギャンブルに向かうことも大きな問題でしょう。

改善し反省するためにも「検証」を！

省庁再編にしても、市町村再編にしても、国鉄民営化や郵政民営化にしても、ある一定期間後に、その効果を検証するということが、日本では行われません。何事もやりっぱなして、検証して改善する、あるいは反省するということが行われません。

新型コロナでも、海外では、医療体制の不備など、すでに様々な検証が行われ、それにともなって改善や反省が進んでいます。ところが日本では、感染予防対策など、実施した施策に対しての検証が今もって行われていません。やりっぱなしです。だから、同じ過ちを何度でも繰り返すことになるのです。

きちんと検証を行って、それを改めることができれば、新型コロナも「禍を転じて福となす」ことが可能なのですが、検証を行う必要性を説く人も、実際に検証を行おうとする人も、海外に比べて圧倒的に日本は少ないと感じています。

日本の医療のどこに問題があるのかを検証し、改善するいい機会であるにもかかわらず、それが行われることは今後もなさそうです。

新型コロナは、すでに1年以上にわたって続いているのですから、集めようと思えば必要なデータも、様々なエビデンスも集められます。それらを検証すれば改善ポイントも見えてきます。改善ポイントが見えてくれば、それら1つ1つに手を打っていけば確実に日本の医療は良くなっていくはずなのですが……。

政治家や官僚がリーダーシップを発揮して、新型コロナに関する検証機関をつくり、同じ過ちを繰り返さないだけでなく、確実な改善、進歩につなげるべきなのではないでしょうか。

基本的人権を簡単に制限させるな

私が今すぐにでも検証を始め、一刻も早く決めてもらいたいのが、「どの程度の感染症なら基本的人権を制限できるのか」ということです。

移動の自由や営業の自由は、基本的人権の中でも上位の自由です。言論の自由だけが基本的人権ではありません。社会的文化的生活を営む権利も、基本的人権の中でも上位に位置するものでしょう。

日本人の中には、家があって食事ができる「最低限度の生活」ができれば、それで十分ではないかという発想があります。だから生活保護を受けている人がディズニーランドに遊びに行くと怒ります。食べられるだけで十分と思われたために、フードスタンプを配れと言った大阪市のような自治体もあります。

また、主権が制限されることに対して、非常に無抵抗です。

しかし、最低限度の生活は、その言葉の通り最低限度であって、それ以上の自由や権利があってはじめて人間らしい生活が営めるのです。

しかも食べられて寝るところが与えられる生活（これは奴隷でも保証されていました）で

はなく、最低限の文化的生活です。

今回の新型コロナでは、著しく自由や権利が制限されました。日本の場合は「強制」ではなく「自粛」ですが、私たち日本人にとっての「自粛」は、海外の「強制」と同意です。そして、様々な基本的人権が制限されただけでなく、映画やコンサートを見ることや食文化を破壊するなど、文化的生活も大幅に制限されました。

年間10万人亡くなる感染症なら、これぐらい主権を制限する。

年間1万人亡くなる感染症なら、インフルエンザ並みなのだから、主権は制限しない。

こうした具体的な数値による線引きを明確に行わないと、新しい感染症が発生するたびに、今回のように基本的人権が制限されることになりかねません。

授業オンライン化の悪影響は考えられているか

学校の授業のオンライン化にしても、オンライン化することによって3年後、5年後に、どのような悪影響があるのか、考慮したうえで文部科学省がオンライン化を進めているようには、残念ながら見えません。

新型コロナの後遺症については騒ぐのに、突然授業をオンライン化したことの後遺症や、高齢者に自粛要請をしたために将来要介護者がどれだけ増えるのか、についてはまったく考えられていないのではないか。

教育に悪影響があるということは、将来にわたって日本に悪影響があるということです。高齢者に悪影響が及ぶということは、介護財政が毎年兆円単位で増えるということです。

こうしたことを政治家も官僚も専門家も何も考えていない。政策を立案する際に、総合的な視点がまったくないだけでなく、将来展望もありません。ただ目の前のことだけしか考えていません。政策や対策があまりにも対症療法的で稚拙に過ぎるように思えてなりません。

子どもの教育を制限することに関しては、どこの国でも議論になっていますが、果たして日本でどれだけの議論が、現在行われているのでしょうか。

文科省も大学医学部の教授と同じことを言っていた

1990年代前半、文部科学省が「観点別評価」を始めてから、日本の学校はかなり窮屈な空間になりました。テストの点が良くても、「授業態度が悪い」「学習意欲が低い」「表現がわかりにくい」など、評価者である教師の主観によって成績の75%が決まるようになったからです。

ペーパーテストの成績は評価の25%に過ぎず、したがって、四六時中監視されているような教育環境なのです。

この時期から、校内暴力も、生徒間暴力も、引きこもりも、不登校も増えています。夏休み後、学校に行きたくない生徒たちの「9月1日自殺症候群」も起きています。こうしたことから、子どもたちが精神的な圧迫を強く感じていることが推察できます。

2018年、文部科学省の官僚の子どもが東京医科大学に裏口入学した事件がありました。それ以来、表だってあまり言わなくなりましたが、それまで一貫して言っていたのが、「学校の内申書と面接と小論文をセットにしない入試は認めない。ペーパーテストだけだと変なやつが入ってくる」ということです。

どこかで聞いたセリフですね。そうです。大学医学部の教授と同じことを文部科学省の官僚も言っていたのです。そして、この事件で実証されたように面接が不正の温床になるのも同じです。

現在、国立大学は存在せず、国立大学法人という文科省の補助金をあてにした独立法人があるだけなのですから、面接で文科省の役人の息子とわかっている人間を落とす度胸のある大学はまずないはずです。

しかしながら、生徒たちにとっては、内申書や面接がなく、ペーパーテストのみのほうが、圧倒的に心理的負担は少ないと言えます。「教師に好かれなければ」「面接官に気に入られなければ」といったことに気をつかう必要がないからです。

それでも多くの国民が入試における内申書や面接に反対しないのは、ペーパーテストに対して怨恨や憎悪の感情があるからなのでしょう。

オンライン授業に良いところがあるとしたら、多少なりとも内申書や面接の比重を下げざるを得なくなり、テストの比重が高くなることでしょうか。

そのメリットよりも大きなデメリットが、オンライン授業にはあります。オンライン授業だけでは、人と人とのコミュニケーションの経験が不足します。仲間と一緒に行う部活動などの経験ができないことの悪影響は計り知れません。そして、真の友達、親友をつくることもできません。

「みんなに好かれる」よりひとりの親友

日本では、ネット空間で本音を吐くとすぐに炎上してしまいます。このため、ネット空間でも本音を吐くことができません。

ネット上では、「マジョリティにおもねる」という日本人の悪い特性が、より強化される傾向がありますが、この国のネット空間での、ある人に対する集中的な叩き方を見ていると、その残忍さに私でも恐ろしくなります。

リアルの空間であれば、2人か3人のときに、「俺あいつ嫌いだわ」と本音を言えます。
私は、長年の精神科医としての経験から「みんなに好かれる」ことよりも、親友がひとりいることのほうが大事だと常々言っています。ただ、親友というのは、なかなかできません。ましてネット空間だけで親友をつくるのはかなり難しいことです。

炎上覚悟で本音を語るだけの度胸があれば、その本音に共感してくれる少数の中から親友がつくれるかもしれませんが、それを実行するのはかなり難易度が高い。特に子どものときに行うのは無理なのではないでしょうか。

私は、みんなに合わせる社交性よりも、誰かひとり親友を見つけて本音を語れる社交性のほうが大事だと思っています。面と向かって、いろいろなことを話し、ときにはぶつかり、ケンカもしながらお互いのことを理解していく。こうした貴重な経験をしてつくられる親友こそ、かけがえのないものでしょう。また自分の思考のレベルも確実に上がっていくはずです。

もし、ネットで親友をつくるしかないのであれば、「ネットで本音を語り、それにどんなに多くの反対意見や誹謗中傷があっても、それらは全部無視していいから、自分の本音に共感してくれる人を見つけろ」といった教育を行うべきです。

学校の先生についても述べておくと、先生に悪人がいるわけではなく、ほとんどの先生は善良な人だと思います。ほとんどが悪人の大学医学部の教授たちに比べれば、はるかに善良です。

ただ、先生の中に大人物がいるかと言われれば、それもいないのかなとは思います。昔は、先生の中に大人物がいました。師範学校というのは、その地域でお金はないけれども最もインテリが行く学校でしたから。

体罰は日本の文化だなどと、でまかせを言う人もいますが、戦前は親が子どもを殴るのを止めに行くのが学校の先生の役割でした。戦前戦中の軍事教練と、戦争中に軍部で殴る蹴るを覚えてきた復員兵教師が体罰の元凶です。

毎年「新型コロナ」が流行する

新型コロナは、風邪のウイルスであるコロナの変異種みたいなものです。だから、インフルエンザのように、毎年、タイプの異なった「新型」が現れ、寒くなる頃から流行する可能性が大いにあります。

ワクチンについても述べておくと、ワクチンには抗体が一生続くタイプ（日本脳炎など）と、抗体のスパンがせいぜい半年から1年のタイプ（インフルエンザなど）があります。

ひと冬に3回も4回も風邪をひく人がいるということは、風邪のウイルスに関してはワクチンをつくっても3カ月くらいしかもたないだろうと言われています。それと同じだと考えると、新型コロナのワクチンも、どんなに長くもっても1年。

ということは、毎年、ワクチン接種を行わなければならなくなることが予想されます。

こうしたことも踏まえて、新型コロナの怖さやワクチンの長期的な副作用（RNAワクチンという新しいタイプのものは遺伝子配列に異常を起こす可能性があります）などをきちんとデータを見て科学的に評価して判断しないと、これまでと同様のマスクを着けて自粛を続ける、自由も基本的人権もない生活を、毎年、繰り返すことになります。また安全性が確認されないワクチンを毎年打つことになります。

インフルエンザで毎年約1万人が亡くなることを容認していたのですから、新型コロナでも同じくらいの人数が亡くなるのであれば、それを容認するというコンセンサスを国全体でとらないといけません。

この国全体でコンセンサスをとる、国民の多くの理解を得ることこそ、政治の役割なのではないでしょうか。それを避けて、日本だけが自粛生活を続けていったとしたら、間違いなく世界に置いていかれます。そして、そのうちに世界から日本が忘れられてしまう日が来ることになります。

政治家と官僚の奮起とリーダーシップに期待したいと思います。

第7章

医療界改革への提言

日本の医療レベルは中国以下

日本人の多くは、「日本の医療レベルは高い」と信じているかもしれませんが、これまで述べてきたように、大学医学部も、その教授も、大学病院も、医師会も、民間病院も、様々な問題をかかえており、お世辞にも「日本の医療レベルは高い」などとは言えない状況です。

日本人はもう少し、自分たちの「後進性」を意識したほうがいいと思います。すでに医療においても、中国や韓国に負けていることを、もっと意識すべきです。

中国人がわざわざ日本に来て医療を受けることから、日本の医療のほうが中国より優れていると思っている人がいるかもしれません。しかし、それは明らかに間違いです。

中国の病院には、世界でも有数の医療機器が備えられている病院がいくつもありますし、それを使いこなすだけの技量のある医者も多数います。

ではなぜ、中国の要人は日本の病院に来て医療を受けるのでしょう。

もちろん、医療費が安いという理由もありますが、別に大きな理由があります。

中国では、アリババの創業者であり大富豪のジャック・マー氏でさえ、中国共産党に目をつけられれば干されてしまうように、共産党とどれだけ強くつながっているかが、財界人であれ、医療者であれ、誰であれ、非常に重要なのです。

中国の病院で、余命2年の可能性がある「がん」が発見されたら、そのことが共産党中枢に速やかに報告され、誰もが知ることとなります。そして、2年後に死ぬ可能性が高い人の周囲には誰もいなくなります。付き合っても何のメリットもないからです。

中国の病院にはおそらく現実的には守秘義務などありませんので、政治家はもちろん、大企業のトップや地方の権力者であっても、検査結果や診療結果が、すぐに共産党中枢に報告されてしまいます。

それが嫌だから日本の病院に来るのです。日本の医療レベルが中国より高いからではなく、共産党中枢に自分の健康状態や病気の症状を知られたくないから、日本の病院に来て医療を受けているに過ぎないのです。

もし、韓国の医療レベルが日本以上になれば、中国人は韓国の病院に行くようになるかもしれません。

どの病院が患者にとって良い病院なのか?

「日本の病院の中で、どの病院が患者にとって良い病院なのか?」

多くの人が知りたいと思うことですが、私は厚生労働省でさえ、それについては把握していないのではないかと思っています。なぜそう思ったのか、述べましょう。

その昔、総理大臣にもなった橋本龍太郎氏という厚生族のドンがいました。彼は心臓に持病をかかえていたのですが、心臓の治療では二流と思われていた国立国際医療センターという病院に通っていました。

橋本氏は、岡山県選出の国会議員でしたから、地元の人たちに知られるのが嫌だったのかもしれませんが、岡山県倉敷市にある倉敷中央病院には、台湾総統だった李登輝氏がわざわざ治療を受けに来た、光藤和明氏という心臓病治療の内科の名医がいます。

また、岡山大学の心臓血管外科には、佐野俊二教授という国立大学の心臓外科の教授では、ほぼ唯一、手術がうまい教授がいました（現在はカリフォルニア大学サンフランシスコ校外科部門教授）。

なぜ手術の腕が良い佐野氏が教授になれたのかと言えば、岡山大学の前の教授の心臓の手術があまりにも下手で、子どもの患者がバタバタ亡くなったことがあり、小児科が次の心臓血管外科の教授は手術がうまい人にしないとまずいと考えて画策したからです。それで、助手からいきなり教授になったのが佐野氏です。

岡山県には、循環器内科の名医である光藤氏がいて、心臓外科手術の名手である佐野氏がいたにもかかわらず、国立国際医療センターに橋本氏が通院していたということは、厚労省の役人がこうした情報をわざと橋本氏に教えなかったのか、あるいは厚労省自体にそうした情報がなかったのか、どちらかでしょう。結果、橋本氏は68歳で亡くなりました（死因は多臓器不全ということになっています）。

この点では、日本は医療において平等な国です。生活保護を受けている人でも、天皇陛下の執刀医だった「ゴッドハンド（神の手）」天野篤氏の手術が受けたいと言えば、基本的には受けられます。

一方、東大が大好きな権威主義者や大金持ちは、東大で医療が受けたいと言えば受けられ、二流の医者に殺されます。なんと平等なことでしょう。

「日本名医病院」構想

私が、ソフトバンク創業者の孫正義氏や、ファーストリテイリング会長の柳井正氏のような大金持ちだったら、約500億円を使って日本の名医を100人集めた「日本名医病院」をつくります。

保険診療の医者なら、「ゴッドハンド」の天野氏でも年収2000万円くらいしかありません（これも推定ですが）。ですから、腕の良い医者100人を年収5000万円で集めて、日本名医病院という自費診療の病院をつくります。

保険診療では、健康保険によってどの病院でも同じ金額で診療を受けられますが、自費診療では、診療費は病院の言い値です。日本名医病院の診療費は、当然のごとく高い価格に設定しますが、それでも通いたい人は山のようにいるでしょう。

「地域医療構想」でベッド数の制限がありますので、病院のベッドの権利を買い取らないと新しい病院はつくれませんが、現在、病院は儲かりませんから、既存の100床ぐらいある病院なら、100億円ぐらいで買収できると思います。

会員制の病院にしてもいいですし、あるいは保険会社が自分たちの保険に加入している人たちだけを対象にした病院をつくってもいい。アイデアを出せば、既存の病院よりも強い競争相手となる病院をつくることができ、現在の医療界に風穴を空けることもできるのです。

競争相手がいないから大学病院が生き残っているだけで、強い競争相手をつくってしまえば、大学病院のほとんどは経営的に立ち行かなくなることでしょう。

期待外れだった国際医療福祉大学の医学部新設

私が教員を務める国際医療福祉大学は、1996年に山王病院を、2005年に当時日本たばこ産業の病院だった専売病院を買収して国際医療福祉大学三田病院を設立しました。国際医療福祉大学は、看護学部ではありますが、腕の良い医者に教授という肩書きを与えました。教授という肩書き欲しさという語弊がありますが、実際、腕の良い医者が集まっています。

そして、２０１7年4月、千葉県成田市の成田キャンパスに医学部をつくりました。文部科学省に医学部を認可してもらうためには、教授のリストと各教室の准教授と講師のリストが必要だったため、教授選びでは、ある程度の研究業績があり、講師ができる部下を数人連れて来られることが重視されました。

その結果、腕の良い医者が教授になることはなく、他大学の医学部の教授のなり損ねの集まりになってしまい、期待していた多くの人たちをがっかりさせました。

私自身、期待をもって国際医療福祉大学の医学部が認可される過程をつぶさに見てきましたが、結局、精神科の教授も生物学的精神医学の医者がなっています。

名医を集めてはいますが、その人が教授になれず、臨床のできない医者が教授になっているのなら何のために医学部を新設したのかわかりません。私なら、教授とは別に、各診療科に部長というポストをつくり、その部長を「臨床教授」と呼ぶようにします。そうすれば、今後も名医を集められると思います。しかし、こうしたアイデアを国際医療福祉大学がもっているかどうかは、ちょっと私にはわかりません。

ただ、不祥事をうやむやにせず、すぐに学生に不利益を及ぼす北村聖医学部長を更迭した決断は評価しています。

病院間にも、医学部間にも、もっと競争を!

日本の医療レベルを上げるために、医学教育の改革を行いたいと文科省が考えているとしても、大学医学部を中心とした現在のやり方では絶対に医療は良くなりません。

先ほど述べたように、まずやるべきは大学病院の競争相手をつくり、医療の質、医療サービスの向上をはかることです。日本名医病院をつくるというのもその1つですが、それ以外にも、たとえば、防衛医科大学校のような大学校を、他にもつくるという方法もあります。

防衛医科大学校は、大学ではなく大学校で、文科省ではなく防衛省の管轄です。ただし、卒業生は医師国家試験を受ける資格があります。

同様に、厚労省が、がん医科大学校や総合診療医科大学校などをつくれば、旧来の縄張り意識の強い専門分化型の医学教育ではない医学校をつくれます。もちろん、卒業生は医師国家試験を受けられるようにします。

残念ながら現在、医者の数を増やしたくない日本医師会の反対で、医学部の新設も非常にまれです。このため、大学医学部間の競争もありません。

他の学部では、教育内容の改善を行うことはもとより、新進気鋭の学者を教授にする、模擬授業をやらせて教授のティーチングスキルの向上をはかる、学生の就職活動を細かく支援するなど、様々な学部改革を行っています。そうしないと、定員割れになってしまう学部が多いからです。

しかし、医学部だけはそんなことをしなくても受験生に人気があり、現在も、受験生が定員以上に集まってきます。だから医学部では改革の意識が低く、順天堂大学のような私立大学の一部でしか医学教育の改革が行われていません。

地方大学医学部の人気が高い理由

前章で、東大では文Iの偏差値より文IIの偏差値のほうが高くなったことを紹介しました。理由は、法学部を卒業して国家公務員になるよりも、経済学部を卒業して外資系企業やベンチャー企業に就職したり、起業する人生のほうが楽しそうだと思う学生が増えたからです。

同様に、「理IIIに入って医者になるよりも、文IIに入ってビジネス界で活躍するほうが年収も高くなるし、やりがいもありそうだ」と考える学生も増えています。

ただ、こうした考えの学生は、麻布高校や開成高校など、都心部にある高校の学生たちがほとんどで、地方の高校生たちには、外資系企業やベンチャー企業などに関する情報が十分にありません。だから、いまだに地方の高校のトップクラスの学生は、地元国立大学の医学部を目指すのです。

以前、泉田裕彦氏が新潟県知事だったときに私は、「新潟県にも東大に50人入る高校をつくりましょう」と言ったことがあります。するとこう言われました。

「新潟では東大に50人も行って欲しいと誰も思っていませんよ。東大に行ったら地元に戻ってこないことを、みんな知っていますから」

地元の大学の医学部に東大に入れるような優秀な高校生が行く理由の1つは、地元に残って欲しいという親などの思いがあるからなのです。

地方の優秀な人材を腐らせる「不作為の罪」

そうであるなら、東京近郊や大阪近郊に集中している研究施設を地方に分散させればいいのではないでしょうか。そうすれば、東大などを卒業しても、地元で就職する道が拓けます。地方分権も進みますし、地方の教育レベルも上がります。

こうしたことができていないから、地方の優秀な人材が地元の大学の医学部に行くことになり、そこで動物実験ばかりやっている視野狭窄の教授から医学を学ぶことになって、ついには優秀だった人材も、「データより偉い人の言っていることが正しいと思う医者」に成り下がってしまうのです。

日本としては、優秀な人材を腐らせているのも同然であり、本当にもったいないことです。医学改革を真剣に行っていない政治家と文科省の官僚たちの「不作為の罪」だと言えるのではないでしょうか。

東大を卒業して研究者になり、徳島県にある日亜化学のような優秀な研究者の集まる地元企業（中村修二氏ばかりが注目されますが、彼が去った後、中村氏の特許を一切使わないのにさらに省電力の青色ダイオードをつくり上げ、さらにそれに塗料を用いることで白色ダイオードまでつくった会社です）に就職し、そこで画期的な研究を行って世界レベルの研究者になる。こうしたことが日本各地で可能になる状況をつくるべきなのです。

現在の医学部の定員は、約９０００人ですから、毎年新しい医者が約９０００人ずつ生まれます。厚生労働省の推計によれば、２０４０年には需要が供給を上回る、つまり医者余りの時代になります。

医者が過剰になれば、医者同士の競争が熾烈になり、臨床の腕を磨かないと生き残れなくなるため、「患者の話を聞かないといけない」「総合診療ができないといけない」などと考える医者が増えるとは思います。ただ、臨床の現場では競争が起きそうですが、教育の現場ではまだまだ競争が起きそうにありません。

医学部が現在の歯学部のように定員割れになれば、危機意識が生まれるかもしれません。そこまでいかないと、日本の医学教育の現場は変わらないと私は考えています。

研修医が集まる病院の臨床の質は高い

医学教育は文科省の管轄ですが、病院の医療は厚労省の管轄です。医学教育の改革は文科省の担当で、医療改革は厚労省の担当ということです。この縦割り行政にも問題がありますが、ここでは厚労省の医療改革について見てみましょう。

厚労省は2004年、医療改革の一環として、「新臨床研修制度」を導入しました。この新臨床研修制度には、次の3つのポイントがありました。

1　2年以上の臨床研修の必修化
2「スーパーローテート」の導入
3　研修医と研修病院のマッチング制度の導入

1つめは、医師国家試験を合格したあとの臨床研修が、2年以上必修化されたもので、そのやり方が、2つめの「スーパーローテート」です。スーパーローテートは、アメリカで行われている研修方式で、初期研修医たちは、2年間の研修期間に、内科や外科だけでなく、救急や地域医療、小児科、産婦人科、精神科などを、1カ月から6カ月単位で回る方式です。

これは、私が指摘したような「過剰な専門分化」への対策と言われていますが、私に言わせれば、ほとんど無意味です。なぜなら、研修医が2カ月ぐらいずつ、いろいろな専門科を回ったぐらいでは、専門科の発想が抜けないからです。

もし本気で過度の専門分化型医療を改革しようとするなら、地域医療を担っている病院などに研修医を派遣し、総合診療のトレーニングを受けさせるのが一番です。

超高齢社会に対応すべく総合型医療への変革を行うのであれば、臓器を診る専門医ではなく、患者を診る総合診療医を育成する方法を考えて、実行する必要があるのです。

3つめが、研修医と研修病院のマッチング制度の導入です。これは、研修医が行きたい研修病院に順位をつけて選び、研修病院も採用したい学生に順位をつけて選び、それらをコンピュータでマッチングするというものです。

この制度によって、大学病院での研修よりも一般病院での研修を希望する研修医が圧倒的に増えました。なぜなら、臨床について学ぶなら、大学病院よりも一般病院のほうが優れていることを研修医も知っているからです。

これによって多くの大学の医局が慢性的な人手不足に悩まされています。

言い換えれば、研修医が集まる病院は臨床の質が比較的高く、研修医が集まらない病院の臨床の質は低いと言えます。

そこで、良い病院を見つける方法の1つとして、研修医の集まり具合を見るという方法が考えられます。そんなものが簡単に見られるのかと思うかもしれませんが、じつは容易にインターネットで調べられます。「医師臨床研修マッチング協議会」のホームページで、マッチング結果がプレスリリースとして見られるようになっています。

日本で優秀な医者を育てる方法

私は、先に述べた日本名医病院を構想した際、医学改革、医療改革についても考えました。

日本名医病院は、金持ちしか診察や治療を行ってもらえない病院ですが、名医病院附属医学校を一緒につくれば、そこが、名医が直接、研修医に対して臨床など実践的な医学を教えることができる医療教育機関になります。

さらに名医病院附属医学校附属病院をつくり、そこで研修医が名医の指導を受けながら実際に患者の診察や治療を行う。そして、この病院の診療費はタダにして、臨床の腕の良い医者を養成していく。

こうすれば、名医が金持ちを診て治療し、金持ちからはそれなりのお金をもらい、名医が空いている時間をつかって若い研修医を教え、臨床の腕を磨きたい若い研修医が一般の患者を診て治療するシステムができます。こうしたシステムをつくれば、病院経営としても成り立ち、かつ医者の臨床の腕が上がり、医療のレベルも次第に上げていくことができると考えました。

一時期、本気で資金集めをしたのですが、残念ながら必要な資金は集まりませんでした。孫さんや柳井さんなら、500億円ぐらいのお金は出せると思うのですが……。

国の経済力は「生産力」から「消費力」へ

日本でここまで長く不況が続くのは、日本の金持ちがケチだからだと私は思っています。誤解のないように言うと、孫さんや柳井さんだけがケチだと言っているわけではなく、日本の金持ち全般がケチなのです。

「北京オリンピックをボイコットせよ」などと勇ましいことを言っている人もいますが、

そんなことをしたら中国は必ず日本に報復してきます。

どのような報復が考えられるかと言えば、尖閣諸島にも今以上に船を出すかもしれませんが、それよりも大きいのは日本製品の不買運動です。日本製品が中国で買われなくなれば、日本企業の売上が大きく減少し、日本経済が成り立たなくなります。

それを覚悟のうえで北京オリンピックをボイコットするのなら、それはそれで1つの判断ですが、おそらくそこまで考えずに、ただ感情のままに、近視眼的に北京オリンピックのボイコットを言っている人が多いのではないでしょうか。

アメリカと中国がケンカをして、日本も中国とケンカをするから日本製品を買ってくれとアメリカに言っても、アメリカは買ってくれません。

バブル経済が崩壊する1990年頃までは、日本は内需が非常に強かったので、欧米諸国やアジア諸国が日本製品を買ってくれなくても日本経済は成長できました。

その頃の上場企業の社長の平均年収は3000万円前後。「一億総中流」と言われ、世界的経済学者ジョン・メイナード・ケインズ氏が言ったように、国民の多くが同じくらいの収入を得られる国の消費力が一番強く、これが日本の経済力の源泉でした。

中国の最高指導者である習近平氏がこのケインズ理論を信じて、中国の約13億人が総中流になったら無敵の消費力、購買力になります。現在はまだ貧富の差が大きいため、消費力があるのは3億人ぐらいではありますが。

つまり、現在の国の経済力とは消費力であり、生産力ではありません。以前は、ものをつくる生産力が国の経済力を生んでいましたが、今はものを買える消費力が国の経済力の源泉なのです。

お金をたくさん使えば経済は復活する

だから私は、日本の貧富の格差をなくして一億総中流に戻すべきだと思っています。

1980年代後半まで、所得税と個人住民税の合計の最高税率は88%でした。法人税も50%前後で、世界でも高い国の1つでした。そして法人税が高いほうが、企業は税金として支払うよりも設備投資に回したり、従業員給与へ回したりします。

経済学と認知科学を統合した行動経済学者、ダニエル・カーネマン氏が言う通り、人間は、損したくない心理のほうが、得をしたい心理よりも強い。「税金でもっていかれるぐらいなら」という状態にしないと、日本人は消費しないのです。

私は累進課税の代わりに、個人の経費を大幅に認めればいいと考えています。1億円の収入がある人でも、9000万円使う人は残りの1000万円だけに課税し、1000万円しか使わない人は残りの9000万円に課税する。こうすれば、絶対にお金を使うようになる（それでも金を使わないケチは少数いるかもしれませんが）し、景気は良くなります。

こんなことを言うと、経済理論と異なるなどと言われますが、経済も科学であるなら、試してみないとわからないのではないでしょうか。

また、中国とケンカができるように内需を強くしようと思うのなら、労働者の賃金を上げるなど、労働分配率を上げるための政策をとる必要があります。それをやらずに「北京オリンピックをボイコットせよ」などと勇ましいことだけを言っていてもだめです。もし最後に中国に詫びを入れて、「やっぱりボイコットするのをやめます。だから日本製品を買ってください」などとお願いすることになるとしたら、これほど情けない国もないでしょう。

大切なのは、思考力よりも「試行力」

私はかつて、受験勉強論として「数学は暗記だ」と主張しました。すると、教育界の人たちから、「それでは思考力が育たない」などとボロクソに言われました。

しかし、彼らの言う思考力は数学の問題を考える思考力であって、どうやったら東大に入れるかという思考力ではありません。

私は、「思考力は、試行力だ」とずっと言い続けています。「これがダメならあれ、あれがダメならこれ」と考えて実行できる人が最終的に生き残ります。

暗記で数学の問題が解ける人もいれば、解けない人もいます。解けなければ別の方法を考えて試すしかありません。

何かができないとき、たいていはやり方が悪いのです。頭が悪いからでも、努力が足りないからでもありません。「これがダメならあれ、あれがダメならこれ」というのは、私の一貫した哲学です。

私のことを「本をたくさん出していい加減なやつだ」と思っている人もいるかもしれませんが、これも、「これがダメならあれ、あれがダメならこれ」の実践です。たまに売れる本もあり、こうして生き残っています。おかげで出版依頼がつづき、今では出版点数も８００冊くらいになりました。

27歳で『受験は要領』という本を書いてから、すでに33年が経ちました。一発当てる人はいっぱいいますが、33年間、いろいろな本を書き続けられる人は、あまりいないのではないでしょうか。

そして、医者こそ、様々な治療法を頭に入れて、「これがダメならあれ、あれがダメならこれ」と次々と治療法を変えていく必要があるはずです。でなければ、患者を治すことができないからです。

カール・メニンガー精神医学校で学んだこと

私が学んだアメリカのカール・メニンガー精神医学校は、専門の精神科医を育てるための教育機関で、アメリカ流の非常にプラグマティック（実利的、実用主義的）な学校でした。

アメリカでは、医者が行った治療によって病気が良くならなければ、その医者のところには患者が来なくなります。医者にとって非常にシビアな世界です。

私は精神分析を学びに行ったのですが、認知療法も、催眠療法も、集団精神療法も、家族療法も習いました。当時アメリカでは無けいれんという形で電気ショック療法が復活していたのですが、それも習いました。とにかく様々な治療法について学びました。

なぜ、それだけ多種多様な治療法を教えるのかと言えば、あるやり方で治療がうまくいかなかったら、次のやり方で治療ができる医者が優秀な医者だ、という考え方があるからです。

日本だと、教授が生物学的精神医学の専門なら、その内容についてしか教えません。おそらく様々な治療法が学べる医局は、日本にはないと思います。

日本では、患者が「この薬、合いません」と言っても、「そんなはずはない」などと言って飲ませ続けます。私は、「ごめんなさいね。合わなかったみたいで」などと言って、ほいほいと薬を変えます。最終的に患者さんが良くなればいいと考えているからです。

これも、「これがダメならあれ、あれがダメならこれ」の実践です。

私の精神医学の師は、竹中星郎先生です。ただ、竹中先生は細かく丁寧に教えてくれる先生ではありませんでしたので、多くのことは背中を見て学ぶしかありませんでした。

竹中先生は、とにかく患者の話をよく聞きました。なぜかはわかりませんが、竹中先生が診ると、治らないようにしか思えないうつ病の老人が治ったりしました。

「患者をよく見ないと、患者のことはわからない」

それだけは、私にも、よくわかりました。時間をかけて診察していましたが、それは1回の診察時間が長いのではなく、長い期間、じっくりと腰を据えてひとりひとりの患者さんに向き合い、診察をしていたという意味です。30分やそこらの入試面接で、相手の人間性がわかると思いあがっている大学教授たちとは人間のできが違うのです。

「命」よりも「今」のほうが大事

新型コロナに話を戻しましょう。新型コロナに対する医療では、超高齢者に対しても高度な医療が施されています。それは、新型コロナで亡くなる人をひとりでも減らしたいからです。

ただ、命至上主義には、私は反対です。私は、命よりも人間としての尊厳のほうが大事だと思っています。

これからの時代を考えたときに、医療費を下げ、人々を幸せにして健康寿命を延ばす一番良い方法は、「自己決定医療」だと考えています。

自己決定医療と言うと、死ぬ間際になって「人工呼吸器をつけますか」「延命措置をしますか」といったことに対して、自己決定が許されることを頭に浮かべる人が多いかもしれません。

しかし、死ぬ間際に自己決定医療が許されたところで、本人の意識はすでにもうろうとしていますし、先がそれほど長くなく生きることの選択の余地がほとんどありません。

そうではなく、もっと選択肢がある若いときに、自己決定医療を導入すべきです。

たとえば、高血圧の40代や50代の人が血圧の薬を飲めば、確かに寿命は延びるでしょう。ただ、その一方で、血圧の薬を飲むと頭がボーっとします。低血圧のときは頭がぼんやりし、高血圧のときに頭がシャキッとすることは、経験的にほとんどの人に見られることです。

頭がぼんやりしたまま30年間生きるのと、頭がシャキッとした状態で20年間生きるのと、どちらを選ぶのかを自己決定する。

あるいは、食べたいものを我慢し、酒やタバコを我慢し、塩分も我慢して、まずいものを食べながら30年間生きるのと、食べたいものを食べ、酒やタバコも楽しんで20年間生きるのと、どちらを選ぶのかを自己決定する。

当然、長生きすることよりも、今の生活のほうが大事だと考えて、後者を選択する人もいるでしょう。こうした、若いときに治療方法を自己決定することも認めるべきではないでしょうか。

統計は確率論に過ぎない

問題なのは、自己決定しようにも、エビデンスとなる大規模調査が少ないことです。

血圧の薬を飲めば、頭がぼんやりすることはわかっていますが、薬を飲まなかった場合よりも長生きできるという統計データは前述のように日本にはありません。

もちろん、大規模調査が行われ、調査結果が統計データとして明らかになったとしても、それは統計に過ぎず、統計とは確率論ですから、必ずしも自分に当てはまるとは限りません。

たとえば、タバコを吸っていても100歳まで生きる人はいます。当たり前のことですが、人間というのはひとりひとり違いますから、統計データではひとりしかいなかったとしても、そのひとりに自分が当てはまる可能性はあります。

教育学者が大規模調査を行ったら、7割の子どもはほめて育てたほうが成績が上がり、3割の子どもは叱って育てたほうが成績が上がったという結果が出ました。おそらく教育学者は「ほめて育てましょう」と言うでしょう。

しかし、ほめられると増長して勉強しなくなる子どもも、3割いるわけです。

統計というのは、あくまで確率であって、ひとりひとりに必ず当てはまるものではありません。統計データとしては身体に良いことが、必ず自分にとっても身体に良いとは限らないのです。自分は少数の側にいる可能性もあると、認識すべきかもしれません。

現在の医学の常識は、未来の非常識

統計は確率論に過ぎないとしても、統計データやエビデンスよりも偉い人の言うことが正しいと思うことの何が問題かと言えば、医学というのは学問ですからまだ発展途上であり、現在の常識が変わることがあるからです。

現在、人間の遺伝情報の解析、いわゆる「ゲノム解析」が進んでいますが、このゲノム解析が完全に終われば、現在の医学の常識の9割が変わるかもしれません。

現在の科学でわかっていることを100%信じるのは、科学ではなく宗教です。実際、これまでにも何度となく医学常識は変わってきました。昔、マーガリンは、身体に良いと言われていました。しかし現在では、逆に身体に悪いと言われています。

現在の科学が絶対に正しいと思う、思わせること自体が間違っているのです。

たとえば、動脈硬化の人にiPS細胞を貼り付ければ、若い血管に戻るかもしれません。おそらく、現在では思いもつかないような治療法が、20年後には行われているはずです。

現在は、タバコを我慢したり、塩分を我慢したり、いろいろなことを我慢していますが、「何でこんなことを我慢していたんだ！　バカバカしい」という時代が来るかもしれないのです。

高血圧学者や糖尿病学者が、「お前たちを長生きさせてやっているのだから、言うことを聞かないやつが悪い」などと、高圧的に人々の生活に多大な制限を加えています。「俺は好き勝手やって生きたいのだ」という、命よりも今を大事にする自己決定医療が許されていません。

だから、コロナ自粛や緊急事態宣言といった、人の自由や楽しみを奪うことに、医者も専門家もまったく抵抗がないのでしょう。

死を受容する海外の人たち

欧米には、人の命は大事だけれども、そのためにどこまで自由を制限していいのかについて様々な考えがあり、議論が続いています。

欧米の人たちは、自由や人権を獲得するために多くの血を流してきた歴史がありますので、それらを制限することに非常に敏感です。

一方、日本人には自由や人権のために血を流すという発想すらありません。逆に、自由を主張した人を袋だたきにするのが日本であり、日本のマスコミです。

海外の多くの国は、日本に比べて死に対して受容的です。キリスト教にしても他の宗教にしても、最後は神の思し召しだと思っているところがあります。

ある日本人ビジネスマンがドイツに赴任した際、子どもが39度の熱を出したので病院で診てもらうと、「これは風邪だからほっておいたらいい」と言われたそうです。

「でも、39度も熱があります。死んだらどうしてくれるんですか！」

こう言ったら、「それは神の思し召しだ」と返されたと。そういう文化があるのです。

北欧の国々で寝たきりの高齢者が少ないのも、介護までは一生懸命にやるが、食べ物をスプーンで口まで運んでやっても食べなかったら、生きる意志がなくなったと見なしてそのまま看取る、という判断を下すからでしょう。

日本のように、「食事ができなくなったら点滴」という話にはなりません。「人間はいつか死ぬものなのだから、ここまで生きることができたのだから、もういいのではないか、人生を全うしたのではないか」という考えが、海外の多くの国にはあります。

本当の尊厳死とは?

日本では、食べ物を自力で飲み込めなくなると点滴が始まり、呼吸器が装着されて、そこから数年間生きることができます。それが当人にとって、家族にとって本当に幸せなことなのかどうなのか。

近年、日本でも尊厳死の議論が盛んに行われてきましたが、残念ながら、新型コロナでそんな議論は吹っ飛んでしまいました。新型コロナにかかると高齢者であっても、とにかく死なせない医療が行われています。

尊厳死と言っても、亡くなる本人はすでに意識がないことが多いため、尊厳死を選ぶのは家族のケースがほとんどです。

自分で自分の尊厳のために尊厳死を選ぶというのであれば、50代60代のときに、好きな酒やタバコをやめて、塩分控えめの食事で我慢して長生きするのか、酒やタバコをやめることなく、美味しい料理を食べて数年早く死ぬのか、それを自分で決めるほうがよほど尊厳死だと思います。

今回の新型コロナにおいても、こうした自己決定をもっともっと大事にすべきなのではないでしょうか。多くの自由を放棄してまで長生きしたいのか、ということです。

感染症でどのくらいの人が亡くなったら、どのくらい自由や基本的人権を制限するのかを決めないと、自由のない、楽しみのない、何のために生きているのかわからない、ただただ生きているだけの毎日になってしまいます。

中国は、最初に新型コロナが蔓延しましたが、蔓延地域の人の自由を強制的に制限して短期間で収束させました。その後は、世界中が苦しむ中、技術開発などに邁進して一国だけ経済成長を続けています（もちろん、どれだけの情報が隠されているかはわかりませんが）。日本も、「木を見て森を見ず」という対策や政策を見直し、もう少し高い視点から長いスパンで物事を見たほうが良いのではないでしょうか。命か経済かでなく、自由か命かなのです。

[著者略歴]
和田秀樹（わだ ひでき）
1960年大阪府生まれ。東京大学医学部卒。精神科医。東京大学医学部附属病院精神神経科助手、米国カール・メニンガー精神医学学校国際フェローを経て、現在、和田秀樹こころと体のクリニック院長、国際医療福祉大学大学院教授、川崎幸病院精神科顧問。高齢者専門の精神科医として、30年以上にわたり、高齢者医療の現場に携わっている。主な著書に『自分が高齢になるということ』（新講社）、『年代別 医学的に正しい生き方』（講談社）、『「高齢者差別」この愚かな社会』（詩想社）などがある。

コロナの副作用！

2021年8月1日　第1刷発行
2021年9月1日　第2刷発行

著　者　和田秀樹
発行者　唐津 隆
発行所　株式会社ビジネス社
〒162-0805　東京都新宿区矢来町114番地 神楽坂高橋ビル5階
電話　03(5227)1602　FAX　03(5227)1603
http://www.business-sha.co.jp

〈装幀〉中村聡
〈本文組版〉有限会社メディアネット
〈印刷・製本〉三松堂株式会社
〈営業担当〉山口健志
〈編集担当〉中澤直樹

©Hideki Wada 2021 Printed in Japan
乱丁、落丁本はお取りかえします。
ISBN978-4-8284-2310-4

ビジネス社の本

eBayで100万円稼ぐ！
ネット個人輸出の成功マニュアル

定価　1760円（税込）
ISBN978-4-8284-2262-6

志村康善……著

ファッション・ブランド、スニーカー、アニメ・キャラクターのフィギュア、レコード・CD、カメラ――
安く仕入れた日本製品が、海外で2倍の値段で売れる！「副業」は、趣味を生かして儲けよう！
スマホやPCがあれば、いつでも、どこでも簡単に。中学校レベルの英語力で、操作ができる。プロ出品者の「マル秘テクニック」を、こっそり教えます。すぐに使えるノウハウが満載！

本書の内容
第1章　魅力あふれる「ネット個人輸出」の世界
第2章　世界から求められる日本の品々
第3章　アマゾンvsメルカリvsヤフオクvseBay
第4章　私の実践！　とっておきの商品仕入れ術
第5章　ネット個人輸出のリアル販売ノウハウ
第6章　失敗しないために！　成功者だけが知っているマル秘・豆知識